人体の影

アントロポモルフィスム

磯崎新

鹿島出版会

「人体の影」目次

掲載図版はすべて磯崎アトリエ提供による

装幀――鈴木一誌

人体《アントロポモルフィスム》の影

歴史のなかで蝶番のような役をしている人がいる。それまでバラバラに流れていたいくつものアイディアや手法やシステムを一気にたばねて、流れまでを変えてしまう。建築史上に登場する建築家たちのなかではアルベルティがその筆頭のように思える。一五世紀から一六世紀にかけての数ある建築家のなかで、私は個人的に想い入れしているのはブルネレスキだし、ミケランジェロを彫刻家以上の稀有の天才建築家であると考えているし、建築的空間をモーツァルトのような軽快さで創りだすシステムを開発したのはパラディオに違いあるまい、と列挙していってもアルベルティは建築家としてはなかなか浮上しない。にもかかわらず、さてそんな時期の建築を考えようとすると素通りするわけに行かない。いやアルベルティにひっかかって身動きならなくなる。

ルドルフ・ウィトコウワーの『ヒューマニズム建築の源流』（中森義宗訳、彰国社 “Architectural Principles in the Age of Humanism”, 1949）は結局のところアルベルティ論であって、他の多くの同時代の建築家たちの仕事は、それを軸に参照されているに過ぎない。彼よりも前の時代に生きたブルネレスキも後の時代になるミケランジェロやパラディオも同時にアルベルティの組み立てた基準によって裁断されることになる。「建築論」のみならず「絵画論」も遺しているためか。この人文主義の時代と呼ばれる何でもありの時代の核心にいたとみられるので、ほとんどポルノグラフィとさえみえる奇書『ヒプネルオトマキア・ポリフィリ』（"Hypnerotomachia Poliphili", 1997, The MIT Press）までが彼の作にアトリビュートされる始末。彼を避けて通れないことは誰もがこころえている。

アルベルティは透視図法を『視覚のピラミッド』という図式で説明している。透視図法を技法として開発したのはブルネレスキとされており、これを絵画的な表現に迫真的に用いたのはマザッチョであることは知られている。この二人が活躍した一五世紀の前半のフィレンツェにアルベルティは遅れて到着している。そこで、ラテン語に堪能でなかったブルネレスキに、ウィトルウィウスの『建築十書』を解説してやったのだろうと語られる。このときすでに誰もが用いはじめていた透視図の技法をあらためて分析し、『視覚のピラミッド』と呼ぶ。おそらく、ブルネレスキにとっては、直感によって獲得した単なる技法だったものを、彼は視る主体の視線の構造へと一般化する。視る主体としての人間の空間内での位置がこのようにして確定づけられる。つまり、単なる呼称の変化ではなく、いずれデカルトが近代的主体として一般化をはかるその主体としての人間に所属する認識のひとつの手段へと単なる技法を転換させた。蝶番のように、ここに透視図法がしぼりこまれている。

古典主義的建築を特徴づけるのは、列柱とその柱頭飾りである。ギリシャにおいて展開した、オーダーと呼ばれるシステムはウィトルウィウスによって整理され、法則化されていた。その五種類に分類されたオーダーの説明にジェンダーの種類分けが用いられてもいた。アルベルティが若者、生娘、婦人といった比喩を用いてこれを説明したのはウィトルウィウスに依拠していることには違いないが、ここに身体の比喩を用いたことが、同じく彼を蝶番役に押し上げたと思われる。

人間の身体のうち、まずは細部が建築の細部へと投影される。柱頭の断面に人間の横顔を充ててみる。柱の比例がジェンダーで説明されるだけでなく、ヘラクレスのような巨人の像が重い石材を支持する比喩として用いられていたことに思い当たる。そのあげく教会の平面も、都市の構図も実は人体像の投影ではなかったか、といわれはじめる。アルベルティの後に出版されたフランチェスコ・ディ・ジョルジオの『建築書』は人間の身体が建築・都市さらには宇宙にまで投影される。そして、この本を所持し、その余白に書き込みまでを残したレオナルド・ダ・ヴィンチはこの人間の身体像を円と正方形に内接させる図像を描く。この約半世紀間に、人間の身体像がすべての人工的構築体に投影されただけでなく、建築・都市・宇宙が純粋な幾何学へと抽象され、それさえも身体の比喩となっていく。アントロポモルフィスムが成立したわけである。

人間の身体を神が自らの姿に似せて創造した、とされる神話は、いいかえると神の図像を人間の姿によって想像し描かねばならないとする、具体的な彫像制作の職人よりの要請に応えるものでもあったから、ルネッサンスの以前に、勿論数多くの人体像を基準とする建築物の型の作成例が発見できる。古代の女神像をそのまま支柱にするカリアティードのみならず、中世に十字架を下敷きにした教会堂のプランがつくられたときに、それが人間の身体を磔にしたものであるから、当然ながら身体像が透視できるようになり、これもまた人体像モデルの範疇に送りこまれることになる。歴史を通じてさまざまな人体像が建築物の背後に秘められていることが発見されていくなかで、これらを一気にアントロポモルフィスムにひとまとめにする。これもまたアルベルティがあらためて身体的比喩を用いたその時点にとりまとめられていく。つまり蝶番の役をしていることになる。

そのアルベルティの実作を訪れるべく、マントヴァに行った。フィレンツェのサンタ・マリア・ノヴェッラ(一四七〇)はゴシックの本体にファサードをつけたもので、殆どグラフィスムとみえるほどに表相的だった。ピラスターを絶妙なプロポーションで石造の表面にとりつけたパラッツォ・ルチェライ（一四五一）もやはり厚みを持っていない。この表相的なデザインが、いずれも古代や中世にはみられない、都市が一種の舞台装置として立ち現れるような兆候を革新的に示しているといった評価を理解するには、私はまだヨーロッパの都市的建築の展開の順序を知らなすぎた。そこでマントヴァの、ローマ時代の凱旋門を下敷きにしたサンタンドレア（一四七〇-）を見に行った。彼の手になるものはそのファサード部分のようだが、どこまで後世の手が加わったのか区別ができない。そして、ウィトコウワーが古代神殿風に修復案を考えたサン・セバスティアーノ（一四六〇-）も実はあまりに改変されていて、とりつく島がない。その街をうろつくうちに、当時まだ復原工事中だったパラッツォ・デル・テ（一五三五）に私はハマってしまった。アルベルティの時代から半世紀あまりしか過ぎていないのに、これはほとんど百八十度変位してしまっている。建築の内部のみならず外部のすべてが崩壊する感覚で埋められている。内部の諸室を埋める壁画はだまし絵《トロンプ・ルーユ》で、巨人の間では周囲の壁がいまにも倒れて来そうにみえる。外部では粗い石積み《ルスティコ》の上部に置かれることになっているはずの古典主義的オーダーをもつ主階《ピアノ・ノービレ》が、地上階にすべり落ちて、あやうく停まったかのように重層され、その各部は崩壊の余波を受けてズレたり落下しかけたりという有様。フラットな壁面に透視図法を駆使して錯視を発生させたりしているのに似て、これは建築的な基本的ルールに従う構成が、微振動によりそれぞれの位置にくるいを発生させている。錯視を超えて、もはや眩暈である。

私はアルベルティの解釈した古典主義的な建築は、厳密なカノンに基づいて、合理的でシステマティックに配置されるべきものだと考えていた。次の世代のブラマンテが完璧な範例につくりあげてもいたのだが、わずかな時間を経て、おそらくその次の世代であるジュリオ・ロマーノは、とてつもない果てにまで逸脱を開始しているのではないか。それは幻影を実在へと反転させている。

アルベルティがプラトンの『国家論』のなかでの詩人追放のくだりを知っていたか否か私は知らない。ここにあらわれる「洞窟の比喩」と呼ばれている説明がイデアと模像、実像と幻影、実体と錯覚と分裂していく「みかけ」と「みせかけ」の差異の根源的な指摘にされ、果てにはカントの物自体と対象としての物との認識論的分裂、そしてアクチュアルとバーチャルといったリアリティの差に及ぶ果てしない西欧の思考の生成していく事態の起源になっている。私は一六世紀の初頭にマントヴァで、この分裂が奇想と逸脱として出現していることにいたく感じ入ったというわけだ。

荒れていたパラッツォ・デル・テの修復がかなり進行し、背後にくっついている馬小屋が展示ギャラリーとして完成した後に、「アルベルティ展」(一九九四)がひらかれたとき、私はその企画の中心にジョセフ・リクワートの名前を見つけた。アルベルティの『建築論』をラテン語からあらためて今日的な英語に訳する仕事をした碩学が、この企画に名を連ねることは当然だろうが、私は実は彼がアルベルティをロマーノへつなぐ手がかりを提供してくれないものか、と考えていたのだ。この展覧会にはアルベルティの人文主義者としての数々の仕事が、資料として展示されていた。この部分は私の手の及ぶところではない。だが文学や詩や理論のレベルでこの人が人文主義に深くかかわっていただけでなく、殆ど宇宙論的な空間にまで人間的なものを拡張していたらしいということだけは感じとれる。カントが世界市民という前に、この人は宇宙市民たらんとしていたのではないか、という想いが湧いてきた。

後になって、アルベルティは「絵画論」のなかで、絵画をナルキッソスにたとえていることを知った。水の面に映る自らの貌にみとれたために、水仙に変身させられる。あの自らの貌が水の面に映ることをあらためて視ること、という鏡像と実像のさかい目にしか視る主体は置けないと解釈できる比喩である。ここには自分の眼がくっついている自分の貌は直接視ることは不可能で、鏡面に映った似姿でしか視ることができないという視る主体の視線の分裂が予告される。その亀裂をつなぐものこそ絵画だというわけだが、これこそがプラトンが『洞窟の比喩』として説明した幻影そのものだったといえるだろう。いいかえると、アルベルティは像の分裂を予告していた。当然ながらジュリオ・ロマーノの奇想へとこの分裂は流れこむことになる。およそ無関係にちがいないとあらかじめ思いこんでいたパラッツォ・デル・テにおける「アルベルティ展」はどこかにかすかな補助線が引けるのかもしれないと私は考えることにした。

この展覧会に私がさがそうとしたのは、すべてが未完であり、改変され、後代の勝手な解釈のもとに塗り込められてしまったかにみえるアルベルティの建築作品が企画者たちによって、想像的に復原された模型として展示されている、その原初のイメージだった。私は混乱した。何故かそれらの復原模型はギリシャ風にみえたのだ。通説ではルネッサンスではウィトルウィウスの『建築十書』が模範にされ、イタリアの各地にはまだローマ時代の遺構が残存したのだから、たとえば、ブルネレスキのように直観的にローマ的なものを見つける人もいるし、アルベルティのように煉瓦の積み方までを研究し、壁体を組み立てることこそが建築の基本であると考えた作例を残している。それにもかかわらず、その最後にあらわれているデザインはローマじゃなくギリシャだった、と私にはみえた。

パラディオもまたウィトルウィウスを研究し、ローマの遺構を実測し復原的なイラストレーションを数多く完成した。これこそルネッサンスはローマを範としたという通説のとおりで、あるいは私たちは一世紀後になされたパラディオの解釈の圧倒的な影響下にあるために、もはやそれを遡行して草創期の不明瞭な世界を忘れていたのかも知れない。古典主義についてのその後の歴史は、一八世紀に真の起源探索のためにギリシャ本土に専門調査隊が到着するまでは、具体的な範例を示すこともできなかったことになっている、とすると、このアルベルティのはじまりのデザインが、よりギリシャ的にみえるということを何を理由に説明したらいいか。アルベルティその人が、透視していた。あるいは復原模型創作者の独特の判断があった、あるいは私自身が見あやまった。この最後のものであれば、説明を必要としない。おそらくこの確率がもっとも高いだろうが、いささか勝手に他人に責めを負わせようとすれば、ジョセフ・リクワートの名が企画監修者にみえることに注意しておこう。アルベルティがウィトルウィウスを独創的に解釈したように、ジョセフ・リクワートも通説を突き抜ける解釈をしばしば持ちこむ。彼は最近、身体をメタフォアとする建築的な系譜についての大著『ダンシング・コラム——建築のオーダーについて』("The Dancing Column—on Order of Architecture" Joseph Rykwert, 1996, The MIT Press) を著した。この身体=柱論については私にちょっとした想い出がある。

四半世紀前、一九七〇年代の中期、私は国際的なデビューもはたしてない駆けだしだったが、ロンドンのＡＡスクールで近作についてのレクチャーをやる機会が与えられた。その夜の講演会は二本立てで、私の前は建築史家として注目されていると紹介されたジョセフ・リクワートだった。双方ともこのときに初めて会った。このときのジョセフ・リクワートの講演が身体=柱論だった。勿論ウィトルウィウスのジェンダーによるオーダー設定についてては誰もが一応こころえている。だが彼はここから歴史を時空に遡行して身体を柱のメタフォアにする、あるいは身体を建築のメタフォアにする事例をいくつも挙げた。そして、建築に列柱が用いられる限りにおいて、それはすべて人体のメタフォアにひきつけられるし、その事例を挙げることは可能だと、結論づけた。私の英語理解力はただたどしく、あやしいので、彼が結論を保留したのか断定したのか区別がつかなかったが、すくなくともイラストレーションを見る限りにおいて、ギリシャを超えて、エジプト、メソポタミア、インドにまで実例が採集されていた。聴衆のひとりだった私は日本からの建築家である。講演の後に彼は日本の建築の柱でさえ、身体のメタフォアたりえようと語りかけたので、私は即座に違う、と答えた。日本にも列柱はある。建築の構成材としては西欧よりもっと重要な役割を担っている。たしかに初期に渡来した寺院の円柱にエンタシスが認められるなど、ギリシャ起源ではないかという説もある。だが、土着の形式を保持する古代の神社建築など柱そのものではあっても、そこに人体が下敷きになっているなどあり得ない。日本には身体＝柱のメタフォアは通用しないだろう。まあこんな返答をたどたどしくやったことを記憶している。その時彼は、ほとんど日本については知識がないとことわりながら、身体＝柱メタフォアは建築にとって普遍的な原理でもあるのだ、君が日本は例外だと返答しても、さし当たり証明する事例がみつからないだけで、必ずどこかでみつかるだろう、と断定までした。応答する私も自信はなくて、議論はここまでだったが、私はやはり身体＝柱メタフォアは、日本の古代建築には通用しない、と考えている。通用しないとするならば、それは《建築》でないからだ、という答えがかえってこよう。それを是認してもいい。

　つまり、このとき私はジョセフ・リクワートは時間的にも空間的にも建築的なアイディアをかなり強引に遡行展開して、普遍的な原理へ拡張するユニークなタイプの歴史家なんだと勝手に想いこんだ。だから、建築や都市の初源を探索する『アダムの家』（黒石いずみ訳、一九九五年、鹿島出版会）や『〈まち〉のイディア』（前川道郎、小野育雄訳、一九九一年、みすず書房）が出版されれば驚くこともなく賞賛することにした。近代の思考が起源探索を生みだしたことは周知のこととして、彼はそれを根源《ラディカル》にむかって突きすすむ、こんな思考をする人であり、これを驚くべき博識が保証しているのだ。似た思考法を彼はアルベルティに発見したのではないかと私は疑ってみている。『ダンシング・コラム――建築のオーダーについて』で彼は身体メタフォアが柱から建物へ、そして都市にまで及んでいることを説明しながら、この要の位置にアルベルティが居ることを指摘する。蝶番の役をしているアルベルティだ。

——今日では（身体としての都市）は、レオン・バッティスタ・アルベルティによって、建築的思考に強く植えつけられている。ここには二つの部分がある。「都市は大きい家であり、家は小さい都市」というのがひとつ、建築物は身体として解析され、思考せねばならぬ、というのがもうひとつ。後世の理論家たちはこの関係をいい加減にしてしまったように見える。

アルベルティ本人は、この原理は古代のテクストからとりだした、と主張している。実際に建築を総合的に論じたウィトルウィウスの名を挙げている。ウィトルウィウスの原理は基本的に幾何学であったので、彼はこれを人間の身体を正方形と円形に整合することを始めていた。だがウィトルウィウスとアルベルティの間には、単なる幾何学ではなく、トポロジカルな宇宙観との類縁性をさがそうとする通俗的な、また科学的な思考法があったことを忘れてはならない。（ジョセフ・リクワート、前掲書、p.66）

人体の影をあらゆる人工的な生産物のなかにさがそうとする思考。いずれこれはアントロポモルフィスムと呼ばれることになるが、人体の彫像はいうに及ばず、建物、都市、宇宙の解剖学的構図に至るまで、身体が下敷きにされる。人間は神が自らの姿に似せて創造したとされる説は、いいかえると神像を人体像の逆投射によって制作することを正当化する。神でさえ人間の想像力の産物であるとすれば当然のことだろう。宇宙の生成を制作《ポイエーシス》する概念でとらえ、その像が、模倣《ミメーシス》の過程を経て生みだされる。だが像を感知する人間の知覚にひずみのフィルターめがかかるため、真なる像と、幻影となった像に分裂する。この分裂した二つの像の間の関係を再度架橋するために、二〇〇〇年以上にわたって言説が無数に組み立てられた。建築もまたこの言説の枠組みに繰り込まれているが故に、人体＝柱、建築、都市、宇宙というほぼ同心円的に配置可能な世界の構図が産出される。そして建築的細部でさえ、人体の細部に類縁性が見いだされようとしながら建築的言説は何故か中世に語られた「神は細部に宿る」という箴言へともどっていく。それもまた、神＝人同一説が下敷きにされているとすれば、テオ＝アントロポモルフィスムと呼んでいい枠組みに繰り込まれてしまうだろう。ここに引用したリクワートのアルベルティの位置についての短い節は、このような枠組みが要約されてしまったような人体の幾何学との固定の操作の開始点にアルベルティを措定できることを言おうとしている。ウィトルウィウスとアルベルティの中間、すなわちクリスチャニティが思想的に展開した中世の宇宙的図像に人体像が出現するのは、それが神の似姿だったから当然のことで、ここで彼は歴史を遡行しながら、ウィトルウィウスを超えてギリシャに到達する。つまり、この『ダンシング・コラム――建築のオーダーについて』とは古典ギリシャ建築論で、克明な実例の収集とその全細部の出生が人体の細部にひきつけて説明されている。そして、これをプラトンからアリストテレス、おそらくはプロティノスに至る像の知覚と認識の展開というギリシャ哲学の核心部の理論展開に平行させる。リクワートが通常の時間展開と逆行して、起源探索へむかおうとするその姿勢がここでも明瞭に読みとれるだろう。人体像をここまで詳細に投影していいのだろうか。こんな疑問が起こるほどに徹底している。ギリシャの神像の人間くささ、それを私たちは厭というほど見せつけられている。だったら神像を収容するための神殿としての建築に同じ人間くささを見いだしてもいいではないか。誰も反論できないだろう。それだけ克明に証明され、説明しつくされている。

私はジョセフ・リクワートがここまで徹底した視点を組み立てることになったその信念のよってきたる由縁はやっぱりアルベルティに根拠を置いたためではないか、と疑っているのだ。ルドルフ・ウィトコウワーのルネッサンス建築理論の探索がアルベルティ論であったことをここで想起してみる。ワーブルグ派の正統の位置にいたウィトコウワーの講義をコーリン・ロウと並んで二人で聴いたのだよ、とリクワートは私に語ったことがある。あげくにアルベルティの英訳。アントロポモルフィズムが補助線になっているとみえるではないか。ちなみにアルベルティは訳者リクワートと同じく語学に堪能だった。それを自負もしている。ウィトルウィウスの『建築十書』を読みながら、このラテン語の文章はいかにも下手で、まるでギリシャ語を騙《かた》るかのような語法をやっていて読みづらい、とまで記しているのだ。翻訳調の文体を正統的な日本語と比べて馬鹿にするのと似てもいる。語学の実力ではなく、さし当たりはひとつの言説の出自だ。蝶番役のアルベルティが身体＝建築メタフォアの震源地だろうと仮定しておけば私のさし当たりの目的は達せられる。リクワートはアルベルティが下手な文章とまで言いきったウィトルウィウスを超えてギリシャへむかう。そのときアルベルティ本人もまた、ウィトルウィウスがギリシャを騙ろうとしたことを嗅ぎつけていたというわけで、私がパラッツォ・デル・テでの展覧会で感じたギリシャ風も、あるいはこのあたりにミッシング・リンクがあるのではないか、と考えてみたりする。原典が読めないだけでなく、語学にまったく堪能でない私の補助線捜しは、このように嗅覚でやっているに過ぎない。

だが、アルベルティ以降のアントロポモルフィズムは圧倒的で、ウィトコウワーのもうひとりの弟子、コーリン・ロウはパラディオのヴィッラとル・コルビュジエのヴィッラの間に補助線をひく。いっさいの歴史を断絶することを宣言し、パラディオの同時代人で、あの時代のインターナショナリズムの原型ともなるジェスイット派の教会の型を開発したヴィニョーラを口をきわめて罵倒したル・コルビュジエの仕事でさえ、コーリン・ロウによると広義のアントロポモルフィズムに回収できることが予告されることになる。勿論、ル・コルビュジエはギリシャ以来の建築＝音楽メタフォアに基づいて、黄金比の体系「モデュロール」を作成し、デザインの要になる寸法決定の道具にした。その寸法の系は人体の各部の比例に基づいて説明されている。人体の影が建築の全細部へと浸透する。絶妙なアントロポモルフィズムの解法であった。

古典主義建築という形式がいつしか《建築》という超越的な概念に代置されていく。身体のメタフォアがこの関係を論点のすべての部位にまで貫通している。さらに「人間」というあらたに啓蒙主義の時代に産出された概念でさえ、この図像はアントロポモルフィックなものでしかない。この圧倒的な流れの源流にアルベルティがいる、ということは、彼が蝶番になったということだ。コーリン・ロウは近代へむかって系譜をたどる。リクワートはギリシャへと遡行したというわけだ。

当然のこととして彼はミメーシスと呼ばれた像の制作《ポイエーシス》の手法の起源が『ティマイオス』に描写されたデミウルゴスの制作過程に在ることをつきとめる。そこでは、次のような説明となっている。

——職人（または建築家）の神としてのデミウルゴスが操作したのは、全宇宙的空間、場、またはすべての存在を助産するものとしての、コーラにおいてだった。賢明なる統治の社会的行為、あるいは職人の素材へかたちを刻みこむ行為の如何を問わず、プラトンはデミウルゴスのやりかたが、人間の正しい行為のモデルになると考えた。建築家が建物の構成素材を配列することも、このモデルの一部である。それが洗練されていくことは、ウィトルウィウスのいうように壮大な宇宙的ヴィジョンの喚起あるいは充足なのである。造物主は、みずから宇宙的秩序と遊びながら建築家に建築とたわむれるやりかたを教える。（前掲書、p.386）

デミウルゴスの役割はそのとおりだが、それが人間の正しい行為のモデルになるとは、すくなくとも後世の解釈であり、デミウルゴスは強力な能力を持ってはいるが、間違った設計図でさえ、もし神がこれを与えたなら、そのまんまに彫り、造ってしまう。ときには人間にとっての恐るべき敵にさえなりうるのだ、と私は解釈する。ミノス（クレタ）に迷宮を建造したダイダロスをみるといい。彼もまた建築家＝職人で、いいかえればデミウルゴスの化身だったのだ。人間にとっては恐るべき存在で、殺害されねばならないほどの非人間的な行為も平気でなしてしまう。私はこのデミウルゴスに賦与された超人間的な能力こそが、建築家のモデルたるべきで、これをアントロポモルフィスムに対してデミウルゴモルフィスムと呼ぶことにした。造物主義と日本語訳をつけてみた。そのごく初歩的な論は『造物主義論《デミウルゴモルフィスム》』として先に出版されたが、実はこれはアントロポモルフィスムにたいする全面的な批判のうえに成立させることを意図したものだった。身体像の起源をさぐりながら遡行して行くとデミウルゴスにたどりつく。そこから折り返して別のルートを通って今日にもどってくる。こんな往還をやっているなかから、すこし先がみえてこないものか。それが私にとってのグランド・ツアーだったようだ。

第1章

私にとってのアクロポリス

アクロポリス

透明な秩序──アクロポリス

ギリシャ時代を代表する建築をえらぶにあたって、アテネのアクロポリスに反対する理由はない。それのみか、これは、建築の全歴史を通じて、唯一といっていいほどの重要性を帯びており、しばしば、アクロポリスは「建築」なるものの代名詞に用いられるほどである。

パルテノン、エレクテイオン、プロピュライア、アテナ・ニケなどの神殿群が、アテネの中心部に露出した石灰岩の台地のうえに配置されているが、まずはその基壇となる台地を含めた全体構成が、他のいくつか残されている古代ギリシャ時代のアクロポリスに比較して、群を抜いて圧倒的な存在感をもっている。この台地は、アテネの港であったピレウスを遠くに見下ろすだけでなくペンテリコン山、ヒュメットス山などに囲まれたアテネの市域の中央に、突出して、地形的にもその施設の都市における中心性を強調する。この丘の下に市民生活の中心となっていたアゴラがあり、諸神殿、広場、市場、劇場などの施設が配置されていた。

アテネのアクロポリスにおいて、もっとも注目すべきは、個々の建築物の配置によって生みだされる、境内の緊迫した構成である。西側から、古代ローマ時代に階段に変えられた急傾斜の参道を昇ると、右手に高い基壇のうえに突出したアテナ・ニケの神殿をみて、全境内の玄関にあたるプロピュライアに到達する。この列柱をくぐると、右手にパルテノンの西側正面が、左手奥にエレクテイオンの複合体がみえる。かつてはすぐ正面にアテナ・プロマコス像が立っていたのだが、いまはない。また、当時は、この台地の上部全域にわたって、数々の祭壇、小神殿が散在していたが、いまはない。今日では、規模と形式がいずれも異なるパルテノン、エレクテイオン、プロピュライアの三つが、それぞれ軸をズラしながら姿を際立たせている。この二つの神殿はいずれも東側が正面であるから、かってはプロピュライアから、建物のあい間を通りぬけて、はじめて正面に到着したわけだから、その間に、パルテノンの西側八本、北側一七本の列柱を経過し、エレクテイオンの南面、六本の少女像が柱身となったカリアティードをみることになる。

　パルテノンはそのドリス式のオーダーをもつ単純な箱型の形式により、エレクテイオンはイオニア式のオーダーをもち、地形のレベル変化に応じた複雑な構成をもつ形式により、それぞれこの時代の建築的な両極を示す。古代ギリシャからヘレニズムにいたる数世紀にわたるギリシャ建築の展開期のなかで、前五世紀の後半約三〇年間に完成したこの二つの建築は、その前にも後にも見いだしがたい、殆ど絶頂といっていいような緊張感をもっている。

　古典主義様式が西欧の建築の圧倒的な主流をなしはじめるのは、ルネッサンス期にローマ時代の建築記録、ウィトルウィウスの『建築十書』が研究されはじめてからである。このとき範とされたのは、いまだに実例が手近に残っていたローマ建築であった。その後、一八世紀にいたって、考古学がローマの諸様式の原型はギリシャにあったことを確認して以来、古典主義のオリジナルとしてのギリシャ建築がとりわけ注目されはじめる。そして、いまでは古典主義といえばギリシャを指すようにまでなったが、ギリシャは原型を実例として示しているのであって、それを理論化し、整理して拡張したのは、古代ローマ時代以降であるといったほうがいい。

そのギリシャ的な古典の典型がアテネのアクロポリスである。

一八世紀におけるギリシャへの憧憬のブームのなかから、古典主義が男性的なものの規範と見なされるようになる。ギリシャ人がシュムメトリアと呼んだ建築全体を貫く比例の体系が、そのまま視覚化された秩序を感じさせるため、徹底した明晰さを志向したこの理性の時代において、ギリシャの古典建築がかえっていくその目標のようにも見なされた。ここで意識されていた明晰さは、あらゆる理性の働きのすみずみにまで浸透せねばやまぬ、といった潜在力をもっていたが、近代にいたっては、建築空間に文字どおりの透明性を実現しようと試みる。これもまたギリシャ的な古典のイメージと強く結びついている。

アクロポリスは、その緊迫した空間的配置、古典様式の稀にみるような完成度、廃墟と化したことによって醸成される悲劇性などによって、若い建築家たちを惹きつけてやまない。彼らの感動、反応、読解はそれぞれの建築家たちが担っている時代と地域にかかわる文脈によって異なったものであるが、共通しているのは、彼らが一様にアクロポリスにメタ概念としての「建築」を感知することである。本来、この「建築」は、個別の建築物を文化的文脈に連結する思考の過程として立ちあらわれてくるもので、具体的な実物として指示する必要のない概念なのだが、アクロポリスはそれを容易に伝達できるような、稀にみる特性をもっている。そのため、しばしばアクロポリスは「建築」のメタフォリカルな事例として、示されることになる。このためアクロポリスはもはや建築という領域にとどまらない、古典主義を文化の中核に据えた西欧文明そのものの、絶えずたちかえっていくような根源的なものになっているといっていい。

だから、私たちは、もはや単純に廃墟と化した建築群をみているのではない。これが建造されて以来、二四世紀の間の、全西欧をとらえつづけてきた古典主義の建築の歴史の全部、そこでなされた提案と思考のすべてのいとなみを、同時に感知するのである。様式的なるものを否定したはずの近代建築においても例外でない。その主導者の一人であるル・コルビュジエは、若い放浪の時代にアクロポリスを訪れて、殆ど決定的といっていいほどの建築的啓示を受けている。そして生涯かけて探究した成果、たとえば「機械」としての建築、立方体、モデュロールなど、すべてこの時の建築的逢遇に基づいて展開された。アクロポリスは、ここでもやはり、「建築」そのものとしてあらわれている。

立方体＝機械（ル・コルビュジエ）

近代建築のなかで、ル・コルビュジエほどアクロポリスについて語った建築家はないだろう。生涯のうちに、無数といっていいほどの文章を書き、かつ本として出版した彼は、もしかすると、アクロポリスしか語らなかったといえるかも知れない。

私にとっても、ル・コルビュジエのアクロポリスは何にも増して決定的な言葉となっている。それは「建築」へはいる戸口が見つからずに彷徨しているさなかに、啓示として襲いかかる、そんな種類のものだった。

「――アクロポリスが私を反逆者に仕立てた*」（ル・コルビュジエ）

アクロポリスもル・コルビュジエも、それまで私には本を介してしか知りえていなかった。おそらく、その時期までに、建築にかかわる数多くの書物を読んでいたが、すべて空しい言葉に思えて、もはや建築を放棄せざるをえない、という土壇場のような気分だった。そんなある日にル・コルビュジエのアートワークだけを集めたカタログの片隅に見つけたこの一行が私を建築にとどまらせた。発表したすべての仕事が不可避的に論争的となり、ボザールのような既成の権力者たちだけでなく、コミュニストのような最左翼の理論家たちからも同時に批判の的になりつづけたル・コルビュジエが、その長い困難な時代を

* Le Corbusier, "New World Space"

きり抜けえたのは、彼がアクロポリスで得た啓示、すなわち「建築」とかかわりえたという決定的な体験を反芻しつづけたことによるものではないか、と私には思えた。なによりも、それだけの決定的な体験を与えるアクロポリスが、地上に存在している、と考えるだけで当時の私は満足であった。それよりも惹きつけられたのは、ル・コルビュジエのレトリックである。あまりに完璧な「建築」であるが故に、反逆者たらざるを得ない。そこにル・コルビュジエがひそませたのは、既成の建築があまりに堕落・頹廃してしまったために、それを改革せざるをえないのだ、という主張だったかも知れないが、私には、アクロポリスという決定的な基準《カノン》が存在するために、その完璧の美にたいして反逆を試みる以外に残された道はないではないか、という反語的な姿勢がむしろ強く作用していた気もする。ともあれ、アクロポリスは殆どすべての建築家がまず感じたように、私にとっては、歴史的な遠い遺産というだけでなく、日常的にかかわる建築の、ひとつの基準になったのである。

私がカタログのなかに見つけた一行が、ル・コルビュジエの著作のいずれから引用されていたのか、ついに判明しない。あるいは彼がニューヨークの近代美術館の展覧会の際に書き加えたのかも知れない。だが、その一行の重みを感じさせるのは、彼が生涯の最初と最後に出版した本が、いずれもパルテノンにかかわっていることである。

『建築をめざして』*のなかに、パルテノンの正面と自動車の側面とが併置された有名なページがある。パルテノンはここではあくまで、全歴史を通じての「建築」の絶対的な基準である。そして自動車は今日のもっともソフィストケートされた機械である。彼はこの両者を併置することによって、機械でさえも、絶対的な美の基準と同等でありえること、そ

* ル・コルビュジエ　吉阪隆正訳『建築をめざして』鹿島出版会　一九六七年

して機械のような建築をつくることこそが、新しい近代建築の目標である、と宣言したのである。そこには、すでに反逆者に仕立てられた、というレトリックと同格の、もっとドラスティックな効果が計算されている。機械という、卑下されているマイナーな領域を、高貴で不可侵な美へと拡張し、いずれはのみこんでしまおうという、並々ならぬ意図が隠されていた。そして、二〇世紀の近代建築は、殆どその予告どおりに動いてきたといってもいい。パルテノンの美の基準に替わる機械の基準がはたして生みだされたか。それについては後章でふれることにするが、いまは、ここでもパルテノンが、何よりもえりすぐられて、「建築」というもののメタフォアとして抽出されていることに注目しておこう。

アクロポリスあるいはパルテノンがル・コルビュジエの思想の核心に位置づけられているという私の推定は、『建築をめざして』と殆ど同時期に出版された『今日の装飾芸術』*の最終章「告白」のなかにみられる。それは彼の青年時代の遍歴のノートからとりだされた断章であるが、そのなかで、彼が北欧から東欧を経て、地中海に達したときに、建築的啓示を得たという記述がみられる。

「――アンドリノープルのトルコ、聖ソフィヤ寺、またはサロニカのビザンチン建築、それから小アジアトルコのペルシャ文化。パルテノン、ポンペイ、そして円形劇場《コロシウム》。そして私は建築の啓示を得た。
建築は光線の中における巨大なフォルムの芸術であり、建築こそは精神を表現する一つの系である。(中略)
純粋な合理的な形――構造、そして造形――をもった建築があり、そして芸術の作品が

* ル・コルビュジエ 前川国男訳『今日の装飾芸術』鹿島出版会 一九六六年

ある。フィディアスのパルテノン！[*1]」

この「告白」は走り書きのように要約されている。それだけにル・コルビュジエの当時の気分を明瞭に伝えている。ここでは長い遍歴のあとに、地中海の陽光のなかに輝く建築、とりわけそのなかからパルテノンが注目され、そこから彼が生涯かけた建築作品の最良の注釈ともいうべき、「建築は光線の中における巨大なフォルムの芸術」という一節が啓示としてとりだされている。

実はこの「告白」は、ル・コルビュジエの青年時代、一九一一年にベルリンから東欧を経て地中海にいたる旅をしたときの日記に基づいている。一九六五年、ル・コルビュジエはこの地中海にいだかれるようにしてその生を終えるのだが、最後のバカンスへ出かける直前に、彼はその日記を出版するための最終稿として整理していた。『東方への旅[*2]』はそれ故に彼の最後の著作となった。そして、その最終章が「パルテノン[*3]」である。

長い旅のあげく、アトスを経て、ル・コルビュジエは船でアテネに接近する。ヒュメトスとペンテリコンの二つの際立って高い二つの山塊の間にアクロポリスの丘を認める。何故か彼の記述は一気に高揚しはじめる。

「――アクロポリス、その丘の平坦部に位置する神殿は、貝殻の中の真珠のように、人々の関心を引きつけてはなさない。この真珠ゆえに誰もが貝殻を求めるのだ。神殿はこの風景における、まさしく真珠なのだ。なんという輝き！[*4]」

＊1　ル・コルビュジエ　前出書　二三五頁

＊2　ル・コルビュジエ　石井勉他訳『東方への旅』　鹿島出版会　一九七九年

＊3　ル・コルビュジエ　前出書　二二〇頁

＊4　ル・コルビュジエ　前出書　二二一頁

彼はまだアテネにさえ到着していない。ピレウス湾からアクロポリスを遠望しているだけである。だがそのときすでに次の言葉が記されている。

「――パルテノン、このおどろくべき「機械」はひとり海に向かい、四時間の歩行、船で一時間でいたる範囲に、その立方体《キューブ》の支配をいきわたらせている。*」

パルテノン＝「機械」＝立方体《キューブ》という、『建築をめざして』において鍵のような概念を組み立てるレトリックが、すでにこの旅行の際に芽生えていたことを、一九六五年夏のル・コルビュジエは、再度証明しておきたかったのだろうか。彼はこのとき若干の注だけを加えて、本文はそのままにしてある。しかし、いかにもこの部分は唐突にあらわれる。他にはこの関係を展開したり敷衍したりした箇所は見あたらない。

アクロポリスへの思い入れは奇妙な行動になってあらわれる。彼は午前中に市内にはいりながら、ただちにはこの高みに登ろうとはしない。あれこれと理屈をつけては市内を歩きまわるだけでその日の午後を過ごして、夕暮を待った。

「――アクロポリスを現実に目のあたりにしようとは思いもせず、たいせつに抱いていた夢であった（ここで、彼は「一九一一年のことである」と注を入れている）。私はこの丘が何ゆえに芸術的思惟の真髄を宿しているのかを知らない。私は神殿の完璧さをはかることができる。そしてそれらが他のどこにもない驚くべきものであることを認めている。また以前からこの場所が芸術のあらゆる尺度の基礎となる神聖な原基の安置所であ

＊ ル・コルビュジエ　前出書　二一二頁

ることも知っていた。（中略）何ゆえに私たちはここ、アクロポリスの丘、神殿の足元にそれを持ちこむのだろうか？　それは私にとって説明のつかない問題としてある。私の全存在がすでに絶対的な熱狂をもって他の時代の、他の民族の、他の地方の作品に対していかにのめりこんでいたことか！　しかも何ゆえ、他の多くの人々同様、パルテノンを動かしがたい巨匠として認めざるを得ないのか。石の均衡が立ちあらわれる時、その最高の権威の前に怒りさえ覚えながら、何ゆえに、屈服せざるを得ないのか？」＊

ここに気負った青春の屈折した心情を認めるのは容易である。私にしてみてもあの「反逆者に仕立てた」という一文に出逢うまでには幾度となく同じように「何ゆえに屈服せざるを得ないのか？」と問いつづけていたからである。ちなみに、私もまたはじめてのアクロポリスにたいして似た衝撃を感じたのだ。それは、やはりピレウスの方向から、その時は空港からのバスに乗って市内に近づいたわけだが、街区の建物が途切れたとたんに、アクロポリスの丘と、そのうえに立つパルテノンとが突然、視界にはいった。その光景は、降臨した神が、堅固な量塊に凝結しているのをはっと垣間みたのではないか、と私に想わせた。同時に奇妙な連想がよぎったのだ。それは、地方で育って、いちども中央に足を運んだことのなかった私が、はじめて上京する車窓から、富士山の姿をみたときの、名状しがたい衝撃とそれにつづく戸惑いである。そこには、以前のあらゆる想像をくつがえすだけの完璧な容姿と、量感に溢れた存在感があった。同時に、このキッチュにさえみえる通俗の極みという、際限なく繰り返された視線へと同調するのを極力避けようとする拒絶反応が生まれた。いまになって、日本人がこの山の容姿にとりつかれ、天と地をつなぐ宇宙

＊ル・コルビュジエ　前出書　二二七頁

北西に位置するアゴラ付近から眺めたアクロポリスの北面。切り立った崖の感じがよくわかる。今は西からのアプローチのみだが、かつては北側にも入口が二つあった。

photo: K. Shinoyama

軸のありかをそこに想いこめ、幾多の作品さえ生みだしてきたことを、やっと理解できるようになったが、それは、気負った青春にとっては、あまりに完璧で、美しすぎるものでもあった。

ル・コルビュジエにとって、アクロポリスは、同じような至高存在としてありつづけた。そして、その最初の出逢いを完璧にするために、彼は夕暮を待ったのだ。西にむかっているプロピュライア。いわば、このアクロポリスの門から丘へふみこむとき、光線は順光となって、こちら側からパルテノンの背後のファサードを照らしているはずである。そしてふり返れば、アテナ・ニケとプロピュライアが逆光のなかに浮かぶ。ル・コルビュジエは記す。


「――戦いの激しさとともにパルテノンの出現は私をうちのめした。聖なる丘に陽に焼けた柱身が比類なく立ち並び、独立した四陵を形成している。パルテノンは石のフロント、エンタブレチュアを高く戴いており、基壇《グラダン》は柱の多くの繰り返しを支えている。略奪の幾世紀ものあいだ、踏みにじられた敷石と空と神殿のほかは何もない。*」

「――階段としてつくられたのではない高すぎる基壇をのぼって、四番目と五番目の柱の間をその軸線にそって神殿に入っていった。ふり向くと神々と司祭のためにしつらえられたこの場所から海とペロポネソス半島が見わたせる。海は燃えあがり、山はすでにかすみはじめ、やがて日輪に浸蝕されようとしている。丘の崖とプロピュライアの舗石の上のひときわ高い神殿とが近代生活のあらゆる痕跡を知覚からとり除き、一挙に二〇〇〇年の隔たりを越え、ある一つの荒々しい詩情にとらわれる。私は頭をかかえこんで

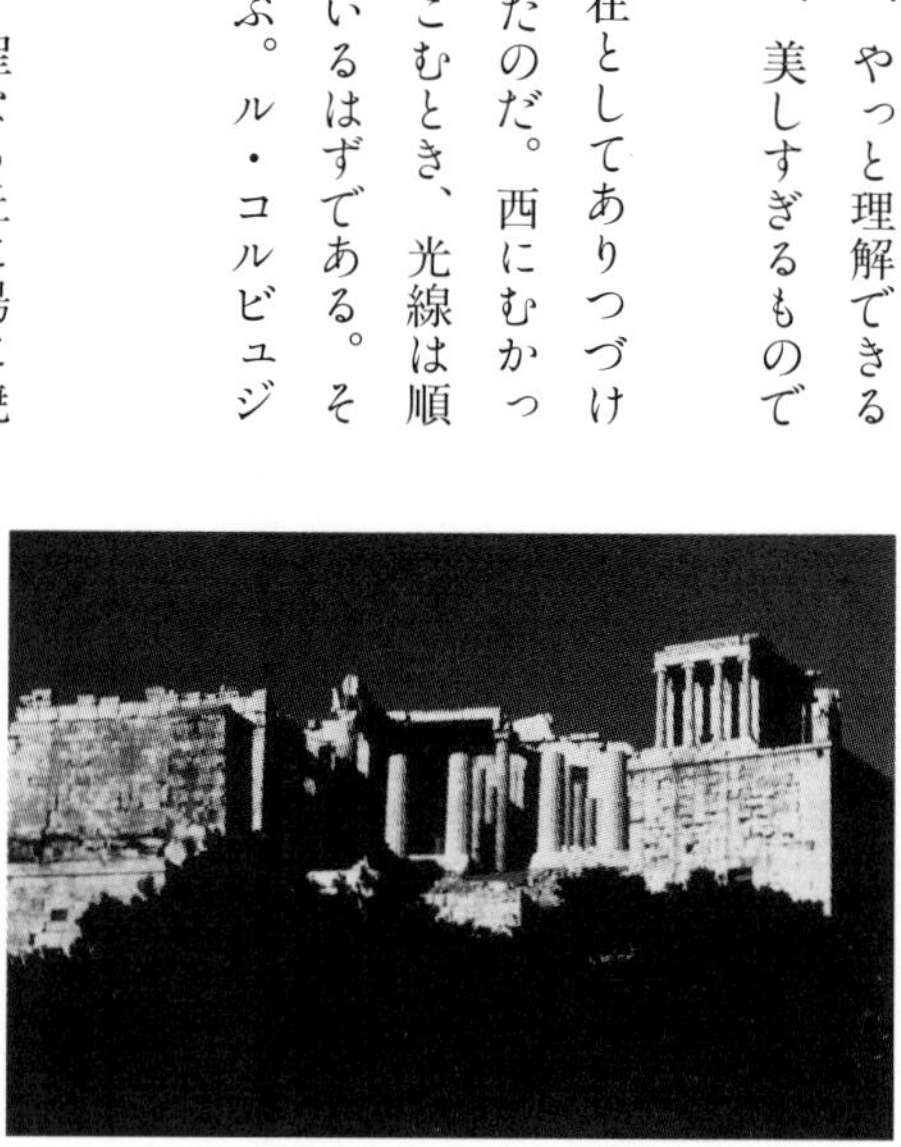

アクロポリス西側の入口プロピュライアと、その右手の堡塁の上に建つアテナ・ニケ神殿。
photo: K. Shinoyama

* ル・コルビュジエ　前出書　二二八頁

時の階段に倒れこみ、激しい動揺に出会い、しばし震えおののいていたのだった。夕陽はその最後の輝きをメトープとなめらかなアーキトレーヴの前面に投じ、列柱の間を横切り、廻廊《ボルチコ》の奥に開かれた戸口へと達し、屋根のない内陣《セラ》の奥に潜む影をも目覚めさせる。*」

＊ル・コルビュジエ　前出書　二三一頁

このようにして、ル・コルビュジエは、プロピュライア、アテナ・ニケ、エレクテイオン、もちろんパルテノンを経めぐる。その記述はあたかも聖地において宗教的な感動に襲われながら、次々と新しいサンクチュアリに出逢っているかのようだ。純粋に建築とそれを体験しつつある記述であって、ここには何ひとつ神秘的な韜晦《とうかい》はない。だが、それは決して冷静な客観性をもった事実の記録ではない。啓示を受けた高揚感のなかを浮遊しつづけるときによぎっていく幻視された光景だ。とはいってもまったく架空の幻想として想い浮かべたものではなく、実在する、具体的な物体が構成する「建築」そのものに触発されているにちがいないものなのである。

アテネに滞在した数週間、彼は毎日アクロポリスの丘に登った、ということになっている。あながち嘘ではあるまい。私自身も数日ごとの滞在をこれまで幾度か繰り返したが、その際毎日アクロポリスに登る誘惑に勝てなかった記憶がある。最初はカメラとノートブックを持っていった。そして記録としての撮影をはじめ、ノートをとりはじめたが、写真にしても、ノートブックの文章にしても、そのとき味わいつつある空間的な感動を記すことは不可能であることを思い知り、いっさいを放棄して、ひたすら肉体をその場所にあずけることにより、その感動を身体的な知覚としてのみ、きざみこませようと考えていた。

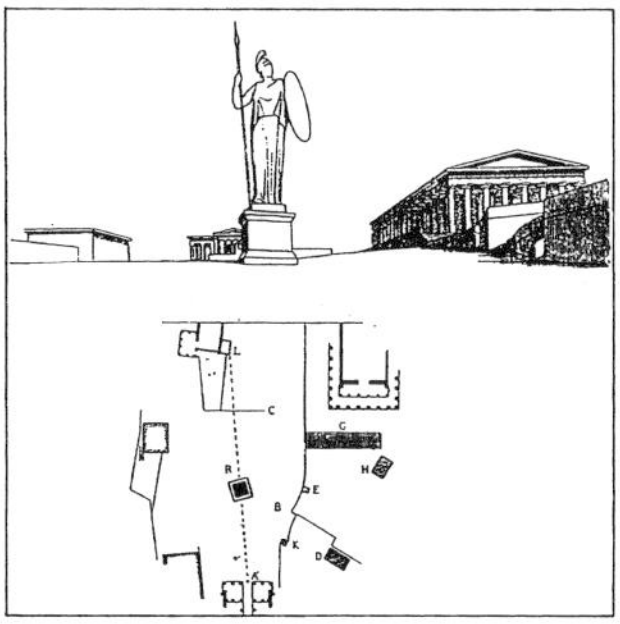

プロピュライアからの眺め。ショワジーによる。

アクロポリスは、単純に大理石塊の集積場でありながら、その全体の場所を貫通し整理する透明な秩序が充満しているのだ。その秩序感に貫かれた身体は、麻痺し、自失する。建築家にとって、それはときには再起不能にいたるまでの衝撃でありつづける。回復の見込みのたたぬ病にさえなる。それをル・コルビュジエは、「アクロポリスの秘密をあばく光のもとでの骨の折れる時間。われわれのうちの真の力、われわれの芸術のうちの真の芸術性に対する胸をえぐるような疑惑を煽る危険な時間」と形容しているのだが、そのあげく、建築家が生涯で、一度は突き当たらねばならない厚い壁を眼前に見いだす。

「――建築芸術にたずさわる者は、死せる素材に生きた形態を与えるこの職務に直面して、その生涯の一時期、頭がうつろになり、廃墟のただ中において――もの言わぬ石との冷たい対話の中で、独語する憂愁を抱くであろう。いつの日か私も仕事をせねばなるまいということをあえて考えぬようにして、重苦しい予感を両肩に担いながらアクロポリスの丘を下ったこともしばしばであった。*」

これだけの衝撃をもって襲いかかる力をみせるアクロポリスの秘密はなにか。そのひとつに、ここがいかにも無惨に破壊され、廃墟として、瓦礫の堆積となる寸前の状態をかろうじて保持している、その危なげな有様が古典主義の時代の古代憧憬、新古典主義の時代の幻想に満ちたロマンティシズムをかきたてていたことも事実である。これが建設当時の多色に彩色された姿態のまま現在に伝わっていたら、これだけの感動をはたして与ええただろうか。仮に最大限の努力を重ねて、薬師寺西塔のように建造時とそっくりの姿に復原

＊ ル・コルビュジエ　前出書　一四〇頁

されていたとしたら、いま、私たちを同じ関心のもとにひきつけるだろうか。

明らかにいえることは、それが廃墟として、単なる石塊へと還元されていくにはまだかなり多くの細部が断片として残存し、それが、圧倒的な力をもって視る人間へと迫ってくることである。かつての完成時の壮大さを空想のなかで組み立てさせ、ときにはいっそうの完璧性を想起させる。だが、あくまで、それはまばゆいまでに白く輝く大理石なのである。そのうえに細かく彩色されていたことは、今日断片的に残る絵具の痕跡から推定されているけれど、それが消え去って、白一色の大理石だからこそ、魅力を生んだともいえないか。ル・コルビュジエは、アクロポリスに「モノクロームの支配力」があると書いている。見わたすかぎりの白で、それがあのギリシャ独特の深い青空のなかに立ちつくしている。この白、すなわちモノクロームは、彼の二〇年代の作品の主題となる。「白い建築」は、近代建築の基本言語ともなったが、それが地中海の民家のような土着建築からヒントを得ているというのが通説であり、アクロポリスは、あの白石灰を乱石積みのうえに塗りこめたエーゲ海の民家と、色彩のうえで、表面が風化したが故に、同根であることを証明することにもなった。その白は、二〇年代において、石炭燃料の多年の使用によって黒っぽくよごれてしまっていた西欧の都市と比較して、ユートピアのかなたのイメージをそのまま示すようなメタフォアになり、意図的に提案され、操作されていった。それは同時に、新古典主義がロマンティシズムと同居していたように、近代建築が、多様な土着的なものとノスタルジックに共存していたことを示すひとつの証拠ともなるだろうが、そのまぶしいばかりの啓示が、アクロポリス体験にあることも、ほぼ事実なのである。

パルテノンの保存状態は、一七世紀まではかなり良好だった。いや純粋にかつての面影が保持されていたわけではない。この地がトルコに長く占領され、アクロポリスの丘のうえにはモスクがつくられ、ミナレット（塔）が建てられていた。それは今日のルクソール神殿に似ていただろう。まったく異なった様式をもつ建物が割りこんでいた。それだけでなく、パルテノンは中央に安置されていたアテネ女神像の場所が、軍事施設となり火薬庫になっていた。一六八七年、ヴェネツィアと戦いをかまえたとき、ピレウスから上陸したヴェネツィア軍の発砲した弾丸がこの火薬庫に命中、パルテノンは大部分が崩壊した。

「――パルテノンの左側には、根元から倒れ、投げだされた円柱が、まるで顔中に火薬を浴びた兵士さながらである。ばらばらになった太鼓石は、断ちきられた鎖の環のようでもある。それが柱であったとは誰も思い及ばないし、実際に見たことのある者でなければ、イクチノスの抱いていた壮大さを認めることも不可能であろう。その直径は人間の丈を越えている。荒涼たる風景の中、一般の寸法を度外視した、アクロポリスで用いられている巨大な尺度。この直径をわれわれの中央ヨーロッパ、ヴィニョーラの私生児の柱のそれと同日に語ることなど思いもよらぬことであろう！[*]」

このように記したル・コルビュジエにとって、破壊され、地上に横たわった円柱の部材は、彼にヨーロッパのルネッサンス以来の全歴史をあえて否定させる行動にかりたてる。そのとき、パルテノンは、根元的な「建築」の祖型として、存在していた、といえるだろう。彼が「アクロポリスが私を反逆者に仕立てた」と語るとき、その初源に決定的な「建

＊　ル・コルビュジエ　前出書　二三九頁

築」としてのアクロポリスがあった。これはメタ・テキストとしての「建築」であると同時に、完璧な比例と寸法と構成をそなえた実在物でもある。彼の眼には、その古典性を復活させ継承しようとした全建築史が、単なる形態の模倣にすぎず、それ故に決してその初源の完璧性には到達しえない、大きい間違いをおかしていたという認識が、ここであらためて確認される。そして、ノートの最後、すなわち生前に出版した最後の文章を次のようにしめくくる。


「――おお！

光！

大理石！

モノクローム！

ペディメントはすっかり失われてはいるが、それはまぎれもなくパルテノンだ。海を黙視するもの、もう一つの世界の表象。ひとりの人間をとらえ、万物の上に君臨するもの。願いをかなえ、品格を高めるアクロポリス！

想い出すだけで歓喜がからだ中にあふれる。その感情に勇気づけられて、これらのものに対する見方を今後、私の在在に、分かちがたい新たな一部として携えていくだろう。」*

北西から見たパルテノン。北側の柱が完全に復原されたので、この角度だと正面八本、側面一七本の柱がすべてそろって見える。
photo: K. Shinoyama

＊ル・コルビュジエ　前出書　二四五頁

拒絶する女神（堀口捨己）

このノートが記された一九一一年から一〇年ほど過ぎて、アクロポリスを一人の日本人建築家が訪ねている。彼は帰国してから数多くの文章を書き、ヨーロッパの近代建築に関する本も出版された。だが、長い間、彼はアクロポリスについてはまったくふれることさえしなかった。彼は「分離派」という日本における最初の近代建築運動の主導者であった。このグループは、彼がまだ学生のときに結成された。そのなかで、誰ひとり直接に外国の建物を眼で確かめたものはいなかった。だが建築の動向が情報として到達するのは世界中同じである。彼らが範にとったのは、世紀末ウィーンにおいて結成された「ゼセッション」の運動であった。その運動が一九一〇年頃に収束してから、すでに一〇年が経ていたし、時代は第一次大戦後に急速に開化した「表現派」へと移っていたので、彼らが実際にプロジェクトとして模したのは、同時代の「表現派」であったという、奇妙な混淆も起こっていた。

「分離派」のリーダー的な役割をしていた堀口捨己は、大学をおえてからすぐに西欧へ旅だった。そのとき彼がもっとも注目したのは、「ゼセッション」が終わり「表現派」がはじまる第一次大戦をなかにはさむ一九一〇年代に、ただ一カ所だけ建築的な活動がなされていた「アムステルダム派」と呼ばれるようになったオランダの建築家たちであった。彼は『現代オランダ建築』という本を出版しているが、ここで彼が関心を示したのは、そのオランダの建築家たちのなかでも、藁葺き屋根などをもった郊外の田園的な独立住居であった。彼はこのときに得た「非都市的なもの」という概念を媒介して、日本の古典のなかでの茶室の研究をはじめる。そして、一九三〇年代から五〇年代にかけて、日本で数少ない近代建築の設計をなしたと同時に、伝統的な、厳密な考証に基づいた良質の茶室を生みだす。晩年は殆ど茶室と数寄屋の仕事が重視されるようになった。

その堀口捨己が、五〇年代の中期に、大型の数寄屋のいくつかを完成したとき、次のように記している。

「――私はかつてギリシャのパルテノンの傍に立ったことがあった。パルテノンの列柱の一つが修繕のために地の上に一個一個がばらばらにして横たえてあった。その柱頭の所を見入って、二〇代の私は思わずうめき声を上げた。学校で習わされたドリア風の柱頭とは全く異った生きもののごとき在り方であった。これはギリシャの地に生まれて、豊かな世界に育ちあがったもので、アジヤの東のはしの育ちには、歯のたつものでないことをはっきりと知らされた。それは学ぼうとしても学び得るようなものでないこと、ギリシャ彫刻の女神の如き在り方であった。それは美しい。しかしそれを模ねようとしても烏が孔雀の尾をつけたような笑われるべきものしかできないような質の全く異ったものであった。そこでギリシャの古典は、東のはてから来た若い男に「柄にあった身についた道を歩め」とささやいてくれる女神ではなかったが、冷たくきびしく寄りつくすべもない美しさの中に、うちのめされて、柄にあう道を探さざるを得なかったのである。そこには近代建築の道がひらけて、そこに身についた柄にあう行く手を見出した。また、その立場の上で、新しく身についた古典をも見出した。妙喜庵茶室、桂離宮……

等々の日本の数寄屋造りを。[*1]」

堀口拾己がアクロポリスに立ったのは、ル・コルビュジエと殆ど同年輩であったはずである。彼は、ここにも自ら記しているように、近代建築の道を自ら歩んだわけだが、約一〇年の差を異なる文化的文脈のなかで、ひたすら追いかけていった、というほうが正確かも知れない。そして達成し得たのは近代建築の様式を模してはいるが、その空間性や造型性や技術的表現性においては、プレ・モダンともいうべき「ゼセッション」や「アムステルダム派」の残滓をひきずっていた。

私は堀口捨己のアクロポリスへの反応を、ル・コルビュジエのそれに比較してみて、両者ともがすぐれた建築家として実作をつくったと同時に、建築家としては稀にみるほどの論理性をもって文章による表現ができ、それを残しているために、その反応の対極的ともいえる質の違いに注目したくなる。堀口捨己が帰国して、アムステルダム派風の草庵建築をつくったときに、彼は自らの視点を明瞭にする文章、「建築の非都市的なものについて[*2]」を記している。それは、アクロポリスでの体験の三〇年後の記述を実は裏づけている。彼がここで意図したのは、ル・コルビュジエが、蛮勇をもって立ちむかった病める現代都市の改革と、同じく堕落してしまった大文字の「建築」――これこそが西欧の全建築史の展開をメタレベルにおいて支えてきたのだが――の内側から徹底した革命の両者から身をひき、日本のいまだ都市化も近代化も中途半端であった状況のなかで、「非都市的なもの」へたてこもることによって、都市から退却し、草庵茶室という同じく建築物でありながらも、西欧的な概念においての「建築」、それをアクロポリス的、と呼びかえてもいいが、そ

＊1　堀口捨己「数寄屋造と現代建築について」『建築文化』一九五六年一月号　三一頁

＊2　堀口捨己「建築の非都市的なものについて」『紫烟荘図集』一九二七年　洪洋社（『現代日本建築家全集』所収　三一書房　一九七一年一三七―一六九頁）

れと対極的にみえる建築形式の研究にむかうことによって、日本独自の軽く、マイナーでありながら、めくるめくほどに複雑な感受性を触発するそのデリケートな空間に、あらためて「建築」の概念をさぐることであった。

若き堀口捨己は、ル・コルビュジエと同じく、アクロポリスに「建築」の実在を感じとったのであろう。それはあまりに強大な体験であったが故に、西欧的基準にそのまま従うことをためらった。そのあげくの選択であった。それまでの日本は、明治初頭のお雇い建築家たちの主要公共建築物への貢献と、彼らによって設立された西欧的な建築教育によって、うたがいもなく、西欧の近代が開発したすべてがモデルとされ、変形なしにそっくり移入されるのが常であった。その諸経過にたいして、堀口捨己の学生時代の「分離派」運動も、やはり西欧的な建築運動を移入するという点において、明らかに連続したものであった。その彼が、「非都市的なもの」へむかって撤退していったことは、むしろ、高度な戦略であったというべきかも知れない。先に引用した文章にもみられるように、彼はアクロポリスのあの大理石の柱の断片の量塊感に圧倒されている。そして、必ずしも石材に不足していたわけではない日本が、長い歴史の展開過程で、ついぞ石を彫りだすことによって永久不変の構築物を意図したことがなかったことに想いをめぐらしたにちがいあるまい。同型物をそっくり木造によってコピーし、その繰り返しによって、時間の経過と自然の風化に耐える、というまったく異なった永久性への対処の方式を開発してしまったこの国の風土と、そのなかで宿命的に仕事を続けるにちがいあるまいとの判断が、彼を非構築的で、もっとも脆弱な、紙と藁の建築にむかわせたといっていいだろう。この軽さと非永久性の極限に位置するような建造物も、また大文字の「建築」たりうるだけの特性を兼ねそ

プロピュライアの内側の通路の両側に立つイオニア式の柱のひとつ。柱頭のつけ根には首飾りのように卵鏃文が施されているだけで、こちらの方がイオニア式としては一般的。
photo: K. Shinoyama

なえていることを、あえてアイロニカルに証明する決心をした、ともいえよう。彼はル・コルビュジエよりもはるかにアイロニイについては知っていた。一九三〇年頃に、西欧の近代建築家たちが、二〇年代を通じてなされた数々の試みの集約のあげくに、ひとつのブレークスルーを試みるためにとりだした新即物主義《ノイエ・ザッハリッヒカイト》は、いっさいの前時代的な残滓を払拭するために工業製品の冷たい表情だけに趣向の選択をせばめることによって、その後いわゆる近代デザインと称されていくすべての趣向へと編成しなおす役割をはたしたのだが、たとえば堀口捨己は、それを「様式なき様式」といったアイロニイによって解釈しなおし、木は木の、鉄は鉄の建築的様式を自動的に生産する、という折衷的思考に到達する。それは「非都市的なもの」という、ル・コルビュジエがあえていどんだ「都市的なもの」への変革の情熱とはまったく異なる方向性をもったものであるが、日本の一九三〇年代においては、ただひとつとりだし得た明快な戦略であったと今にしていうことができる。

それは一九三〇年頃から、殆ど日本の近代建築の展開過程の全体をつつみこんだ「日本的なもの」の言説とのかかわりにおいて見なおしてやる必要がある。これはカルチュラル・ポリティクスの一環として、すべての言説を支配していた。堀口捨己はこの状況にたいしては、むしろ初期からのかなり強力な発言者であったが、その言説のなかにあって、彼は注意深く、「日本的なもの」を直接的に政治的な状況に結びつけることを回避しつづけた。それが生涯にわたって彼がエネルギーを注入した茶室研究になって成果を示すのだが、いっぽうで、(西欧的な)近代主義的なものと、(日本的な)民族主義的なものとのデザインの方法上における調停に精力をそそぐことによって、独自の展開をなした日本の近代建築とは、最後には平行したまま交叉しない立場に自らを追いこむ結果になる。そして、良質の古典主義リヴァイヴァリズムと呼んでいいような茶室・数寄屋の設計と、やや凡庸なコンクリートによる近代風の建築の設計の両側に自らの仕事を分解させたまま、この間を「様式なき様式」というアイロニイでしか結びつけ得ない、という宙吊り状態になる。

これは、日本の建築史のなかで、はじめて近代的な自意識をもって、西欧と日本の両者を批判的に眺めはじめた、吉田五十八、堀口捨己らの世代の避けることのできない宿命であった、ということもできる。堀口捨己による西欧的な「建築」よりの撤退は、私がかつて吉田五十八にインタビューしたときに、まったく異口同音の証言を得たこともある。*彼らにとって、西欧的な「建築」に比肩するには、日本の伝統的な建築を新しく解釈しなおすしかない、という判断が共通してあった。その判断を生みだしたのが、いずれもが、若き時代に西欧のもっともモダンな傾向を模倣しながら、その根源の探索に西欧へと旅行し、そのあげくに自らの肉体をもって触れた「建築」への反応から出発していることは興味深い。アクロポリスは常にその核心にあった。

* 磯崎新対談『建築の一九三〇年代』鹿島出版会　一九七八年

不死の形象（三島由紀夫）

ル・コルビュジエがアクロポリスの強靱な完璧性をばねにして、自ら反逆者となる道を意図的にえらびとったのに比較して、日本の近代建築の第一世代の建築家たちは、対立する古典として、日本の伝統的な建築を範例にした。だが彼らが主として参照したのは正統性をもった祠堂のような建築ではなく、それを崩し、恣意化した数寄屋であったことに注目する必要がある。それにはひとつのカルチュラル・ポリティクスがあった。すなわち、祠堂のような正統的な建築はその通俗化した様式的解釈によって、新しい構造技術によって組み立てられた箱型の建物のうえに単に伝統的な屋根を大げさにのせる帝冠様式と呼ばれる形式が主要な国家的建造物に援用されて、その様式性を消費されつつあった。近代建築の純粋な抽象的構成は同時にこの主流をなした伝統的様式の安易な援用にたいする強力な反措定とされていたのだが、同時に、非相称性、軽量化、非装飾性、などの諸点を強調していたことが、数寄屋構成への新しい解釈につながっていく。ブルーノ・タウトの桂離宮はアクロポリスと比肩すると同時に近代建築そのものともみえるという評価の出現[*]もこの傾向を助長しただろう。数寄屋的なる非正統から新しいデザインを抽出することが、近代建築の諸業績と平行していると信じることによって、帝冠様式に対抗しながら、困難な時代をきり抜ける手段にしたといってもいい。

アクロポリスにたいする絶対的な想い入れとは、裏がえすと反発であり、無視でもある。建築家はル・コルビュジエがなしたようにアクロポリスをメタフォアとしてしか語らなくなる。装飾否定という近代建築の主要文脈のなかにおいては、容易にそれを無視する言い訳にも通じていく。日本において、第一線の実務的建築家たちがアクロポリスを語らなくなったとき、ある意味でアクロポリスは相対化されはじめた、といっていい。

戦争を経過して数年して、二〇代の後半だった三島由紀夫は初めての外国旅行に出ている。その途中に勿論アクロポリスに立ち寄った。その紀行文が『アポロの杯』と題されたように、北米、南米、欧州と廻ったあげく、最終目的地がギリシャとローマであった。彼

* 一九三三年

はその旅行の最後にハドリアヌス帝の愛人であった美青年アンティノウスを発見する。外観の容姿の完璧性と永遠性に何よりもとらわれたこの美青年の像を見いだしたことは、彼のその後の全生涯を貫く美的なメインテーマになってしまった感があるが、ローマ・ヴァティカン宮殿の美術館にアンティノウスをみる前に、彼はアテネにおりたつ。「希臘《ギリシャ》は私の眷恋《けんれん》の地である」と彼は最初に記す。何故か彼もこの地に到達したことだけで異常な興奮にとらわれている。彼は一〇年後に私がたどったと同じ道で、この街にはいる。

「――飛行場から都心へむかうバスの窓に、私は夜間照明に照らし出されたアクロポリスを見た。

今、私は希臘にいる。私は無上の幸に酔っている。（中略）私は今日ついにアクロポリスを見た！　パルテノンを見た！　ゼウスの宮居を見た！」*

ここでは単純に感動だけが記されている。それ以上の何ものも語る必要がない、といった風情である。おそらくそのような感動のあげくに実物にふれた後に彼が自ら解釈するところを聞くと、彼はここで「廃墟」を発見したのである。

「――空の絶妙の青さは、廃墟《はいきょ》にとって必須のものである。もしパルテノンの円柱のあいだにこの空の代りに北欧のどんよりした空を置いてみれば、効果はおそらく半減するだろう。あまりその効果が著しいので、こうした青空は、廃墟のために予《あらかじ》め用意され、その残酷な青い静謐《せいひつ》は、トルコの軍隊によって破壊された神殿の運命を、予見していたか

夜明け前のアクロポリス。遠景に港と船の灯。パルテノンは東正面と北側面を見せ、その右手にエレクテイオン、プロピュライアが続く。
photo: K. Shinoyama

＊　三島由紀夫『アポロの杯』新潮社　一九八二年　一〇八頁

のようにさえ思われる。*」

「廃墟」は不意と偶然の集積によって、予期しなかった美を生みだす。かつて完璧であった姿を垣間みせながら、崩壊してきた時間の経過を直接的に感知させることによって、それは悲劇をみる感動に連なっていくのだが、この悲劇性こそが、ロマン派の詩人をとらえ、同時に新古典主義の時代の建築家たちに幻想の根源として作用しつづけたことを考えれば、三島由紀夫がギリシャ的なもののなかに、まず「廃墟」をみてとったことは充分にうなずける。また「廃墟」として現前する遺跡をみることは、そこにかつて存在した状態と今日ある状態との落差を感じとるという点において、その対象が相対化されているとも考えられる。すなわち対象のなかに完全にのめりこむことをせずに、つきはなして眺める立場をとる。三島由紀夫は、アテネの廃墟をいきなり竜安寺の石庭に結びつける。

「――希臘は今、われわれの目の前に、この残酷な青空の下に、廃墟の姿を横たえている。しかも建築家の方法と意識は形を変えられ、旅行者はわざわざ原形を思いえがかずに、ただ廃墟としての美をそこに見出《みいだ》す。

オリムピアの非均斉の美は、芸術家の意識によって生れたものではない。

しかし竜安寺の石庭の非均斉は、芸術家の意識の限りを尽したものである。それを意識と呼ぶよりは、執拗《しつよう》な直感とでも呼んだほうが正確であろう。日本の芸術家はかつて方法に頼らなかった。かれらの考えた美は普遍的なものではなく一回的（einmalig）なものであり、その結果が動かしがたいものである点では西欧の美と変りがないが、その結

＊　三島由紀夫　前出書　一〇九頁

果を生み出す努力は、方法的であるよりは行動的である。つまり執拗な直感の鍛練と、そのたえざる試みとがすべてである。各々の行動だけがとらえられることのできる美は、敷衍《ふえん》されえない。抽象化されえない。日本の美は、おそらくもっとも具体的な或るものである。*」

アクロポリスの廃墟を前にして、突如としてそれを非均斉であるが故に日本の石庭に結びつけるという努力は、堀口捨己が同じ場面に立って「柄にあった身についた道を歩め」と知って日本の古典へと撤退したのとは、大きくその視点にへだたりがある。堀口捨己のアクロポリスへの訪れから三〇年を経て、三島由紀夫はギリシャと日本の両古典を対置することをいかにも自然になしとげる。これは必ずしも三島由紀夫の独創ではなく、戦争を間にはさみながら近代主義と民族主義の両者を同時にとらえる努力をつづけた三〇年間の日本における視点の成熟が、彼にいきなり双方の古典を対置させえた、というべきだろう。

「――希臘人は美の不死を信じた。かれらは完全な人体の美を石に刻んだ。日本人は美の不死を信じたかどうか疑問である。かれらは具体的な美が、肉体のように滅びる日を慮って、いつも死の空寂の形象を真似たのである。石庭の不均斉の美は、死そのものの不死を暗示しているように思われる。

　オリムピアの廃墟の美は、いかなるたぐいの美であろうか。おそらくその廃墟や断片がなおも美しいことは、ひとえに全体の結構が左右相称の方法に拠っている点に懸って

＊　三島由紀夫　前出書　一〇九頁

フィロパポスの丘から見たアクロポリス。夕陽を浴びてパルテノンの西側正面が輝く。背後の山はリュカベトスの丘（遠望レンズで近くに見える）。その奥に連なるのはペンテリコン山。
photo: K. Shinoyama

いる。断片は、失われた部分の構図を容易に窺《うかが》わしめる。パルテノンにせよ、エレクテウムにせよ、われわれはその失われた部分を想像するとき、直感によるのではなく、推理によるのである。その想像の喜びは空想の詩というよりは悟性の陶酔であり、それを見るときのわれわれの感動は、普遍的なものの形骸を見る感動である。*」

この短い紀行文のなかで、三島由紀夫はその後の彼の思想と行動の展開をすべて予告的に記しているように私にはみえる。そのきっかけがやはりアクロポリス体験にあったことは疑問の余地はない。いずれ、ヘレニスティックなアンティノウス像にそのイメージが結実していくような完璧な相称性をもった秩序の観念の表層的な形式化、それに対置される不均衡の美に含まれる「死そのものの不死」。この両極にひきさかれた美を自らの肉体によって生きることが、彼の生涯の企図であったように私には思える。だが、ここは三島由紀夫に深入りする場所ではなく、彼のアクロポリス体験の特性をこそ問わねばならない。アクロポリスは、日本の石庭と対置されることによって、徹底して相対化された。その点こそが日本という土壌にあって思考を組み立てる宿命を担った芸術家にとって、決定的に重要な視点であった。西欧の文化の根底にある絶対的基準としての「建築」を象徴するアクロポリス。ル・コルビュジエはその基準を独自に展開する道に自らをかける。堀口捨己は、日本の古典にひきこもることによって、西欧の基準に比肩できるような基準の探索を行う。そして三島由紀夫はこの二つの基準を対置する視点をつかみとったうえで、その両極のなかから死と不死の形象化のパラドックスを抽出する。いずれもが、一〇代の中期、自らの自己形成期の最後にアクロポリスを訪れ、そこでの決定的な体験を手がかりにし

＊ 三島由紀夫　前出書　一一一頁

て、異なる時代と場所に所属する文脈のなかで自らの思想をかたちづくったのである。アクロポリスは、時代を越えて、それぞれに異なる若さと響き合うものをもっている。この三人より後れてアクロポリスを訪れた私にとっても、殆ど決定的ともいえる体験が残っている。だが、三人の先達の異なるアクロポリスにたいする反応と比較すると、それを時代的に逆にたどっているといった印象がある。

明晰＝ロゴス＝秩序（ポール・ヴァレリイ）

おそらくそれは、若年の私の建築的体験の不如意さに由来する。焼けて裸になってしまった土地に育った私にとって、建築を直接この肉体を介して感じとる、といった体験は三〇歳を過ぎて、はじめて西欧を旅した途次にやっと得ることができた。もし時代を変えて生きていたら、その体験をもう一〇年早めることは可能であっただろう。すると、私にとってのアクロポリスが、まったく異なった相貌をもって出現していただろう。

先に記したように、ル・コルビュジエの「アクロポリスが私を反逆者に仕立てた」という一語が、私をいまだかいもく見当のつかなかった「建築」にむかってかりたてたことは確かである。このレトリックに満ちたアジテーションにのりきったとしても、私は何をめざして「建築」に接近するか、その手がかりをつかんでいたわけではない。アクロポリスは、それを解く手がかりを与えてくれるかも知れぬとは思いながら、私は旅立つまでに一〇年という歳月を待たねばならなかった。勿論、建築の設計をするという職業をえらんだわけであるから、その一〇年間に徒弟修業期間をもちながら、唯一勉学方法として、いくつかの流布されていた書物を読むことをした。ここでは、建築物はすべて平面的に印刷された情報になっている。眼から身体を媒介せずに直接観念の世界に直結できる。印刷情報―媒体（眼）―観念という短絡回路が形成されていく。それは建築家という職業が成立して以来定常回路となっていた、実在建造物―媒体（身体）―観念と異なった、手軽い安易な回路である。私には、この短絡回路が決していいものだ、とはいまだに思ってもいないが、新しいパターンとして年々この短絡回路の比重が増していることは確かである。そして、私にとって、他に選択の余地がなく、ひたすら、情報によって観念を満たす作業をつづけることしかできなかったし、そこから出発する以外に手だてはなかった。

かなり初期に、私を恐慌状態に陥れたのは、たとえばポール・ヴァレリイが『エウパリノスまたは建築家』*で活写したような、西欧における、明晰なるものの根源としての「建築」なる観念だった。はたして、ポール・ヴァレリイがここで要請しているような純度の高い明晰性を、ひたすらいっさいが瓦解する事件にのみこまれ、混沌と噪音と無秩序だけがいっきににじみでてしまったような猥雑都市・東京のさなかで、感じとることができるだろうか。だから、その時期に何故か『アポロの杯』を読む機会がなかったのだが、三島由紀夫が次のように記しているのと似たような気分だったことだけは確かである。

「――巴里で私は左右相称に疲れ果てたと言っても過言ではない。建築にはもとよりのこと、政治にも文学にも音楽にも、戯曲にも、仏蘭西《フランス》人の愛する節度と方法論的意識性（と云おうか）とがいたるところで左右相称を誇示している。その結果、巴里では「節度の過剰」が旅行者の心を重たくする。

＊ ポール・ヴァレリイ　森田慶一訳「エウパリノスまたは建築家」森田慶一『建築論』所収　東海大学出版会　一九七八年

その仏蘭西文化の「方法」の師は希臘であった。[*1]」

彼がここで「方法」と呼ぶのはカルテジアン的思考の形式をさしているのだろう。その点において、ポール・ヴァレリイのギリシャも同等以上の明晰性に支配される。建築と音楽が、その抽象性の故に、中核に置かれる。

「――ソクラテス：ぼくは柱列の歌を聞きたいのだ。澄みきった空に歌の調べの記念碑を描きたいのだ。この幻想は、きわめて容易に、音楽と建築を一方に、その他の芸術を他方に置くようにぼくを導く。パイドロス君、絵画は画布あるいは壁面のような一つの面を蔽うだけだ。そしてそこに物体または人物の仮象を表現するだけだ。彫像も、同様に、われわれの視の一部分しか彫らない。ところが神殿、その周囲と一つになった神殿は、もちろんこの神殿の内部も、その中にわれわれが生きる一種の完全な大きさをわれわれのために形成する……。[*2]」

建築は音楽とともに、その非具象性の故にすべての芸術の中心に置かれる。そこには、プラトンの芸術模倣説《ミメーシス》にたいするロマン主義以来の批判が意識されている。何ものかの模倣の度合いの稀薄であればあるだけ、抽象的観念としてのイデアを直接的に反映すると考えられている気配がある。とはいっても、この『エウパリノスまたは建築家』が著された一九二三年頃に、抽象芸術を理論づける幾人かが、プラトンの『ティマイオス』中から幾何学的な形態そのものが美でありうるという節を引いて、その成立の根拠に、仕立てて行

＊1　三島由紀夫　前出書　一〇九頁

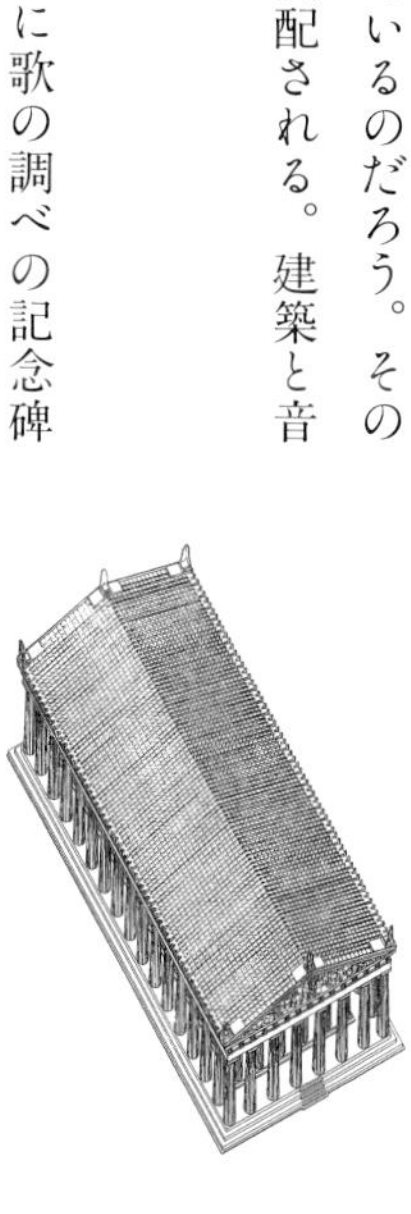

パルテノン、アクソノメトリック図

＊2　ポール・ヴァレリイ　前出書　二五九頁

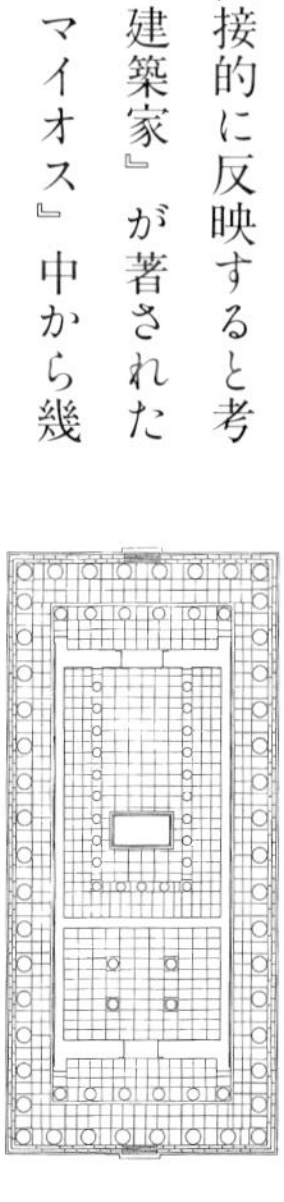

パルテノン、平面図

こうとした企図とは、おそらくポール・ヴァレリイは無縁であったであろう。すくなくとも「建築」はここではギリシャ的明晰さの結晶した表現形式であると目されている。その明晰はさらには理性の産物なのだが、それをギリシャの建築家に仮託して語ったとしても、実はすぐれてフランス的なものであったというべきかも知れない。

「――ソクラテス：明晰以上に神秘的なものがあるだろうか。……光と蔭が、時の上に、人の上に、分布されている有様以上に気まぐれなものがあるだろうか。ある民族は思索に没入する。ところが、われわれギリシア人にとっては、すべてが形なのだ。われわれはそこに比例をしか採り上げない。そして、明るい白日に包まれたかのように、われわれはことばを手段として、オルペウス同様、理性的な人間をすべて満足させることができる知恵と学の殿堂を建てるのだ。この大技術は、われわれに驚くべき正確な言語を要求する。ことばを意味する名詞は、われわれの間では、また理性と計算を意味する名詞でもある。*」

明晰＝ロゴス＝秩序＝建築へと、明快に筋道がつくられる。ポール・ヴァレリイの建築論は、いわばフランス的な理性を全面的に浸透させ、これが建築という形象に結晶するように仕向ける。勿論のこととして、ウィトルウィウスの建築的理解の手続きもここでふまれる。用・美・強と簡約化された建築的属性である。

「――ソクラテス：こうして、肉体は役に立つものあるいは単に便利なものをわれわれ

＊　ポール・ヴァレリイ　前出書　二七五頁

に強いて欲求させ、魂はわれわれに美を請求する。しかし外の世界とその法則は、その偶然と共に、われわれにどの作品にも強さの問題を強制する。

パイドロス：しかし、この三原理は、あなたがそれに与える表現においては、実にはっきりした区別がありますが、実際には、常に入り交っているのではないでしょうか。ぼくは、時々、美の印象は正確から生まれるし、またある物体とそれが満たさなければならぬ機能との奇蹟的ともいうべき合致によって、一種の快が生ずるような気がしました。この適合の完全さが、われわれの魂に美と必要の間に一つの類縁感情を起こさせることになり、また問題の複雑さにくらべてその結果が最終的に易しいことあるいは単純なことが、われわれに何かしら感激を催させることになります。思いがけなかった優美がわれわれを酔わせます。どんなものも、用以外のどんなものも、この幸福な制作のうちには姿を見せません。つまり、この制作は所期の効果から一義的に演繹されないようなものを何一つもたないのです。しかし、このような純な演繹が行なわれるには、どうしても神が必要だったと思われます。[*2]」

ここでポール・ヴァレリイを冗長になるまで引き合いに出したのは、何ひとつ具体的にアクロポリスにふれてはいないのだが、近代の思考によって、ギリシャの建築を理解しようとするときの典型を示していると、私が思うからである。ここには追いつめると逆説に陥ってしまうような二つの論理基準が敷かれている。すなわちギリシャにおいて、自然の秩序にたいする人為的な秩序の顕現としての幾何学と、それによる究極的な形象化としての建築がつくられたとみていること。そして、おそらく一八世紀に西欧の近代が確立した

＊ ポール・ヴァレリイ 前出書 二九九頁

理性に基づく啓蒙主義が、その範に古典主義をえらびとっていたことから生まれた、一種のルーツさがしとしてのギリシャの建築への憧憬。このいずれもが、建築を間にはさんで、理性による論理の展開だけを手がかりにしていること、に注意しておかねばならない。三島由紀夫は、むしろがんじがらめになった理性的方法に嫌悪を感じ、そのあげく「廃墟」のままにあるという、不完全の有様に関心を示したのであろう。それは、『エウパリノスあるいは建築家』において、ポール・ヴァレリイが、自然のつくりだす秩序と人為的な、理性の産出による秩序とを対置し、理性的秩序を賞賛しているわけだが、「廃墟」は、その理性的秩序が、自然的秩序によって浸蝕されていく過程をそのままみせているのだ、といいかえていいだろう。そして「廃墟」は、同時に一八世紀の理性の時代にそれにたいするひとつの反動として生まれたロマン主義者たちが、その悲劇性をかきたてる小道具として注目したものであったことをつけ加えておく必要もある。

一九五〇年代、私が二〇代の全部を建築的体験を不如意のまま過ごしたと記したけれど、もし肉体が直接にかかわりえた体験からするならば、「廃墟」こそがより親密な存在であった。この国の焦土は西欧の廃墟のように半壊という状態ではない。むしろ、一気に消滅して、殆ど眼に見えないほどの痕跡だけが残されている。ピラネージが大ローマ帝国の壮大さを想ったときには、眼前に、かなりの規模によって、半壊のままの廃墟が横たわっていた。それを手がかりにして、おそらく現実に存在した以上の大ローマ帝国の威容を想像的に復原することを彼はなしとげるのだ[*1]が、この国の焼土はまったくといっていいほど何ものも示唆しない。だから、情報と観念の短絡回路のなかで、「廃墟」の比重が大きく占めていたのは無理のないことだったろう。とはいっても、私は三島由紀夫のように、一気

アクロポリスの王宮計画、一八三四年、南側立面図

にアクロポリスを竜安寺石庭へ連結できるほどの視覚的な体験を経てもいなかった。アクロポリスが相対化されている点については、おそらく同様な距離感をもっていた。私は「廃墟」の写真によって、パセティックな心情をかきたてられていながら、最初に記したように、ル・コルビュジエの「アクロポリスが私を反逆者に仕立てた」というひとつの言葉にこだわっていた。すなわちル・コルビュジエがアクロポリス体験の後に全生涯かけてはじめた近代建築の理論と方法を咀嚼する時間を必要としていたのである。

パルテノン＝「機械」＝立方体。この奇妙に飛躍した関係は、論理というよりメタフォアの連鎖とみた方がいいのだが、彼は近代建築を「機械」をメタフォアとして組み立てる論をはり、同時に、立方体のみならず、円筒や円錐や球体が、見えかくれしながら、立体的な基準線を建築の背後にかたちづくることを具体的な仕事で証明しようとしていた。その展開は、明晰そのものであったといっていい。彼は、「機械」と立方体を手がかりに、新しい造型を組み立てたのだが、その論理展開はエウパリノスが最後に建築の基本的属性として用・美・強をとりだしたように、ウィトルウィウスの基本原理に従っている。それを機能・比例・構造と置きかえてみれば、ル・コルビュジエの関心のありかの殆どすべてを覆うことさえできる。個々の作業は常に詩的実践に裏づけられながら、明晰そのものでもあった。

戦後になってすぐに、彼は『ル・モデュロール』[*2]を発表するが、これはヒボナチ級数によって、人体比例と自然の成長形態とを統合し、正方形と黄金比を建築空間内にシステマティックに出現させる、ひとつの道具と考えている。ヒボナチ級数は、螺旋運動を自動的に描きだすのだが、その極限においては隣接する数同士が黄金比例に到達するという特性

＊1　磯崎新「両性具有の夢」参照　本書第二章

＊2　ル・コルビュジエ　吉阪隆正訳『モデュロールⅠ、Ⅱ』鹿島出版会　一九七六年

をもっている。その級数のなかから人体寸法に適合する数値の包含されたものをえらびだし、これを黄金（比）のモデュール＝モデュロールと称したのである。

ギリシャの建築において、シュムメトリア（ある事物の全体および部分が一定の量によって共通に測られること、割り切れること、を意味することから、建築を支える数的な秩序原理となった）が重視され、それが列柱を構成する円柱の比例に適用されることから、ウィトルウィウスがそれをオーダーとして整理し、ルネッサンスにおける建築の基本構成原理になったことはよく知られている。シュムメトリアは普通、共通尺度であるモドゥルスを単位として、比例関係が展開していくと考えられていたから、建築全体を貫く比例だとみてもいい。そして、この比例は古典主義建築の全歴史を貫く基本的原理であると考えられていた。一八世紀以来、古典建築の原型探索が主要な課題となりはじめて以来、パルテノンは精密な測定が繰り返され、その決定的な数値と、相互の比例関係も割りだされていた。ル・コルビュジエの訪れた時期には、すでに数々の実測や仮説がなされていた。彼はその比例の支えとなる寸法を現場において感じとろうとする。

「――プロピュライアの柱身の前で腹ばいになってみたまえ。そしてその根元を観察してみよ。まず舗装された地面の水平性が、理論と同じくらい絶対的であるということがわかるだろう。巨大な石板、白大理石の塊が、人工床の上に揺るぎない礎を、あるいは大胆な立ち上がりを築いている。二四本の条溝で飾られた柱礎は、心に湧きあがる感嘆と同様、全き姿をしている。水盤のように凹みをつけられた舗石は、二、三ミリほど縁石を際だたせている。二〇〇〇年もの前に刻まれたこの微妙な寸法――根元の輪光――

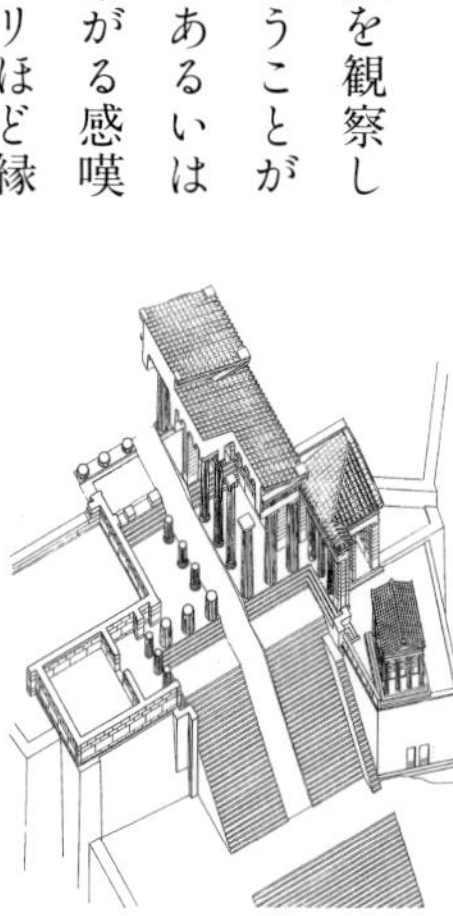

プロピュライアとアテナ・ニケ神殿、アクソノメトリック図

は、今なおそれと認められ、あたかも彫刻家が昨日鑿《のみ》と槌《つち》をふるったかのように新しく鮮やかである。*」

ル・コルビュジエがさがし求めていたのはオーダーという柱頭飾りで代表されるような建築の装飾的要素を失った時代に、空間を線と面と色彩の比例だけで構成しようとするためのシュムメトリアであった。基準寸法の確認、その人体寸法との適合、そして螺旋状に展開する黄金比。その発想もまたアクロポリスにあったといえないか。西欧の全建築史を貫く「建築」という概念の基幹をなすのが、ギリシャに由来するシュムメトリアにみられる比例であることは、ルネッサンスの建築家たちのオーダーの解剖にはじまり、新古典主義からリヴァイヴァリストにいたるまで、いっさいの建築論の企図の底流として流れつづけているのをみても明らかなことだが、それがこのモデュロールの正統性を位置づけている。アクロポリスに「機械」と立方体を直観的に認めたうえで、彼が「生涯をかけた」という研究の成果がモデュロールに結実したことは、彼もまたポール・ヴァレリイと同じ位置にあり、建築を、明晰なる理性の産物とみつづけたことの証左ともなる。おそらく彼に新古典主義者としてのミース・ファン・デル・ローエを加えるだけで充分であろうが、私たちが近代建築と呼び、それを殆ど絶対的基準として教えられていたのは、様式的な西欧の建築から完全に離脱した別種の理論ではなく、アクロポリス以来の正統を受けついだ、理性により合理的に再解釈された「建築」だったのである。

おそらく、私の困惑はこのようにまで明晰に定義づけられ、幾多の変革の試みも確実にのみこんでしまう、この「建築」という超越的なメタ概念の所在を確認する手だてを容易

* ル・コルビュジエ　前出書　二三七頁

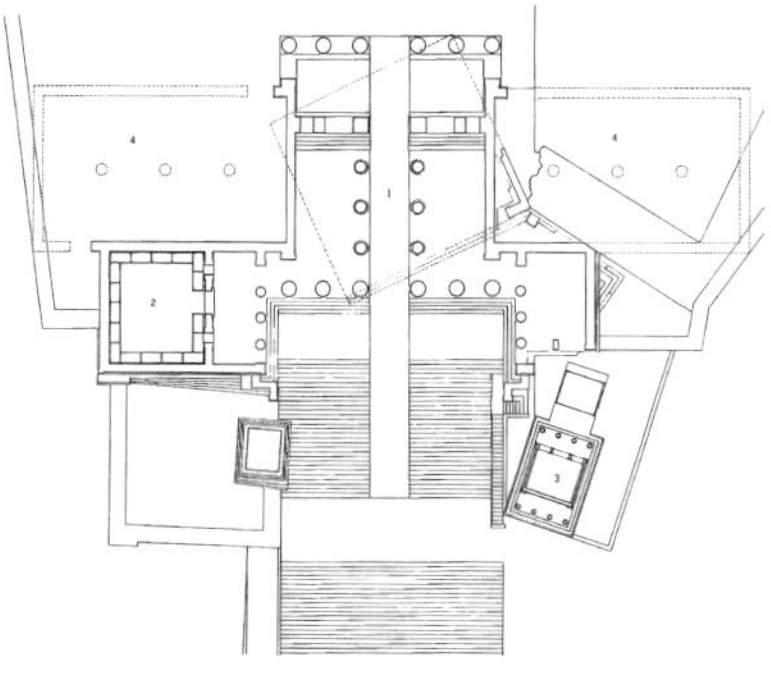
プロピュライアとアテナ・ニケ神殿、平面図

に見いだしえなかったことにあっただろう。それは論理の世界に所属するのではなく、おそらく詩学そのものだったのかも知れない。詩的体験を介してのみ内側から立ちあらわれてくる論理なのだ、といいかえた方がいい。たとえばそれは、ふたたびポール・ヴァレリイが語るような種類の体験、なのである。

「――ソクラテス：それじゃ君は、何か荘重な儀式に列した場合とか、ある饗宴に加わっていてオルケストラが室内を音響幻影で満たした時とかに、こんな経験をしたことはなかったか。はじめの空間が認識可能な変化する空間と置き換えられた、というよりもむしろ時間そのものがぐるりと君を取り巻いていると君には思えなかったか。君は、絶えず更新し自分で建て替わる流動する建物、すべてが拡がりの魂ともいうべき魂の変容に捧げられた建物、そんな一つの建物の中に生きたことはなかったか。それは追憶、予感、悔恨、憶測、確たる原因のない無数の情緒、これらを絶えず燃焼させることによって君の存在全体を照らし温める不断の焰にも似た変化する一つの充実ではなかったか。この瞬間瞬間とそれの飾り、この踊り手のない踊り、この胴体も顔もない（それでいてかくも微妙につくられた）彫刻が、君を、音楽の普遍的な現前の虜となった君を、取り巻いているようには思えなかったか。そして君は、この妖しい術が連綿と生み出すもの、それと共に、香煙の室の中の巫女のように、閉じ込められた存在を拘束されたことはなかったか。*」

そう、私は、そのような体験なしに、書かれ、印刷されたものを手がかりに、アクロポ

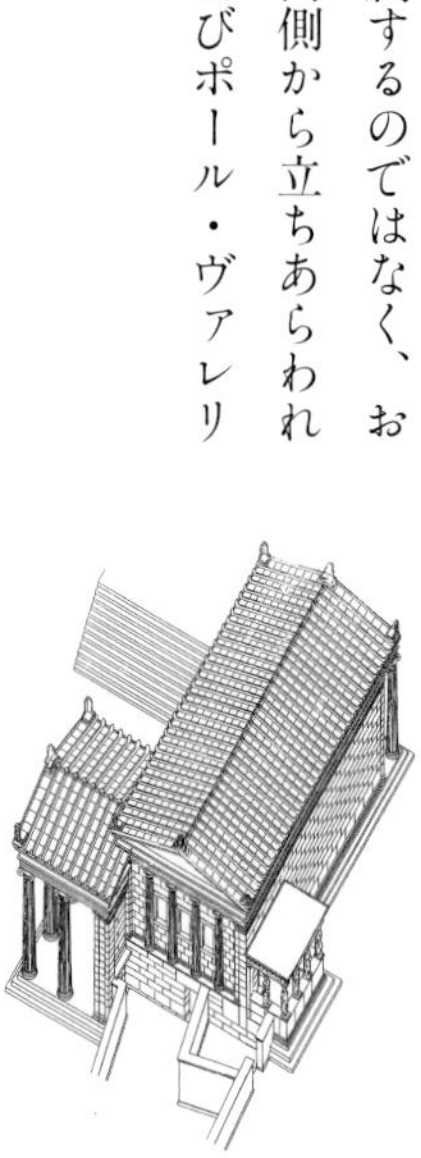

エレクテイオン、アクソノメトリック図

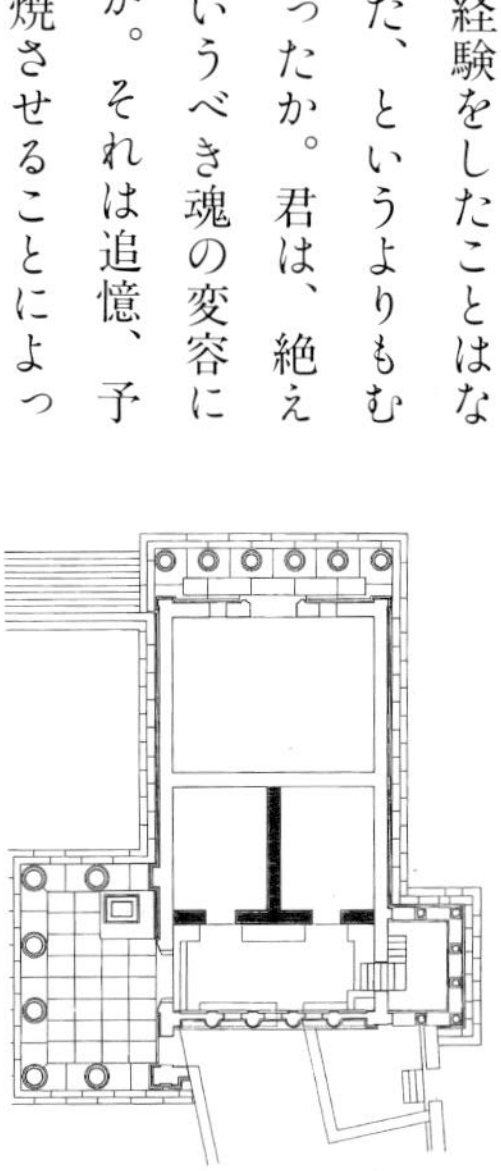

エレクテイオン、平面図

* ポール・ヴァレリイ　前出書　二六一頁

リス的なものへのやみくもな反逆をこそ選びとるべきだと思いこんでいたのである。ル・コルビュジエの試みた反逆でさえ、アクロポリスに結晶させられている「建築」の補強だったことなど理解できる余地はなかった。なにしろ、私の二〇代の建築的体験は、殆ど形骸化しつつあった近代建築の基準《カノン》の拘束下にあって、堀口捨己が、日本的なものを抽出して、それを近代建築の基準《カノン》と対置する、といった試みからはじまった、近代建築の土着的要因による変形（伝統論、としてこの意図はとらえられていた）、という文脈下にあって、「建築」の決定的体験を経る機会もえずに、いきなりその基準《カノン》の拘束を解除する手段をさがそう、というものだった。

そこで私がはじめて自分のものとして投企できたと感じえた仕事は、古代の廃墟に未来の廃墟を重ね合わせるというコラージュ風のイラストレーションをつくることだった。人為的に構築された秩序が、時間に支配されることによって、自然の秩序によって浸蝕され風化する。明晰で透明で完璧な形態的秩序の存在を感知していながらも、それを信じ、陶酔することの不可能性を最初に私はもってしまった。その時期までに、堅固だと思えていたあらゆる事態が、次々に崩壊し、消滅するような体験ばかりを経ていたのが原因かも知れぬ。それをトラウマとして、消滅、変容がオブセッションとなりつつあった。おそらくそれ故に「廃墟」に惹かれたのであろう。三島由紀夫の『アポロの杯』はすでに出版されていたはずであるが、私には彼の死後まで読む機会はなかった。彼がアクロポリスを「廃墟」として竜安寺と連絡するのは、その日本浪曼派的思考形式からして当然推量できるものである。古代憧憬を悲劇と結びつけるのは日本浪曼派が西欧の一九世紀のロマン主義者から学んだものだった。日本浪曼派は明らかに近代主義的な解釈を通じて、日本の歴史の

孵化過程、磯崎新

なかから、悲劇の観念を媒介して、数々の神話を抽出していた。そこでは「廃墟」は、西欧のロマン主義者たちが、想い描いたものと同じにみえてきている。いずれも時間的な距離が手がかりとされている。距離こそが理想化された。

そういう意味において、私がとりだした「廃墟」もまた、日本浪曼派が存在したあげくにイメージとして定着したものであったかも知れない。そして、こういう語りかたもやはりロマン主義の射程内にあるのかも知れないが、私は「廃墟」をかぎりなく操作可能な概念と考えようとしていた。それは、もはや古代の廃墟ではない。未来にもある廃墟なのだ。現在を内側から刻々と解体させていくような廃墟である。古代を憧憬するというパセティックな心情にゆすぶられはするけれども、それを回復することの不可能性を知りきったうえに浮かびあがってくる。観念に焼きついたイメージとしての廃墟である。私はメタフォアとしての「廃墟」にとらわれてしまった、というべきかも知れない。現実にある具体的などの廃墟をも指示する必要はない。それ故に、かぎりなく操作可能になる。そのとき、いまここにいる私と「廃墟」の間には埋めることのできない距離があることを確認する。この距離こそが、操作の手がかりを与えてくれる。

三島由紀夫もまたこの距離を操作しようとした人だと私は思う。だが、彼は距離を無限に零に近づけようとした。古代を憧憬するだけでなく、その直接的な回復をはかった。さらには自らの肉体を、かぎりなくアンティノウスに近づけようとさえした。アンティノウスそのままを生きようとした、というべきか。距離の短縮にかかわるあらゆる企図が、彼の思想と行動をそのまま悲劇的なるものへと収束させる役割をはたしているのだが、距離を零にした瞬間にカタストローフが訪れることを知っていただろう。

私にとって、アクロポリスが、彼にとってアンティノウスのような存在になりはじめるのは、同じくこの場所を訪れて、ここに、西欧の数々の建築的実践を内側から支えている「建築」なる概念の所在を感じとって以来のことかも知れぬ。数々の不可能性にとりまかれていると感じていた私にとって、このアクロポリスは、直接的な衝撃として建築的感動が襲いかかってくる、といった無媒介の関係において立ちあらわれたのではなく、カリクラテスとイクティノスの組み立てた具体的な構築物にむかって、その後二〇〇〇年以上にわたって捧げられた厖大な量の建築的オマージュを想うことから惹き起こされる感動といった方が正確だったかも知れない。西欧の古典主義建築の系譜は、基本的にはギリシャの影響をうけたローマの建築の技法を集大成したウィトルウィウスにはじまり、ルネッサンスのアルベルティ、セルリオやヴィニョーラ、パラディオとその建築的手法を体系化した建築家たちの仕事はいうにおよばず、近代においてのシンケル、ミース・ファン・デル・ローエ、ル・コルビュジエなど、彼らを含むすべての建築的営為が、結局のところ、一八世紀における再発見を介して、このアクロポリスに集約されているのである。古典主義を信奉した建築家たちは、そのなかにこそ本質的なにものかである「建築」の存在を感知していたためであろうが、その根源をさがしていった探索が、逆にこのアクロポリスへ到達してしまっていること、同時に、このような古典的課題を無視したはずの近代建築家たちでさえ、やはり同根へ行きつく他にはなかったこと、その厖大な営為をのみこんで、なお激しく訴えかける力に溢れた建築物、その総体を想っての感動であったろう。それはこの建築家たちを建築家たらしめている根源の概念である「建築」が、いずれの場所よりも正確に析出しているためであるとみていい。アクロポリスはそのとき以来、私にとって単なる「廃墟」のメタフォアではなく、「建築」そのものになる。そのため、より困難な課題が与えられてしまった。

「建築」の原像（ヴィトゲンシュタイン）

アクロポリスを「機械」や立体と見なして、その構成原理の解体をはかることも、非アクロポリス的な紙と木と藁の建築物に、アクロポリスと同等の建築的基準をさがすことも、あるいはそれを石庭と同一視することも、いずれも「建築」というメタ概念に包含されてしまう行為ではないのか。にもかかわらずこの「建築」が西欧的な明晰性によってしか解明できぬとするならば、そのような明晰性から常にはずれ、曖昧にしていく特性をもつ日本語での思考しかたよれない場所にいるものにとって、はたして、「建築」的な純粋行為は可能か、という、おそらく堂々めぐりにしかならない、問いに突きあたるだけである。

そこで、私が関心をもたざるをえないのは西欧の古典主義の全歴史を通じてみられる数々の提案が、再現、変形、崩し、ずらし、拡張、反転、否定、無視などの数々のレトリックを生産しながらも、結局のところ何故かこの歴史上のひとつの定点たるアクロポリスに、その基準を送りかえしてしまうような枠をのがれ得ていない、その「建築」というメタ概念を生みだしている枠組みであるが、この設問は、実は、「建築」を建築から分離し、建築一般を個別の建造物と仕分ける、といった無限に論理レベルを上昇させていく思考形式（それは、もはやこの文章の最初から陥ってしまっている枠なのだが）そのものの性格

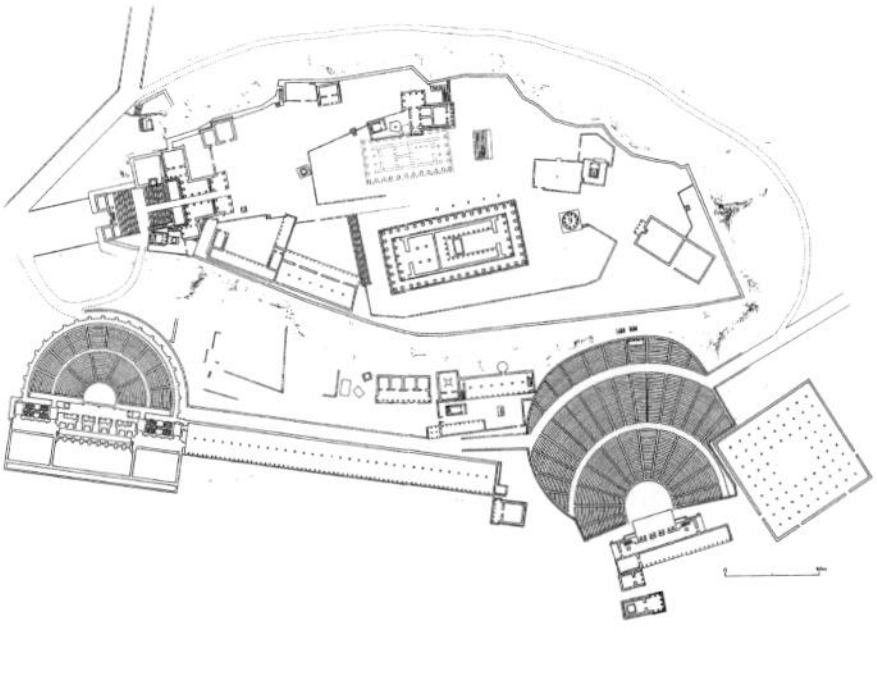

アクロポリス、配置図

に行き当たるだけなので、トートロジイに陥るだけのことである。同時に、そのような論理的なトートロジイの成立する限界を明確化する作業をすすめたヴィトゲンシュタインが、やっぱり建築をメタフォアとして用いていたことは、「建築」が具体的な建造物の範囲を越えて、西欧の文明の中心部に根を下ろしていることを示しているとみてもいい。そのヴィトゲンシュタインにとっても、彼の思想の姿は、青空の下に列柱の並ぶアクロポリスのようであったのかも知れない。そのアフォリズムのなかに、次のような句がみえる。

「――建築は、なにかを永遠なものにし、なにかを賛美するものである。だから、なにも賛美しないような建築など、存在しない (circa 1947–48)[*1]」

「――建築は身ぶりである。人間の身体の合目的的な運動が、すべて身ぶりというわけではない。おなじく、合目的的な建物がすべて、建築というわけでもない (一九四二)[*2]」

「――わたしたちの文明は、典型的に、建設をこととする。その活動は、ますますもって複雑な構築物を、くみたてるということだ。しかも、澄んだ明るさ［明晰さ］ということも、ひたすら建築という目的に奉仕するだけで、自己目的などではない。ところがわたしにとっては、澄んだ明るさ［明晰さ］、つまり透明ということこそ、自己目的なのだ (一九三〇)[*3]」

列柱を細部にいたるまで正確な比例で割りきって、完全な結晶体にまで昇華させようとした古典期ギリシャの建築に見いだされた明晰さが、彼にとって自己目的化していることは、自らを地中海の陽光とその下でリズミカルに織りなされる比例の展開に、合体させよ

*1 ヴィトゲンシュタイン 丘沢静也訳『反哲学的断章』青土社 一九八一年 一八三頁
*2 ヴィトゲンシュタイン 前出書 一一六頁
*3 ヴィトゲンシュタイン 前出書 二五頁

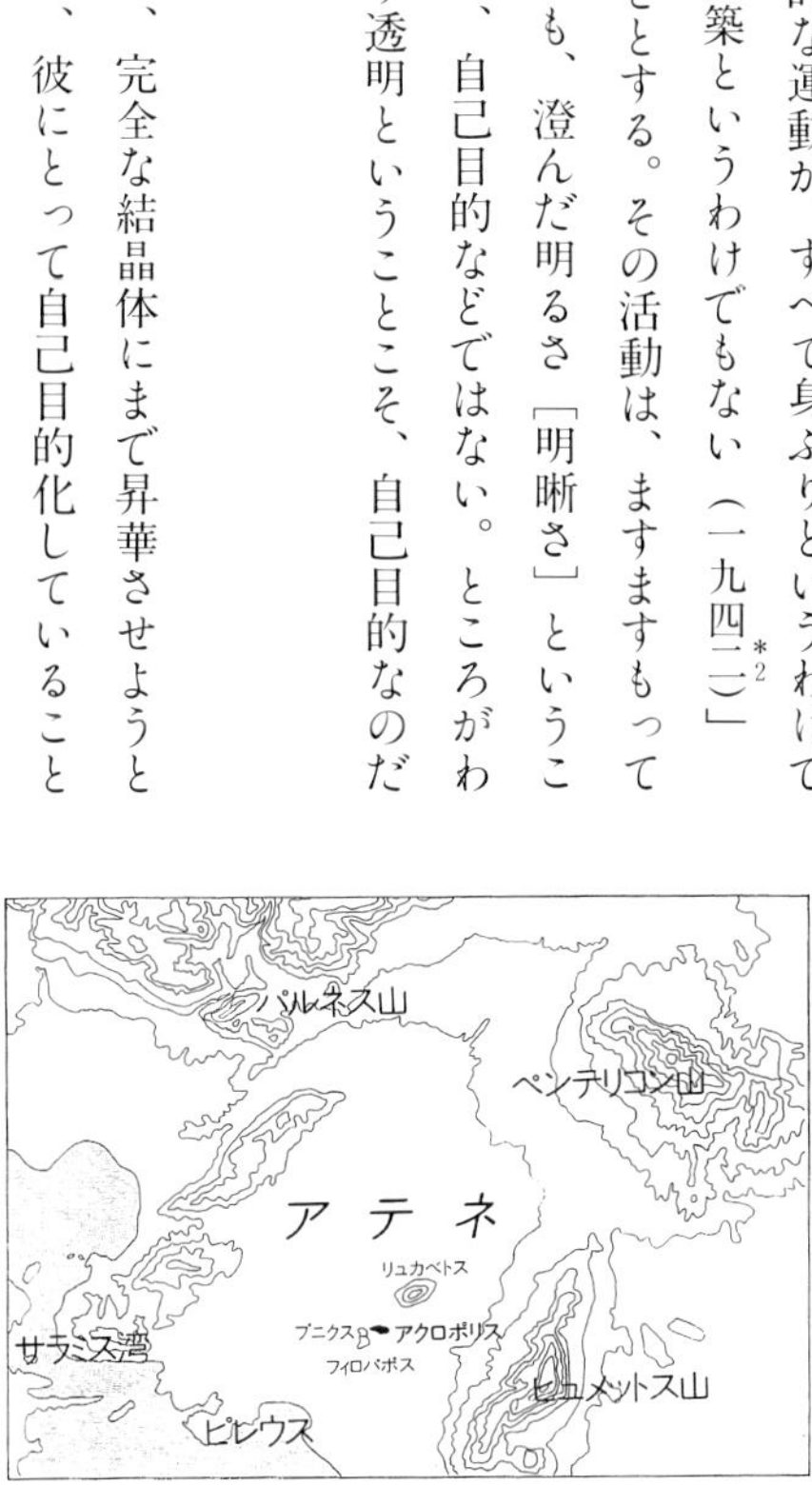

アテネ周辺地形概略図

うとしたにちがいない。そこから析出された巨大な構築物としての論理の強靱さは、私にとって、堀口捨己がかなうべくもあるまいと悟らされたアクロポリスの大理石の柱胴の存在感以上の立ちいり難さを感じさせる。だが同時にその強靱な論理も「建築」を生んだ文明の枠組みに緊密に組みこまれているとするならば、撤退も対比も讃美も許されない。

対峙あるのみ。私にとってのアクロポリスは、先達たちの生んだ戦略を越えた戦略を要請するのだが、いまは、ただ対峙あるのみ。それほどの巨大さで覆いかぶさってくる。

第2章

両性具有の夢

ヴィッラ・アドリアーナ

逸楽と憂愁のローマ——ヴィッラ・アドリアーナ

古代ローマ帝国の建築には、アーチ、ヴォールト、ドームのような曲面による架構が特徴的である。それを可能にしたのは、煉瓦を固めるセメントが発明され、コンクリート構造が生まれたことによる。ギリシャの建築は木材による構成を石材によって置換したので基本的に線的なものであったが、ローマはそれにたいしてより立体的で、プラスティシティをもっていた。後代にたいし、ギリシャが建築の基本的な装飾原理である柱頭のオーダーや破風飾りなどをローマを通じ影響を与えたのにたいして、数層に重ねる建物や大架構などが煉瓦のコンクリートによって生まれたし、数多くの植民都市を一挙に建設したことなどと相まって、今日みられる建築形式の基本、いいかえると都市的建築のタイポロジイは殆どこの時代につくりだされたといっていい。

ヴィッラもそのひとつである。大農経営が基盤であったローマ貴族たちは、一〇〇万人以上の人口を擁したといわれるローマのような大都市の生活からのがれて田園や海浜にヴィッラを設営した。ヴェルギリウスの田園の讃美は彼らの生活の背後にある思想を詩的に表現したものであったが、それはアルカディアのイメージと重なり合って、今日にまで強い影響を与えている。

ハドリアヌス帝（七六-一三八年、一一七年即位）は辺境における事件に悩まされつづけた歴代のローマ皇帝のなかにあって、それをおさめ平穏な時代をつくりあげ、ローマの最盛期をつくったことで知られているが、同時に建築を自らの構想により数多く建設したことによって有名となった。

いま完璧なかたちでローマ時代の気分を伝える唯一の建築、パンテオンは、このハドリアヌス帝の手によって現代のかたちに改修された。またウェヌスの神殿やサンタンドレア城の名称となっている彼自身の墓廟《セノターフ》（ハドリアヌス廟）など数多くの建築を手がけている。

ローマから東へ三〇キロのティヴォリの丘のうえにハドリアヌスは彼の統治した二一年間の殆ど全期間にわたって私的な宮殿を建設した。ここは彼が旅の疲れをいやすところであり、瞑想にふける場所であった。勿論、彼の滞在中には執務がなされ、数多くの客人もあったから、極めて私的な部分の他に公的な施設もあった。

この複合体は、ティヴォリのひとつの丘の全部にひろがり、東側には市街地をのぞみ、西側ははるかローマ市街に通ずるひらいた平原を見下ろす。建設は彼の統治期間中の長期の旅行の合間になされたので、数段階に分かれた。それぞれの施設が個別にまとまった群をなし、その配置を決める軸線が、地形に応じて微妙に交錯している。この軸線の変化は、総体としては、かなりの規模になる施設複合体である。にもかかわらず、威圧感を減じる効果をもち、ヴィッラとしての親近感を生みだしている。

このヴィッラはハドリアヌス帝が拡張した大ローマ帝国の各地を長期に訪れたときにみた建築の記憶をもとに組み立てたといわれている。いわば「うつし」がつくられた。建築の形式のみならず、ここに配されていた無数の彫像も、多くはギリシャの傑作をそのまま「うつし」たものである。それ故にローマはギリシャに比較してオリジナリティに乏しいと評するのはあたらない。彼らにとってギリシャの建築や彫刻はひとつの完成された型として受けとられていた。それを新しい空間のなかの点景として配置するのは当然の手法であった。ローマではより壮大な空間や新しいメタフォアが生みだされるような組み合わせにより重点が置かれていたのである。

ヴィッラ・アドリアーナはハドリアヌス帝個人のヘレニズム世界への憧憬の具現化といっていいが、たとえば、ここを訪れて最初に眼にはいる長大な壁は、かつては西側に列柱があった。これはアテネにあった有名な絵画飾りのついた柱廊「ポイキレ」をそのままうつしたといわれている。

その横にある「海の劇場」と呼ばれる円堂は、完全な円形の回廊のなかに、水路をめぐらし、そこに円形の島が浮かぶ。ハドリアヌスが他人を寄せつけず、ただひとり瞑想にふける場所であった。円形の小さい回廊に圧縮されているが、この中央にあるヴィッラはおそらくエーゲ海域の小島のメタフォアと考えるべきであろう。

中央にある宮殿はいま殆ど崩壊して痕跡的でしかない。かつて田園のための塔のあった「ラテン語本図書館」と呼ばれる建物もその横に並ぶ「ギリシャ語本図書館」も、いずれも煉瓦の堆積のままである。客人の宿泊施設であった「ホスピタリア」も架構は崩壊しているが、宮殿の広間とともに、白と黒のモザイクの床タイルをみることができる。数々の変化するパターンをみるだけで、ローマ人が、いかに内部空間を優雅に装飾したかを知ることができる。回廊のような半戸外の中庭（アトリウム）やそれに接する囲われた部屋がローマの生活空間の基本的な組み合わせ形式だが、その架構にコンクリート造によるヴォールトやドームが用いられたのである。

建築空間の造型のうえでもっとも独創的なのは「黄金宮殿」と呼ばれる、時代的には最後期につくられた部分である。総体の形式は列柱廊で囲われた中庭の周囲に諸施設が配されているという普通の型であるが、そこに付加されている建築はどこにも例がないほどに、自由な曲線が組み合わさっている。凹面と凸面、八角形の平面、それに立体的に架構されているアーチとドーム。そこから生まれる空間は、三次元的な複雑さをもち、パンテオンのような球体を内接させるという単純な結晶性とちがって、複雑でクリスタルのような形態が生まれた。その自在なデザインは、ハドリアヌス帝がいくつもの建築的な経験を経たあげくに最後に試みた建築的実験といっていい。そこに到達するのは後世やっとバロックの時代になってからである。

ヴィッラ全域を通じて、いまもっとも印象的な光景がみられるのは、「カノプス」の池であろう。戦後の発掘によって、この池の一部が復原されている。皇帝の愛した青年アンティノウスを偲んで建設されたといわれるが、その愛惜の情が伝わってくる。

池面は鏡面の役をして、とりまく列柱と彫像の倒立像をうつす。この池は青年が投身したナイル河のメタフォアであると考えていい。奥にはエジプト神セラピスの祠堂がある。

見果てぬ夢

大ローマ帝国の栄華はルネッサンス以来、建築家にとって見果てぬ夢の源泉であった。何しろルネッサンスの建築家にとって、建築のモデルは、まだ各所に残存していた遺跡であったし、規範となったのが、ウィトルウィウスの『建築十書』[*1]であった。一六世紀の建築家アンドレア・パラディオは最初のパトロンであるジャンジョルジョ・トリッシノ[*2]に従ってローマを訪れ、そこにみられるローマ時代の建築の実測をし、復原図を作成した。それは彼自身の『建築四書』の重要な部分を占めているが、自ら開発した数々の建築的語彙がいずれも古代ローマの建築作法に従っていることを間接的に証明させるためであったとさえ考えられる。さらにトリッシノの後に知己を得て新しいパトロンとなり、彼をヴェネツィアへと結びつけることになったダニエレ・バルバロ[*3]は、自ら註釈を加えたウィトルウィウスの『建築十書』に、共同で行った古代遺跡の実測に基づいて、パラディオに挿図をかかせている。パラディオはその時代の要請に応えてヴィッラの新しい型をつくりあげたし、教会堂の何重にも重なり合ったファサードをまったくの新奇性をみせて生みだしたが、そこに用いたモチーフは、いずれも古典主義の時代の建築の構成要素であった。彼は自らの作品を遠いローマの栄光を見えない糸を張ることによって成立させたともいえる。ローマは長期間にわたって、過ぎ去った壮麗さと驚異の象徴であった。それを学び、回復するという希望がルネッサンス以来の建築家を勇気づけていた。

ところで、時代が一八世紀にいたると古代への憧憬はいっそうつのるのだが、すでにそ

*1 Vitruvius, 'De Architectura Libri Decem'

*2 Giangiorgio Trissino (1478–1550)

*3 Daniele Barbaro (1513–70)

の背後には古代の壮麗さを回復することの不可能性が感じられていた。ジョヴァンニ・バッティスタ・ピラネージ*の生涯かけて制作した数多くの銅版画は殆どが古代ローマを讃美するためであったとさえみえる。それはローマが見果てぬ夢であり、それを夢だとしっかりと見据えぬ限り何も生まれなくなったことを自覚したものであった。

『建築と透視画法――第一巻』（一七四三年）でピラネージは次のように書いている。

「――私はその驚嘆すべきことをくり返して言うまい。ローマの大建造物の建築的部分があれほどまでに完璧に近づいていたこと、しかもそこでは目につく部分全てに大理石が氾濫し、円形競技場やフォーラム、そして皇帝の宮殿など巨大な空間で満ちていたことなどを。それは全く他に類をみない。これら廃墟が語り、精神を深く満たしてくれるようなイメージは、あの不滅のパラディオが非常に丹念にその遺跡を描いたデッサンをもとにして私が創り出し得たが、実際には目にし得ぬものとしか比較しえないのだ。そのことは私に、以下のような世界に対する認識を抱くに至らしめた。

それが、建築それ自体が共和政ローマやそれに続く強大な権力者シーザーの頃の華麗な時代にもたらされた幸福な完璧さからみて堕落してしまった故であろうと、それらの高貴な建築の擁護者のようになるべき人々が道を誤ってしまった故であろうと、今日の建築家はどれほどのものを実現し得る望みもないのであるから、いずれにせよネルバのフォーラムやヴェスパジュニの野外劇場、そしてネロの宮殿のような偉大な建築がわれわれの時代に現われないだろうことも、それをつくらせるだけの度量をもった君主や私人が現われないだろうことも確実である。私は自分に残されたものを何も見ることはで

* Giovanni Battista Piranesi（1720–78）

カンポ・マルツィオの大地形図

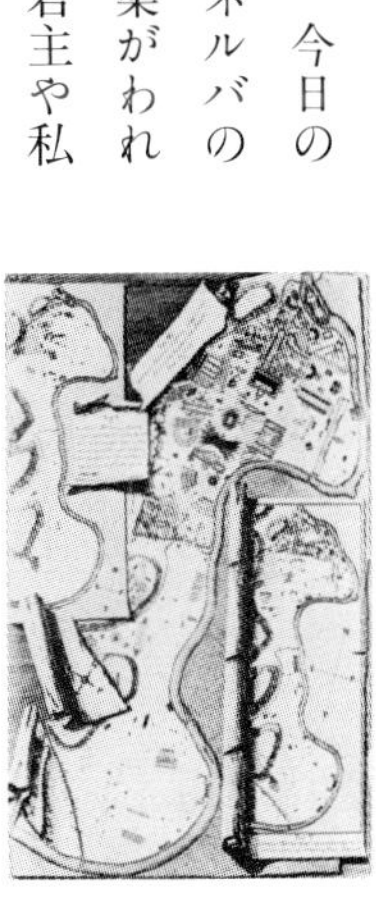

カンポ・マルツィオの三つの地形図

きないし、他の建築家にしても私のイデーをデッサンで表わしたり、偉大なユヴァーラがなしたように彫刻や絵画のもつ利点を建築に移しかえ、財力や権力によって建築など思うままにできると考えている輩の手の届かない高みにまでそれを達せしめるようなことができるとは思わない。[*1]」

ピラネージは大ローマ帝国のあの栄華の回復が現実には不可能であることを自覚していたといえるが、それは彼が建築家として仕事をする機会をもち得ないという絶望感にも裏づけられていただろう（後年になってやっとサンタ・マリア・デル・プリオラート[*2]のファサードを手がけたぐらいで、殆ど装飾家としての仕事しか与えられなかった）。ピラネージはその疎外感を逆手にとって、空想を壮大なスケールにまで展開した。ローマの壮麗さを現実の建築ではなく、銅版画のうえでの想像図として描きだそうとした。

かつて存在したはずの大ローマ帝国の壮麗さがピラネージにとっては獲得されるはずの世界となった。マンフレード・タフーリはそれを「ユートピアの自律性[*3]」の宣言と呼ぶ。ピラネージのイマジネーションは、かつてあったローマを超えて、より壮大に拡張される。空想がひとり歩きを始めたのだ。

いま関心の集中しているのは『牢獄』や『カンポ・マルツィオ（カンプス・マルティウス）』のシリーズだが、ピラネージの名声を高め、圧倒的に版を重ねたのは『ローマの風景[*4]』シリーズである。一七四八年から一七七八年にかけて継続的に彫られていったこのシリーズは、一八世紀中葉のローマの歴史的モニュメントを主題にした風景である。ルネッサンス以来、巨大なスケールで教会堂が建設されており、この一三七点のシリーズにはそ

ピラネージ版画集『古代ローマのカンポ・マルツィオ』中扉

＊1　G. B. Piranesi, "Prima Parte di Architettura e Prospettive", Rome, 1743. 彦坂裕・八束はじめ訳『SD』一九七七年八月号

＊2　S. Maria del Priorato (1764-66)

＊3　マンフレード・タフーリ　彦坂裕・八束はじめ訳「G・B・ピラネージ——建築における否定のユートピア」『SD』一九七七年八月号四六頁

＊4　G. B. Piranesi, "Le Vedute di Roma"

の主要なものが全部収められてはいるが、圧倒的な多数は古代ローマの廃墟風景である。今日では旅行者はカメラでスナップして記録できる。画家たちはかつてはその風景をそのままスケッチした。しかし一般の旅行者にとって、ヴィジュアルな記憶をかきたてる資料がほしい。今日のガイドブックや絵ハガキの役割をするものが、当然必要とされていた。

ピラネージの『ローマの風景』は、そのような旅行者の期待に応えるべくつくられた。建築家としてまた自称したように考古学者として、そして空想を拡張していくような空間の夢想家として、ピラネージはこれをむしろ生活のために制作したといわれている。しかし、眼前にある風景をそっくりスケッチしていながら、ピラネージの銅版画は単純な情報以上に、廃墟が生みだす幻想を適確に伝えている。彼の手にかかると、サン・ピエトロのようにやっと一世紀前に完成した建築も、コロッセウムのように、一七世紀も前に存在していた建築と同じような廃墟の一部のようにさえみえるのだ。そのさらに二世紀後に私たちが感ずるローマの壮大なる廃墟の感覚が、そっくりそのまま描かれているといっていい。ピラネージの銅版画が、私たちの『ローマの風景』の原像をつくりだして、現実の風景までが、彼の眼に導かれてみえるのかも知れない。

その『ローマの風景』のなかに一〇点のヴィッラ・アドリアーナの図が収められている。ピラネージは考古学的関心をもって、幾度もこのヴィッラを訪れている。その過程でえらびだされた光景であろうが、それは廃墟ではあっても庭園的な風景として具体的に建築家に参照されるように組み立てられている。

廃墟は一八世紀にあっては庭園のひとつの重要な点景であった。ピクチャレスクと呼ばれた造園の新しい手法は、啓蒙主義の時代の自然の概念から抽出された。そこではパラデ

ピラネージ「牢獄」一七四五年

ィオの『建築四書』のなかのパビリオンや橋がそっくり庭園の修景として引用されただけでなく、廃墟の姿そのままが意図的にデザインされ、実際に建設された。

ヴィッラ・アドリアーナの廃墟は、一八世紀的な自然という概念そのままの範例としてみられていたとはいえまいか。広大な敷地のなかに点在する数々の廃墟。それはひとつとして同一の形式のものがなく、それぞれ巧妙にデザインされた痕跡があり、かつての壮麗さをうかがわせる。そのうえ崩壊が進行し、植物があらたに繁茂し、偶然が奇妙な造型を生みだしている。それは眼前にある風景でありながら、はるかな古代というひとつの定点にむかって幻想を飛躍させる。そのような幻想は当然ながら新古典主義が所有した二つの性格を生みだす。すなわち古代を正確に復原することによって、あの壮大さと厳格さを再現することと、それを宇宙的な静謐のなかに置くというロマンティシズムである。一八世紀の後半になって共通の規範として確立されるこの方法の背後に、古代ローマへの幻想がひかえていたことに注目すべきだろう。エドワード・ギボンの『ローマ帝国衰亡史』が出版されたのが一七七六―一七八八年である。このとき、大ローマ帝国はそれ自身が悲劇の主人公になっていた。廃墟を眼前にして、その盛期を想うパセティックな心情が、ひとつの時代の趣向となったのである。ピラネージの描いたヴィッラ・アドリアーナは、そのような廃墟幻想のもっとも適確な表現であった。

田園のなかの自律機械

マンフレード・タフーリが「ユートピアの自律性」と呼んだのはピラネージの古代ロー

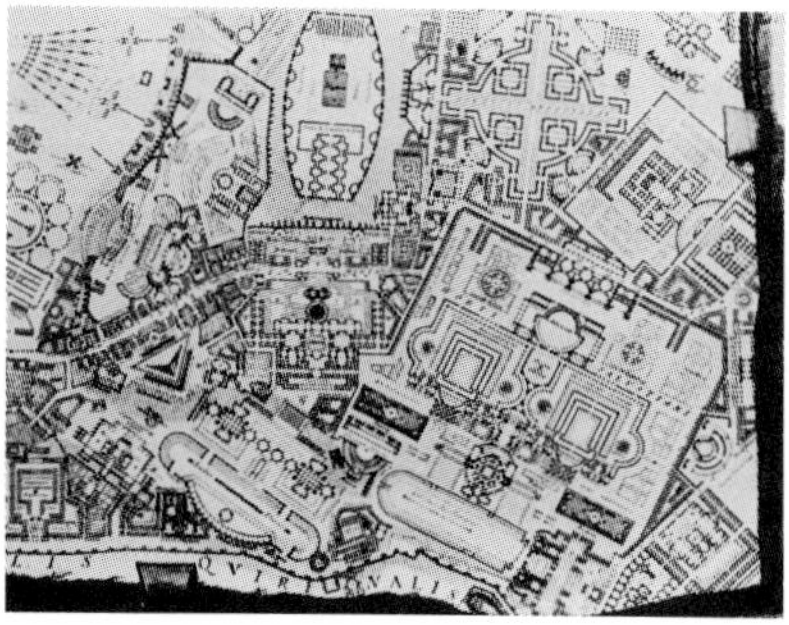

カンポ・マルツィオの大地形図

マの中心地区の復原的想像図のシリーズを頭においてのことであっただろう。「カンポ・マルツィオ」は古代ローマの中心部の一つの呼称で、重要な都市的建造物の大部分はここに集中していた。ピラネージは現存する若干の遺跡をたよりに古代の壮麗を都市計画図として再現したのだが、彼のイマジネーションは途方もなくふくらんで、古代ローマの現実をはるかに凌駕する。

『カンポ・マルツィオ』*の図は、一見すると精巧に組み立てられた抽象的な無数の機械の設計図のようにみえる。正方形、円形、楕円形、放射状の扇形、これらが基本的な要素となって集合体をつくる。その結合形式はひとつの結晶が生みだされるように、一定の単位のまとまりをかたちづくる。それがひとつの建築複合体である。この複合体が多様なかたちをとって、ところせましと寄せ集められている。建築複合体の自動的な加算が都市をかたちづくるとでもいうのであろうか。

このきらびやかな幾何学的結晶体の集合を、ただひとつ有機的なかたちがよぎる。蛇行するテヴェレ河である。それを手がかりにこの都市図を判読すると、ハドリアヌス帝の廟やパンテオンやナヴォナの広場がみえる。それによってこの図は明らかにローマそのものであると知れるのだが、全体を埋める無数の「機械」は、ピラネージが自らデザインした、ありえたかも知れない古代ローマ建築の平面パターンなのである。この「カンポ・マルツィオ」図を前にすると、私たちは若干の具体的な実在物が指示されているがために、一瞬これが古代ローマそのままなのではないか、という錯覚に陥る。勿論、何ひとつ説明されていない。いちじるしく考古学的な色彩を帯びさせられているが故に、いっそう空想の産物に現実性が加わるのだ。

* G. B. Piranesi, "Le Antichità Romane"

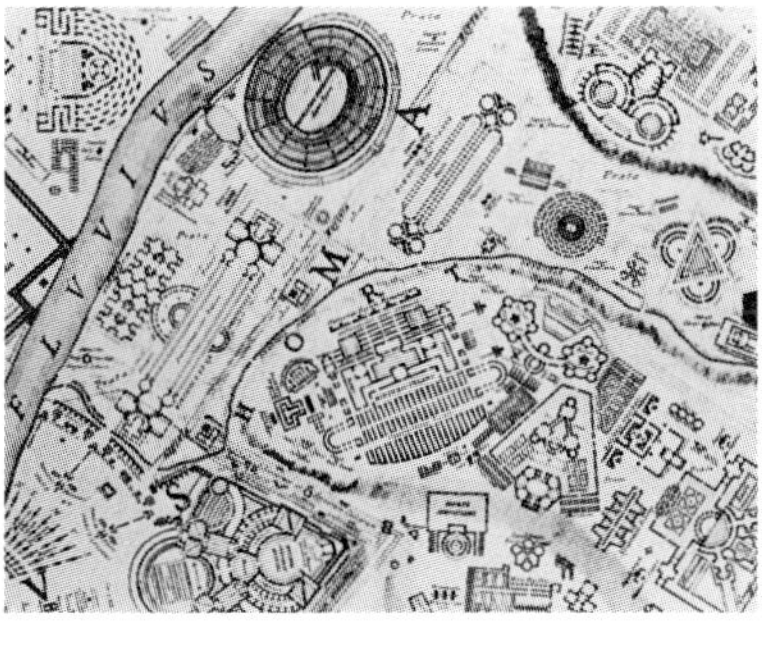
カンポ・マルツィオの大地形図

ここに描かれた建築複合体は、しかし明らかにローマの建築の構成論理によって演繹的に作成されている。列柱廊《ペリステュリウム》あるいは中庭《アトリウム》を集合の核として、細胞状の部屋が集合する。この原則が徹底して守られているので、既存の建築物との連関性を失うことはない。特徴的なのは、複合体に成長していく小単位の群体が、徹底してひとつの軸線を手がかりに集められていることだ。それが建築物としてのまとまりを指示する有力な手がかりだ。だが、その軸線は決してその複合体の外へはひろがらない。その単位のなかだけで完結している。

　全体図を都市と呼ぶならば、この都市は、それぞれ内部で完結したまとまりをもっている建築複合体のさらに高次の集合体である。この都市は奇妙なことに、全体を貫通するような軸線が見あたらない。まちまちの方向の軸線によって組み立てられた建築複合体が互いに接し合いながら寄せ集められているにすぎない。ローマの多くの植民都市はヒッポダモス式[*1]の矩形の街区割りに基づいていたことが知られている。中世の都市は曲折した街路をもったが外周が城壁で囲われてひとつの単位としての区切りを明瞭に示していた。ローマもたしかに城壁をもっていたのだが、ピラネージは注意深くこの大地形図の周辺を切り破って、あたかもこの建築複合体の集合が無限に展開しているかのような暗示を与えている。もっと意識的に彼は『ローマの遺構』[*2]シリーズでは、大理石の断片にこれらの建築複合体の部分を描きこみ、あたかも廃墟から発掘されたまま、全体像の復原が不可能であることを示している。勿論ルネッサンス以降の都市にあっても、それを統合する視覚的要因として街路や広場が重視された。建築物が都市の部分に組みこまれるのは当然の了解事項だった。

カンポ・マルツィオの大地形図

＊1　古代ギリシャの都市計画家。ミレトスの都市計画をつくったことで知られているが、ここでは、全都市が矩形のグリッド状パターンでくまなく覆われていた。

＊2　G. B. Piranesi, “Le Antichità Romane”

つまり、『カンポ・マルツィオ』の都市地形図に欠落しているのは街路の概念なのだ。建築複合体はそれ自体で自己完結している。田園のなかに建ってもいい姿をしている。内側に列柱広場《ペリステュリウム》や中庭《アトリウム》を囲いこむように計画されたローマ建築は街路にむける顔を必要としなかった。フォーラムのような公共空間でさえ、その広場を内側にとりこんでいたために、街路は建築の側からも意識される必要がなかったのかも知れない。アッピア街道や長大な水道橋のように都市と都市をつなぐ広域的スケールのなかに道ははじめてあらわれる。『カンポ・マルツィオ』は、田園のなかに孤立していても成立するはずの建築複合体を強引に寄せ集めたブリコラージュなのである。

とはいえ現実のカンポ・マルツィオも殆ど類似の構造を示していた。巨大構造物とくに大競技場や大浴場がところ狭しとひしめき合っている。ローマはすでに過密であった。ネロ帝は自らの宮殿の土地を獲得するために放火したといわれて悪名が高いが、実際には何らかの事情で焼け野原になったローマ中心部を宮殿用の敷地としておさえてしまったのである。そこに建設したいわゆる黄金宮殿《パラッツォ・ドーロ》（六四-六八年）のなかに含まれ、いまだに部分的に残存している八角形の平面をもつ大きいホールは斬新な構法によって注目されている。それにしても強引な手段によらねば、充分な敷地の確保はむずかしかった。

ピラネージの『カンポ・マルツィオ』図が現実性を帯びてみえるのは、すくなくとも現存している遺跡を含み、考古学的な復原の手法を用いながら、その遡及過程でイマジネーションがかつてあった有様をはるかに超えていっただけのことで、その構成の原理はあくまでローマのものを忠実に守っていたわけだ。

ヴィッラ・アドリアーナの平面図をみるとき、基本的に四本の異なった軸線が見いだせる。それぞれがひとつの建築複合体となっているわけで、ここでもピラネージの『カンポ・マルツィオ』と同一の構成がなされている。この軸線は、ゆるやかな丘の起伏にそって、そのうねりになじむように組み立てられている。ひとつの単位として構想された建築複合体を配置するときに、地形になじむべく細心の注意がはらわれたと同時に、そこから周辺の平原や丘にむかう眺めが充分に演出的にみえるよう意図されていた。

ローマの中心部は七つの丘といわれるだけあって起伏に富んでいる。それ故に建物は否応なしにその地形にたいする配慮をせねばならなかった。ひとつの建築複合体をまとめる手法はローマの場合常に中心の軸線上に展開したわけで、その軸の設定がひたすら地形的配慮のうえでなされたのだろう。そのため人工的な幾何学的な結晶性をあらわす平面パターンが、微妙にズレながらひしめき合う。その下に自然の地形が隠されており、両者の重なり合いが生む予期し得ない変形があらわれる。さきにカンポ・マルツィオに街路の概念が欠落しているといったが、それはローマの地形が明確な直線的街路を生むのに適していなかったことがひとつの理由であろう（この都市に直線的な街路が生まれるのはやっと一六世紀末、法王シクストゥス五世のときで、聖地の巡礼道路を直線的に編成し、バロック的都市の景観構成をつくりあげた）。自然発生的な地形ぞいのロバの道がそのまま街路であっただろう。それを埋めてしまうような巨大構築物がそれぞれ軸線を主張し、交錯させた。

軸線の微妙なズレと、具体的にその交錯部を調整するユニークな解法によって、ヴィッラ・アドリアーナははるか後世の建築複合体構成の範例となった。フランク・ロイド・ライトの南フロリダ大学のキャンパスは、彼が六〇度の角度をもって展開する軸線上に、同じく六〇度のモデュールをもつ建築を配したことで知られているが、ライトが意識的に拒絶しつづけた古典主義的な建築の構成方法が、ここに突然出現しているとさえ思われる。ライトは幾何学的な延長と展開の原理で、有機的な放射性をつくりだそうとしたのであろうが、その結果は、ヴィッラ・アドリアーナのズレた軸線構成に近づいているのだ。だがそれは平面上の類似であることは明らかで、ライトのキャンパスはあくまで平面的な水平なひろがりで、六〇度の角度をもった要素が連続的に出現する。それにたいしてヴィッラ・アドリアーナでは、なかにはいりこむと、決して他の軸線は意識できない。ひとつの軸線によってひとつだけの建築複合体が組織されている。多くの場合は中間に残された丘や林などで、他の建築物は隠蔽されて感知できない。ひとつの場所から次へ移るときは明らかな断絶があり、まったく別種の空間が突然あらわれる。たしかにここにはローマの中心部が所有した建築的施設の殆ど大部分のものがつくられている。ひとりの皇帝が別荘をいとなむことはそこに小都市に匹敵するだけの機能を必要としたからだ。その配置は明らかに、田園のなかのヴィッラと呼ばれていいだけの有機性があった。たくみに地形的特性と重なり合い、樹木が中間をさえぎり、たとえば「ポイキレ」からはローマ平原を見下ろす広大な西にむかっての眺めがひらけている。同時に数々の歴史的記念物を含むティヴォリの丘をのぞむように「アカデミア」が半円形状の列柱廊をもって、東側にひらいている。そして「ラテン語本図書館」と呼ばれる建物は高塔となっており、その頂部の部屋は見はらし台となっていた。

　ローマの中心部と変わらない配置でありながら、ここがヴィッラとしての性格をあらわすのは、軸線が、田園的な風景にむかって視線を導くためである。内側の列柱廊や中庭に

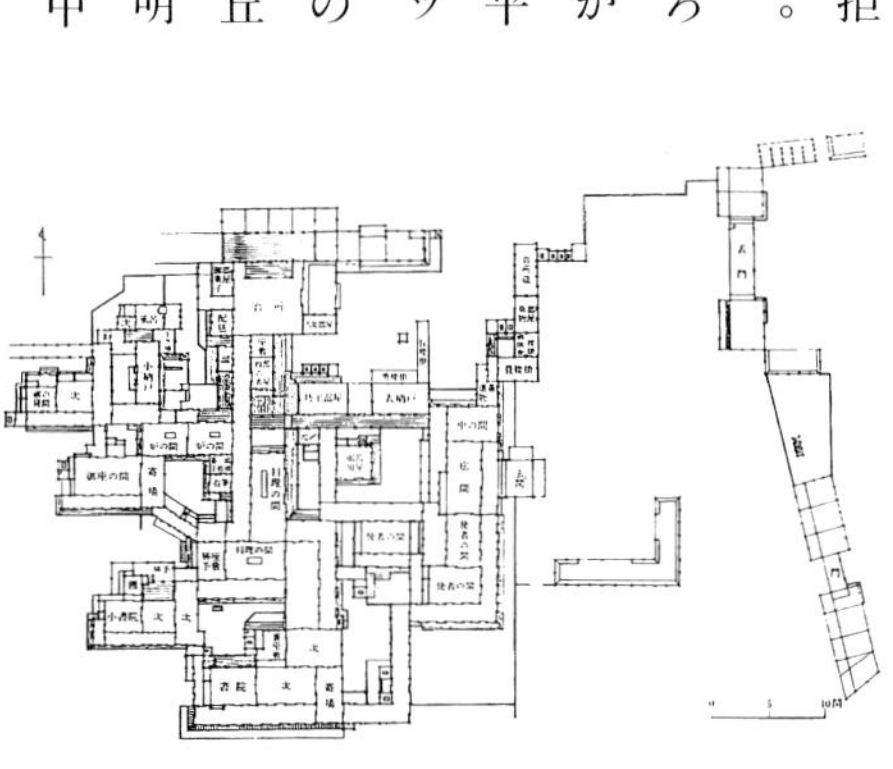

宇和島藩江戸中屋敷、平面図　伊達文庫蔵指図による

視線をむけながらも、その軸線の背後に突如として田園がひらけるのだ。そのような視線は桂離宮や修学院を想わせる。修学院は上の茶屋が田園のなかのあぜ道をたどってはじめて到達できるように配されている。耕作された水田の四季の変化が借景の一部として最初から計画に組みこまれていた。桂離宮は今日ではうっそうとした高樹に囲われて庭園の外への視線がまったく感じられないのだが、かつてはもっとひらかれていた。この桂別業には桂川を舟で渡った。その舟つき場が御幸道のわきにある。そしてしばしば桂川の舟を出しての鮎漁などをたのしんだが、その有様が屋敷すみの竹林亭（いまは跡だけしか残っていない）から打ち眺められたという[*1]。

結晶

マルグリット・ユルスナールは『ハドリアヌス帝の回想』の覚え書きのなかで、フロベールの書簡集のなかに次の一節を見いだしたと記している。《キケロからマルクス・アウレリウスまでの間、神々はもはやなく、キリストはいまだない。ひとり人間のみが在《あ》る比類なき時間があった》[*2]。そして彼女は《このひとり人間のみ——しかもすべてとつながりをもつ人間——を定義し、ついで描こうと試みた》とつづけている。この回想記のスタイルを借りたハドリアヌス帝の記録を読むとピラネージによってヴィッラ・アドリアーナの先入観を植えつけられると同様に、ハドリアヌス帝自身にたいするあらゆる予見を固定されてしまうおそれさえある。ユルスナールは神の失われた時代に生きた人間の内側を明らかにするために、ハドリアヌスをミトラに入信させている。このペルシャ系の秘教には牡

＊1　堀口捨己『建築論叢』四五一頁「桂離宮」鹿島出版会

＊2　マルグリット・ユルスナール　多田智満子訳『ハドリアヌス帝の回想』二九九頁　白水社　一九六三年

牛の生血を全身にあびる入信の儀式があった。しかし彼女自身によって、「ミトラ入信の挿話は作り話である。あの時代にはミトラ教はすでに軍人の間で流行していたから、若き将校たるハドリアヌスが気まぐれを起こして入信することは可能であるが、けっしてその証拠はない」と否定している。しかし、ユルスナールはハドリアヌスを次々と秘教へと立ちむかわせる。ギリシャにおいては自らをギリシャ化するためにエレウシスで入信の秘儀をうける。さらにはサモトラケにおいてはカビリの秘儀にあずからせる。そしてアレクサンドリアではイシス礼拝を。

　この数々の土着の秘教との接触は、フロベールの「神々がもはやない」時期の人間の不安定な内面と対応させるべくとりだされたに違いないのだが、この時期のローマには、版図の拡張につれて、数多くの秘教が流れこんでいた。その結末がキリスト教によってつけられる。後世五賢帝の時代と呼ばれ、かつてない隆盛をほこった大ローマ帝国において、内側から人間を支える神が存在感を稀薄にしはじめていたのだ。

　ハドリアヌス帝がパンテオンを再建したのは、このような神の空位を補塡するためではなかったか。最初パンテオンはアウグストゥス帝の補佐官であったアグリッパによって建設された。彼はここにマルスやヴィーナスとともにアウグストゥス帝をも祀ろうとした。しかしその後アウグストゥスとアグリッパ自身の像は外部に移され、ジュリアス・シーザーが替わりに祀られていたが、その建物も後年焼失してしまっていた。ハドリアヌスはこの先例を受け継ぎながらすべての文脈を完全に変更した。八隅のひとつが玄関に充てられているために、都合七つのニッチが生まれたことによって、後世、七曜をつかさどる神が祀られたとされるが、それはこの空間が全宇宙の表現であることからあて推量されたにす

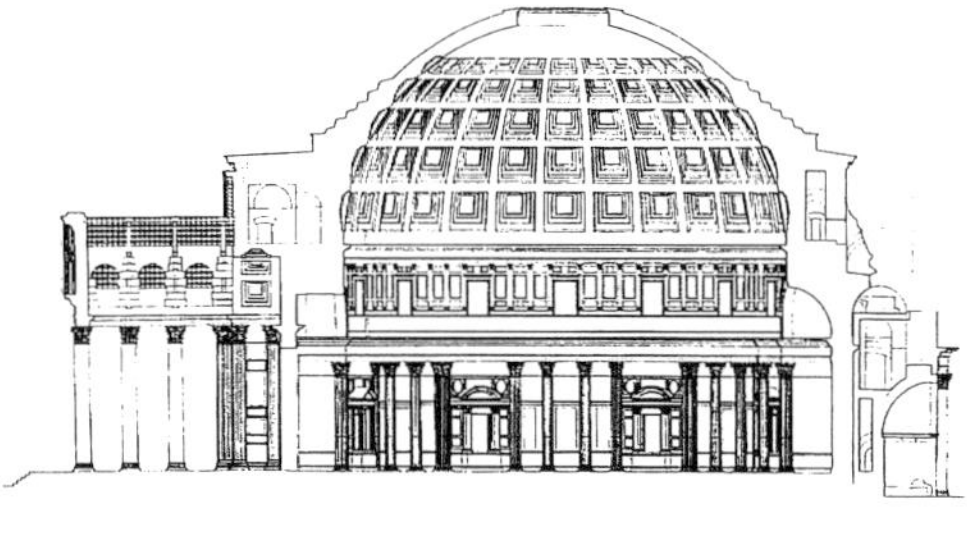

パンテオン、断面図

ぎない。[*1]

むしろこの直径四三・二メートルの完璧な球体が内接する内部空間は、多数の神がその運行を支配する宇宙の運行をそのまま表現したものであったと考えた方がいい。神は統合されて、静謐な巨大な内部空間に合体する。ドームの中央にぽっかりとあいた直径九メートルの開口部は、自動的に太陽光線をスポットライトのように空間の内部に射しこませながら、日時計として、堂の内部を移動させる。暗闇であるべき窓ひとつない球体の内接する円筒と半球の合体した空間は、その光線だけによって照らされる。そのなかで、超人間的な巨大さによって超越的な宇宙の存在が感知されるのだ。ここではもはや個別の名称をもった神は背後にしりぞき、多数の神々が統合されたさらに高次の神となって顕現する。それが純粋な幾何学的形態だけによって実現したのだ。

パンテオンはハドリアヌスの治世（一一七―一三八年）の前半に建設された。一一七年以降に建設が開始され、一二六―一二八年の間に献堂式がなされただろうと推定されている。企画の意図においては神を新たに統合するものであったとしても、それを建築の象徴的形式と一体化したことに注目しておくべきである。ドームはすぐれてローマ的産物である。その歴史的起源に関する数々の説[*2]はあったとしても、それを巨大なスケールにおいて完成したのはローマにおいてである。そして天空そのものを表現するような球形の空洞を内側にかかえこむことを見いだしたとき、この形式が天空の象徴に見なされたのは当然で、いま四角い格間で埋められているドームの内部は、かつて青地に塗られ、金色の星がちりばめられていた。

円形の平面をもつ建築形式はすでにギリシャにあった。エピダウロスのトロス（BC四世

*1 William L. MacDonald, "The Pantheon" p.89, Harvard University Press, 1977

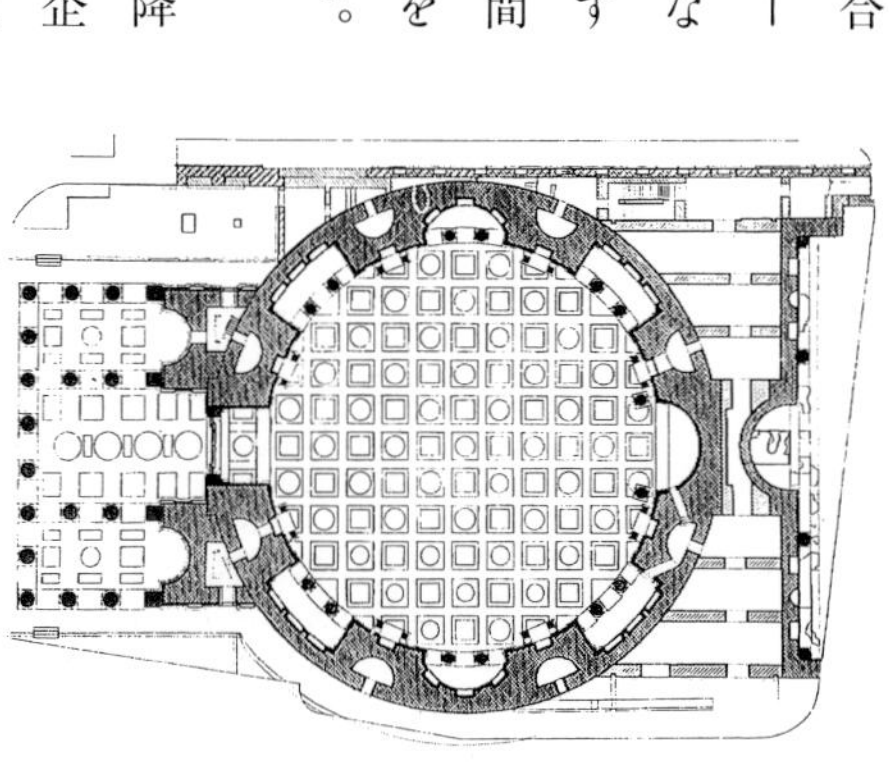

パンテオン、平面図

*2 S・ギーディオン 前川道郎・玉腰芳夫訳『建築、その変遷』二二五頁 みすず書房 一九七八年

紀）はその例だが、ローマではより数多くつくられた。ティヴォリのヴェスタ神殿（ＡＤ一世紀初頭）はピラネージの絵によって有名だが、このヴィッラ・アドリアーナのすじむかいの丘に実例としてあった。

さきにヴィッラ・アドリアーナの全体の配置に四つの基本的な軸が交錯しているとのべたが、そのうち宮殿複合体の軸と「ポイキレ」の軸とが接する位置に完全に円形のプランをした部分がみえる。これが「海の劇場」とも呼ばれるハドリアヌスの私的な瞑想のための空間である。円形のプランは、宮殿とポイキレをちょうど蝶番のように継ぎ合わせている。両方の軸の生みだすズレを円形の壁によって解消させているともいえる。蝶番によるたくみな空間構成を生んでいるこの施設は、実際には円形の回廊でとりまかれた池の中央に、さらに円形の島が浮かび、それがそのまま皇帝のヴィッラとなっている。かつては二つの木造のはね橋があるだけで、皇帝がこの島のヴィッラにこもると橋がはずされ、誰も近づくことができなかったという。

パンテオンが構想され建設されているちょうど同じ時期にこの「海の劇場」が建設されたことは偶然の一致ではなく、その時期におけるハドリアヌス帝の特定の関心を示していると考えていいだろう。いずれも完全な円形である。パンテオンは公的な空間で、天空が象徴されていた。「海の劇場」は対極的なまでに私的で、誰ひとり寄せつけない皇帝個人の瞑想空間である。天穹のひろがりと内部へとむかう孤独な眼。あるいは無限大と点。拡張と凝縮。まったく異なる方向にむかってのびていくヴェクトルがあるわけだが、それが円という形式によって共通に媒介されている。

「海の劇場」の孤独な瞑想空間を、皇帝としての煩瑣な雑務からのがれるためだけにつく

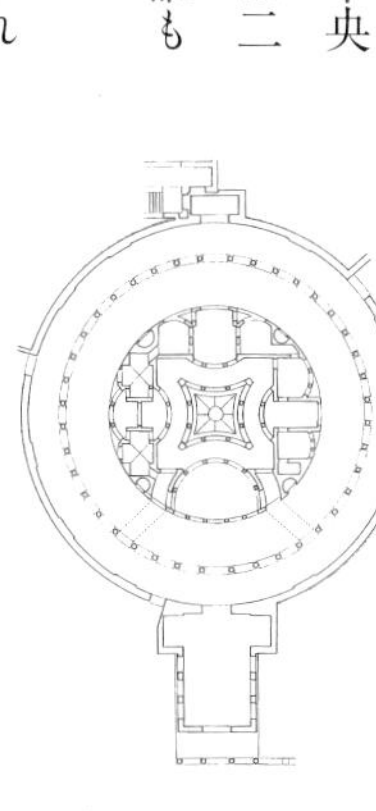

ヴィッラ・アドリアーナ「海の劇場」平面図

られたと説明するよりも、私は彼がパンテオンの対極にあたる凝縮した神殿を構想したのだと考えてみてもいいように思える。そして、ここでもういちどユルスナールが引用したフロベールの「神々がもはやなく、ひとり人間のみがある」時代であったことを想起しておくべきだろう。パンテオンが神を広大な宇宙感覚のなかに見いだすためにつくられた神殿とすれば、これはまさに、人間をただひとりにして内部を照らすための神殿である。事実、ハドリアヌスはシーザーやアウグストゥスの先例にならって、皇帝の神格化を考えていた。彼自身が神となるわけである。その構想はこの「海の劇場」のなかで練られたのだろうか。それとも、この空間がすでに神殿として建設されたのだろうか。いずれにせよその純粋形式が連想させるのは神の座である。

パンテオンの頂部に半球をいただく形式は、西欧の建築史のなかにあっては繰り返し出現することになる。ビザンチン期の教会堂に円形プランで中央にドームをいただくものが数々みられる。ハギア・ソフィアにはじまるコンスタンチノープルの教会堂、そこから派生したモスクも、中央にドームを置く点で共通している。ここでは空間をさらに四方に押しひろげる試みがなされ、複雑な泡状の重なり合いが生まれた。ルネッサンス期では集中式教会堂が建築形式の理想型とされた。ブラマンテのテンピエットやサン・ピエトロの計画案は透明なまでの求心性をもっているが、その中央には必ずドームが置かれている。おそらくパラディオのヴィッラ・ロトンダこそがその終局的な到達点にある。ここではパンテオンの正面ロッジアを点対称に四方にとりつけ、いっそうの求心性を実現している。

パンテオンの「宇宙的感覚の形式化」がより純粋形として抽出されたものに、一八世紀を通じて数多く描かれた「ニュートン記念堂」がある。それは空中に球体が浮かされ支え

プレトリオ

られているもので、内部は今日のプラネタリウムのように、天空の星座の分布を感じながら、神秘的な壮大な宇宙感覚をそのなかにはいって体験しようとするものである。この時代は「自然」そのものが神と認められていた。「宇宙的感覚の形式化」が、純粋球体を結晶のように生みだしたといっていいが、その背後にこのパンテオンが、実在のモデルとして参照されていたことは間違いない。

球体へのオブセッションは近代にいたるともっと徹底して、建築の外観にそのままあらわれはじめる。クロード＝ニコラ・ルドゥーの「畑番の家」、そしてレオニドフの「レーニン研究所計画案」(一九二七年)で、徐々に空中に浮きあがる。ただしここでは内部空間の宇宙的意味は忘れられ、ひたすら外形のシンボリズムへと焦点が移されている。建築の内部空間を神殿として構築する需要が失われたために、球体が幾何学として、自立してひとり歩きをはじめたのだ。ピラネージが古代ローマの建築を「自律する機械」(タフーリ)として構想したのは、すでに建築の形式がその内部に包含していた意味を捨て去りはじめていた時代の兆候をいち早く感じとったためでもあろう。サンタ・マリア・デル・プリオラート寺院の祭壇(一七六四年)を、彼は球体そのものにまで還元する。正面からみるとその祭壇は数々の意味を表示する装飾物で覆われているが、背後にまわると彼の真の意図がみえる。球体そのままが露出し、空中に浮かんでいる。

この球体を「絶対的な空白、〈ものだけの〉沈黙、自身のみに回帰する純粋な記号のトートロジー的主張」[*1](タフーリ)と読みとるべきか、あるいはいっさいの雑多な要因が集約化された象徴物とみるかは、視点の違いによっていかようにも浮かびあがってくるが、すくなくとも今日におけるもっとも壮大なメタフォアとしての球体が、ボルヘスの「アレフ」[*2]

E-L・ブレー「ニュートン記念堂」

*1 マンフレード・タフーリ 前出書 五五頁

*2 Jorge Luis Borges (1899–1986) "Aleph", 1949

であることに異論はあるまい。

ボルヘスは人類の生みだしたすべての知的産物と記憶の集積場であるような図書館を夢想して、それを「アレフ」と名づけられた球体の物語に仕立てた。この「アレフ」には、地球上に存在するあらゆる情報が包含されている。いわば巨大な情報記憶装置である。そして球体の表面にこれらの情報が浮かびあがるわけだが、球面がモニター・スクリーンになっているとも考えていい。地球上の全情報をひとつの記憶装置のなかに仕込み、それを端末器に呼び出すシステムをつくりだすことは、テクノポリスの時代の常識的発想である。技術としてはとっくに実用化しているこのシステムが、社会化し、社会のシステムを変え集団の記憶装置を中心に再編されるような時代が到来することの予想もとっくの昔になされたが、「アレフ」はそのような現実を夢想にひきあげ、神話へと接続させる幻想的な物語である。

それにしても、「アレフ」は何故球体なのか。地球儀や天球儀という啓蒙主義の時代の百科全書的思考の象徴的産物が、その球体の原型になったのか。あるいは、中国の玉のように白濁した表面が、意外にも無限の透明度をもつようにみえ、その裏側から、次々に奇怪なイメージを湧出することにもかかわるのだろうか。私には、ロマの女が安物のガラス球をみつめて、そこに未来の姿を読みとるあの場末の占師の光景のほうが似つかわしくもみえるのだが、ともあれその記憶の根源に、パンテオンの球体空間が実在モデルとして焼きついていたことだけは確実だろう。

レオニドフ「レーニン研究所」一九二七年

海のメタフォア

「海の劇場」はその呼称がすでにメタフォアである。それは当然ながらこのヴィッラのまったくユニークな形式から由来している。全体が円形プランをしているが、その外周は高い壁の連続で、若干の入口以外窓もない。すべては内にむかって開かれている。円の壁ぎわの外周部が列柱をもった回廊になっている。列柱で中庭をとり囲む形式、ペリステュリウムは、この時代の建築を組織する基本形式である。壁を列柱でかたちづくる回廊の屋根は連続ヴォールトである。ちょうどドーナツの環の内部を歩くような感じとなる。その内側が池になり、中央に円形の建物が浮いている。それが、円形宮殿である。その部屋割りは、プランの外周円を反転するような曲率をもった壁や列柱で区切られて、単純な同心円のかたさをのがれているが、このあたりにハドリアヌスが後に黄金宮殿《パラッツォ・ドーロ》の計画で展開するような、曲線の自由な組み合わせの生む流れるような空間構成の萌芽がみえる。

　中央の円形の宮殿は、その全体が島である。そのため「海の劇場」と呼ばれるわけだが、それはさしずめ、エーゲ海であっただろう。ハドリアヌスは、ローマ中期にあって、もっともギリシャ的なるものを憧憬し、学びとり、それをローマへ導入したとされている。彼は治世中にたびたび東方諸国へ長期の旅に出かけた。その目的のひとつは、先帝トラヤヌスが獲得した東方の遠隔地を放棄し、安定した勢力圏をつくりあげることにあった。結果としてこの政策は成功しローマ帝国は安定期をむかえることになるのだが、その際、彼はギリシャをローマ文化圏に積極的に結びつけようとした。この政治的配慮が、彼

「海の劇場」と呼ばれる円形宮殿。円形の列柱廊で囲まれた、池の中央の円形の宮殿。ここはかつて、二つの可動の橋だけがあった。ハドリアヌス帝は、ひとりここで瞑想した。

個人のギリシャ芸術への情熱と表裏一体となっていることに注目すべきである。ハドリアヌスという個性の歴史的状況との幸運な遭遇といっていい。

幾度かのギリシャ・東方への旅の際に、当然ながら、彼はエーゲ海の島々を船で移動したはずである。そのとき孤島へただ一人離れて住みたいという夢想をいだかなかったとは誰もいえまい。歴史上まったく類例のない円形の島の宮殿という形式が生みだされた背景に、若き日々のエーゲ海旅行の記憶が強く働いていることは充分に想定できるように思われる。ひとつのユニークな形式の創出の背後には、隠された記憶や事件が見つかるものだが、ハドリアヌスのヴィッラにはそれにまつわるような記録はない。だが、結果として生まれた形式が生みだすメタフォアによって、逆に類推が可能なほどに、このヴィッラは形式が整っている。建築家としてのハドリアヌスが使用可能なあらゆる形式を充分に操作できるだけの能力をもっていた証拠ともいえる。

エーゲ海の孤島を想わせる光景をヴィッラに凝縮させるという手法は、東洋における庭園の構想を想わせる。そこではときには理想郷が、ときには自然の風景そのままが庭園という限定された空間に圧縮されている。一幅の絵画をみるように、庭園は深さとひろがりをもち、自然から採集された素材を組み合わせながら、立体的な劇場のセットをつくるようにデザインされていた。中国の庭園においては、しばしば有名な湖や山岳の光景がうつされた。いいかえると広大な光景のミニアチュアが人工的につくりだされていたのである。ただ具体化するための技法は決定的に相違している。ヴィッラ・アドリアーナの円形宮殿は、東洋の庭園のように直喩ではなく、完全に建築的形式化を介しているためにメタフォアとしてのみ作用する。抽象され変形が加えられ、純粋に建築空間としてつくりあげ

竜安寺、石庭

られているのだが、それでも私たちは直観的にこの池が海をあらわしていることを感じとりうる。パンテオンにおいて運行する天空が体験できるのも同じく球体の内部空間の生むメタフォアだが、ここでは途切れなくとり囲む水の帯が、同じくメタフォアの生まれる源となっている。

多柱式の回廊、その中庭にしつらえられた鏡池、それは古代ローマのヴィッラや宮殿を構成する基本形である。その要素だけが用いられながら現実にひとつの光景がメタフォアとして浮かびあがることは、建築空間の意味作用の力である。

あくまで形式的な完成、そして、文体の明瞭度が達成されていることが必要だ。とりわけ「海の劇場」は、純粋形態の意味作用の範例としていいだけのデザインの豊かさを感じることができる。

アンティノウス

円形宮殿に海にかかわるメタフォアが読みとられるとすれば、「カノプス」の池は、さしずめ河のメタフォアということになろう。

それはこの池の名称の由来にかかわっている。カノプスとは、ハドリアヌスが愛した美青年アンティノウスがその上流のナイル河で投身自殺をした場所である。そして、細長い池はナイル河もしくはそのデルタ地帯に掘られた運河である。

アンティノウスの死はミステリアスに語られる。皇帝の愛を一身に受けた二〇歳の青年が、何故に死んだのか。事故死という説もある。勿論自殺の方がもっとドラマティックである。いずれにせよ、ハドリアヌスの手のおよばぬ地点で、彼の支配の枠からはずれて、アンティノウスが消えたことは事実だ。ハドリアヌスは彼の像を彫らせた。殆どすべての彫像がギリシャの模刻であったこの時代に、唯一オリジナルなモチーフとして創りだされたのがアンティノウスの像であったから、彼の物語はいっそう人口に膾炙《かいしゃ》したというわけだ。

彼の死にかかわる推理の鍵は、カノプスの池の突き当たりにセラピス神殿というエジプトの神の祭られた祠にある。ピラネージの時代にはカノハの池は埋まったままで、痕跡しかなかった。それは戦後の発掘にいたるまで継続している。ただカノプスの池の突き当たりの崖に掘りこまれるようにつくられた半球のドームが、その胴の前室であることは知られていた。ピラネージの「カノプス」の図は、セラピス神殿を描いたものであった。半円形のプランの端部から中央の頂点にむかってリブがのびていく表現は、ドームの架構の屋根荷重をスムーズに側壁に伝達するもっとも合理的な解法である。パンテオンのドームの肉厚を徐々に減じていく方式と対照的に、この工法は中心の頂点へ視線を導く。ピラネージは手前に落下した屋根の量塊を配して、この半球体のドームを正面から描いている。この光景は今日でも殆ど同じままである。池の突き当たりには、落下した構造体がそのままころがされている。危険なためか、中央のひとつの格間から奥へむかう身廊部は立ちいることができない。突き当たりの祠にむかう長いヴォールト屋根をもったトンネル状の空間は、その先端に頂部から自然光がさしこむ。いま私たちはその有様をピラネージの版画によってしか想像することができないのだが、おそらくここには洞穴状の空間を暗闇から光へむかう明るさのグラデーションによって神秘的にまで演出していたはずである。

架構や内部空間については後に語ることとして、いまはこのセラピス神殿の意味するものに戻らねばならない。セラピス（ギリシャ人はセラピス、エジプト人はアサル・ハピと呼んだ）の神は、元来エジプト起源である。数多くあったエジプトの神のなかにあって、古代ローマの時期にまでひとつの密儀として伝えられていたものである。ヘレニズムの時代からローマ中期にいたるまで、セラピス崇拝は地中海域全体にひろがっていた。エジプト起源でありながら、それはギリシャ人によって再発見された。それにかかわるひとつの挿話が、プルタルコスによって伝えられている。すなわち救済王プトレマイオスの時代に、アレクサンドリアにひとつの神像がシノペから運ばれてきた。それをみて、エジプト人の神官はこの像がセラピスであると言明した。そしてつけ加えてこれがギリシャ神話におけるプルートにあたるものだといったというのである。*

すなわちひとつの神像のなかにエジプト人とギリシャ人が別の起源の神をそれぞれ見いだすことによって、二つの民族の宗教的な統一がはかられようとしたのである。その神像はしかしエジプト起源というよりいちじるしくギリシャ的である。その像にまとわる図像的要素は殆どエジプト由来である。ナイルの水深を測定する定規をもち、鰐の背に立っている。だが時にはプルートを図像的に明示する三つの頭の犬、ケルベロスを伴っているという。

そしてこの神の表情が後世になってキリスト像の原型になったにちがいないという推定がある。マンリー・P・ホールは次のような奇妙な観測を下している。

「――皇帝ハドリアヌスは紀元一三四年エジプトに旅行中、セルピクヌスに宛てた手紙

＊ マンリー・P・ホール　大沼忠弘・山田耕士・吉村正和訳『古代の密儀』人文書院　一九八〇年（原書一九二八年刊）

アンティノウス像、ハドリアヌスの別荘出土

で、セラピスの崇拝者はキリスト教徒たちであり、教会の司教もセラピス神殿に参詣していたと述べている。また皇帝自身、エジプトではセラピスをキリストと同じように崇拝せざるを得なかったとすら言っている。[*]」

後代になって、セラピス信仰はキリスト教徒から異端と目されはじめる。三八五年、テオドシウス帝は『セラピス神像の破壊について』という勅令を出した。このとき、世界最大をほこっていたアレクサンドリアの大図書館がすべて焼失している。初期キリスト教がセラピスの密儀と深い関係があったとするならば、この破壊は、近親憎悪の感情として説明がつくだろう。キリスト教自体が出発において異端であったが故に、それは絶えることない権力志向を内部に含み、常に微細なまでの異端をも破壊し闘いつづけた。その力が今日までキリスト教を存続させ得たともいえるだろう。

セラピスはエジプト起源であったから、もっぱらその教義や密儀もエジプト神話に基づいている。そこでは、具体的な物質でつくられている体がアピスと呼ばれ、死によってその体からぬけだしていくが、生きている間は身体のなかにはいっている魂をセラピスと呼んでいた。すなわち、日本の古代における「たま」と殆ど同じイメージをもったものであっただろう。この魂は人間の生と死にかかわる。そしてエジプトの神話が、死をつかさどる神オシリスの物語によって色濃く特徴づけられていることをここで想起しよう。オシリスは人間の死後の世界をつかさどるわけだが、『死者の書』にもみえるように、人間はそのオシリスの支配する楽園へ到達するためにミイラとされ、数々の儀式が組み立てられていた。それと同時にオシリスの神を祭る行事が数々つくりあげられたが、そのうち二五年ご

＊ マンリー・P・ホール　前出書　一〇二頁

とにナイル河へ聖牛を供犠として沈める儀式があった。その聖牛がアピスと呼ばれていたことは、これが自然界の生きた身体のすべてを象徴するものであった証拠といえるだろう。いいかえると、セラピス神への供犠の方式は、二五年ごとに生きた身体をささげることにあった。

アンティノウスの死が事故死か自殺かあるいは密儀による供犠としての死なのかという諸説があったとするならば、彼の想い出のためにつくられたカノプスの池の奥がセラペウム、すなわちセラピス神の祠堂であったことに注目して、やはり供犠としての死とするのがもっとも筋道立っているように思える。いまヴァティカンの美術館にある、エジプトの衣裳をまとったアンティノウス像は、一七世紀にこのセラピス神殿から発掘されたものである。この事実が彼の死をセラピス信仰と結びつける主要な理由づけになった。彼の死の年がオシリスへ供犠する特定の年であったとすれば、もう疑うことがないだろう。そしてもうひとつ今日的な解釈を加えるならば、アンティノウスがその時二〇歳になっていたことである。美青年として、その肉体の美のみが皇帝の寵愛を集める契機であったとするならば、その完璧な美の絶頂にそのままの姿を停止することが、唯一の選択となっていいではないか。

ハドリアヌスはアンティノウスの立像を生前に彫らせていたはずである。この像はすべてがギリシャの模刻であった古代ローマにおいて、唯一の新しい型として生まれ、以後ひとつの基本型として、多数のコピーが彫られている。アンティノウスは自らの像の完璧な美を知っていたであろう。皇帝のみならず、多数の周辺のとりまきから、幾度も讃美の声を聞きながら、老醜のおとずれる瞬間をおそれつづけていたはずである。

「カノプス」の池。アンティノウスを偲ぶためといわれるこの池は、彼が投身したナイル河をあらわしている。その突き当たりはセラペウムといわれ、エジプト神セラピスの祠である。

三島由紀夫の割腹自殺が日本の密儀に基づいていたことはいうまでもない。彼自身が自己の肉体をアンティノウスのように完璧な形状に保持する努力を続けていたことはよく知られている。彼はだが作家であり、ひとつの復古思想の唱導者たらんともしたために、自然に成熟する肉体を意志の力によって制御しようと試みていた。肉体がその限界にいたる四五歳までの生命を彼は必要としていたのである。おそらくは肉体の老化がなければ彼はその自殺を遅延させたであろう。作家としての仕事はあわただしいまでに結末がつけられている。その思想的な影響にたいする配慮は殆ど手つかずのままであった。

歌舞伎の女形は、肉体そのものを隠蔽し、表面にあらわれるすべてを型に鋳込むことによって、肉体の老化という自然現象に対処させている。舞台のうえの歌右衛門と、彼が不断着のままふるまう姿をみた場合の雰囲気の落差に私たちは驚くのだ。還暦を過ぎた歌右衛門が不断着でＴＶ画面にあらわれると、いかにも女形の仕ぐさをみせてはいても、まぎれもなく年齢相応の姿が感じとれる。ところがいったん彼が舞台にあらわれると、その年齢が消えてしまう。厚くつつまれた衣裳や化粧の下に肉体や皮膚が存在しているとしても、それが表面化することはない。肉体は視線の外に注意深く隠されている。そして、所作だけが、連続したコマ落としの映像のように私たちに伝わってくる。歌舞伎の女形の型が独自のものとして展開した背後には、肉体の変化にたいするおそれがあったであろう。仮面をつけることによって表情まで固定化し、象徴の域にまで高めていた能の舞台を受け継いで、ここでは仮面までをとりはらって、厚い独特の化粧だけに簡略化してしまった。あくまで肉体は視線の外にはずされている。

だがギリシャ的、そしてそれを受け継いだローマの観念として、肉体はそのままの姿として表示されることになっていた。彼らのつくりあげた裸像は、その肉体を決定的な瞬間にストップ・モーションとして固定化するものであった。だから能や歌舞伎のように、肉体を隠蔽することはできない。これは日常生活においても同様であっただろう。

そこでユルスナールは『ハドリアヌス帝の回想』においてアンティノウスを常にねそべった有様で描写する。彼女は皇帝の発見したこの美青年を、「快活さ、懶惰、荒々しさ、そして信頼にかけて、彼は若い犬のような無限の能力をもっていた。愛撫と命令とをほしがるこの美しい猟犬は力なしの生活に入りこみ、そこにねそべった。愉悦や尊崇の対象以外のあらゆる事物に対する彼のほとんど傲然たる無関心ぶりをわたしは感嘆していた」*というのである。知的で、建築のみならずあらゆる芸術に通暁し、勿論政治・軍事・行政の処理に天才的能力をもっていたハドリアヌスにたいして、ひたすら崩れやすい肉体の美というただひとつの点において決定的なかかわりをもったアンティノウスを猟犬と表現するのは、まさに適切であるという気がする。アンティノウスにとって、三島由紀夫のように肉体を鍛練し、その保持に努力を積み重ねる必要はなかったはずである。彼は猟犬のように生きればよかった。そして唯ひとつの、最大の選択が、肉体の意図的な消去によって、その美しさを永遠の姿に固定化することであった。彼はアンティノウス像というたぐい稀な傑作彫刻の祖型になったことでその意図をはたしたのだ。後は雑音のような老醜を人々の面前からぬぐい去ることだけでよい。その決定的な時期は動物のような嗅覚がかぎとればよい。セラピス神の密儀に重ね合わせることは、事態をもっとも効果的に演出する結果となった。それにたいして、三島由紀夫は日本的密儀とギリシャ的な肉体観を性急に結びつけすぎたきらいがあるように私には思える。日本の密儀は、本来肉体の存在までを当初か

* マルグリット・ユルスナール　前出書　一六二頁

「カノプス」の池遠望。長期にわたってこの池は埋もれたままになっていたが、一九五二年に発掘され多数の彫像が出土した。

ら無視してかかっていたはずである。

綾織り

カノプスの池は両側に丘が迫る細長い谷間につくられている。その突き当たりにセラピス神殿が置かれているわけで、その部分は半地下のように、地中の洞穴となっている。セラピス神殿がオシリスの支配する死の世界とかかわっていたことがこの祠堂の内部空間の扱いに反映している。その前面に、幅一八・六五メートル長辺一二一・四メートルの池があり、その周辺に列柱が並び、柱間に彫像が立てられていた。その一部分が発掘されて、いま再建されているが、その部分だけをみても、鏡面効果を示す池のまわりのたたずまいの優雅さが伝わってくる。列柱はごく一部分しか残っていない。しかし、両側から丘が迫っていて、自然に囲われた空間をつくりあげている。地形的にはこの池の部分は自然の谷というより人工的に掘削したのではないかと思われる。セラピス神殿にむかって左側は擁壁がつづき、右側の一部にもそのような壁があるが、これは部屋になっていて、現在はこの付近の戦後の発掘で出土した彫像などが展示されている。外部に立てられているのはこれらの彫像のコピーである。

カノプスというアンティノウスにまつわる呼称は、この池をめぐる回廊とセラピスの祠堂が彼の死をいたんだハドリアヌスが建てたという言い伝えを最初から私たちに先入観として植えつける。それが手がかりになってあらゆる連想や比喩や暗喩が生みだされていく。列柱のめぐらされた鏡池が遠くエジプトの地へ想像を導く。いわば呼称がイメージを

「カノプス」のセラピス神殿

固定してしまう。
だが、同時に具体的な情景への思いいれがその空間全体の気分を決める手がかりにもなる。ハドリアヌスのヴィッラが私たちに伝達する強烈なメッセージは、殆ど直喩に近いような空間の構成によるところが大きい。円形宮殿＝エーゲ海、カノプス＝ナイル河、そしてポイキレ＝アテネと、いずれもハドリアヌスの個人的な関心と旅行体験から生まれたイメージである。

散在していたはずのイメージの所在を自らの趣向に応じて寄せ集め、そこに独自の空間を生みだそうと考えるときに、別荘の建築はとりわけ適切であろう。ヴィッラ・アドリアーナが賞讃されるひとつの理由は、たった一人の皇帝のイマジネーションによって、その時代の枠までを超えた緊密な空間複合体が生みだされたことによるが、同様の実例を私たちはたとえば桂離宮にもみることができる。

桂離宮を別業すなわちヴィッラとしていとなんだのは、八条宮智仁《としひと》、智忠《としただ》の二代の親王である。堀口捨己は、八条宮智仁が古今集伝授を細川幽斎より受けていることから、桂離宮の庭園を含む各部分の構想は古今集とかかわっていると推定している。* それと同時に、桂の池は源氏物語のなかに出てくる桂殿の場所であるとも推定されるので、源氏物語のなかにあらわれる光景ともかかわりがあろうとも考えている。

桂離宮のもっとも中心的な構成は、古書院から月見台を介して池を眺め、その背後の植木のうえにあらわれる月を待つことにある。この視線上に、重要な施設はすべて配されている。心字の池のもっとも奥に深くみえるのがこの角度であり、右手に松琴亭、左手に月波楼、その背後に住吉の松があった。

「ポイキレ」列柱中央壁

＊ 堀口捨己　前出書　四二二頁

智仁親王は桂にかかわる歌や言葉を古今集以来の歌集から抜き書きして『桂古歌』を編んでいる。そして源氏物語からも庭・花・建物について抜き書きして、『源氏詞抜書下書』をつくっている。それ故にある時期には桂の庭園は源氏物語にあらわれそうな光景をそっくり実現させたのだといわれていた（佐野紹益『にぎはひ草』）。

堀口捨己は、古今集に直接かかわるものとして、住吉の松をあげている。これは月波楼の東北側に御車寄の道が池にそのまま突きでている先端に名ごりが残っているという。それに対応するように、高砂の松というのがあった。その位置はいまは不明だが、対岸の高砂の浜であろうと考えられる。そして、高砂は上古万葉集、住吉は古今集をそれぞれ指していたことから、命名のなかに日本の古典詩歌からの引用あるいはオマージュがあったのだという。その指摘はさらにひろがって、高砂の松のすぐわきに朱塗りの大橋があったと推定する。万葉集のなかのひとつの歌にあらわれる「さ丹塗《にぬり》の大橋」にちがいあるまいとされ、青の大柄の市松模様が破調のように松琴亭に用いられたのは、朱塗り大橋との補色関係をも含めた対応から案出されたとまで想像を飛翔させる。

数ある桂離宮論のなかにあって、朱塗り大橋の存在を確信をもって指摘している唯一の見解である。わび・さびた数寄屋として桂離宮を決めてかかることから、大方の見解が朱塗り大橋といった強烈な要素を無視しようとするのにたいして、これは桂が決して後世に組み立てられたようなしぶい色感で統一されたものでなかったことが強く正面に押しだされている。ときにアクロバティックにみえるほどの奇怪さをもつ桂離宮の細部に照らしてみると、堀口捨己の推論は私にはまったく正鵠を射ていると思える。

ここでヴィッラ・アドリアーナとの比較において注目したいのは、堀口捨己の推論の根

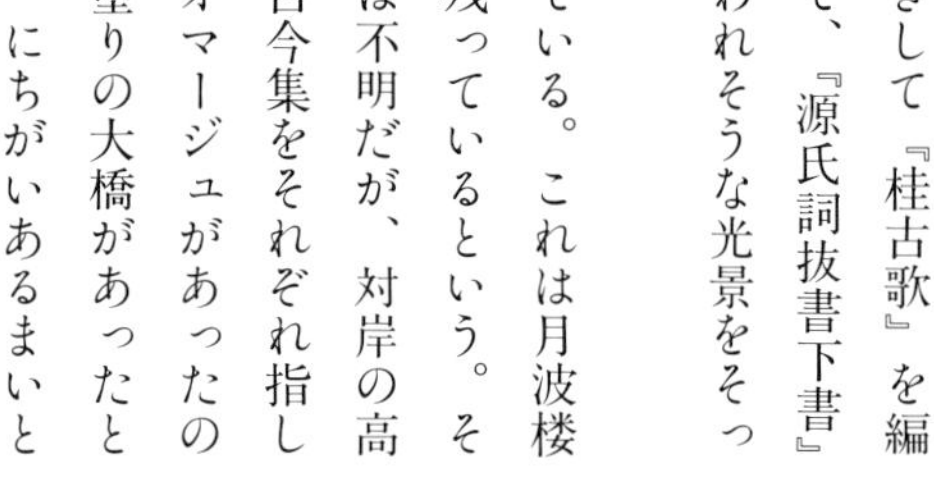

「ポイキレ」の壁体。ギリシャのストアの長い列柱廊を構えたといわれ、この壁体には、アテネのポイキレにあった壁画が描かれていたという。
photo: K. Shinoyama

拠になっている詩歌の世界の庭園化である。それは古代の詩歌の世界に通暁したひとりの知識人が、自ら美的な感性のすべてをかけて抽出した光景が、この庭園デザインの原型的イメージになっていることだ。詩歌の世界という広大にひろがる文化的空間が参照され、そのなかから自由にひきだされたもので組み立てられている。おそらくその組み立ての過程を規制したのは、桂という特定の場所にまつわるイメージであり、限定された敷地という枠組みであっただろう。歴史的な空間を遡行して数々の参照を行うことは、日本においては基本的な表現の手法であった。俳句という極端な短詩の形式が成立したのは、ひとつの言葉がその由来を中国や日本の遠い古典のなかを参照することではじめて選択されるという基準を成立させたのである。それ故に評釈という作業が可能になる。

ヴィッラ・アドリアーナがハドリアヌスの旅行の過程におきた遭遇や事件にかかわりながら、ときにはそのままの「うつし」がつくられたのにたいして、桂離宮は文学的な空間からイメージが集められ、言葉が文章のなかに配されるように、庭園の空間内にちりばめられている。空間的な採集と時間的に遡行した抜き書きという、引用の対象と手法が異なってはいるが、主人の洗練された趣向による選択は両者共通である。

ただ桂離宮は、繰り返しのパターンがなく、それだけに一木一石にいたるまでその選択と配置に強い意味がこめられている。複雑に織り込まれた綾布といっていいがそれだけにスケールが限定され、構成する単位も小さい。ヴィッラ・アドリアーナはここでも、自律機械の様相を呈する。個別の宮殿や列柱廊のある神殿や浴場や食堂が微妙にからみ合いながら独立して完結した空間をつくる。その空間は地中海域の建築の特性として、内側にむかってひらいている。必然的にひとつひとつの宮殿や施設を渡りあるくことになる。全体

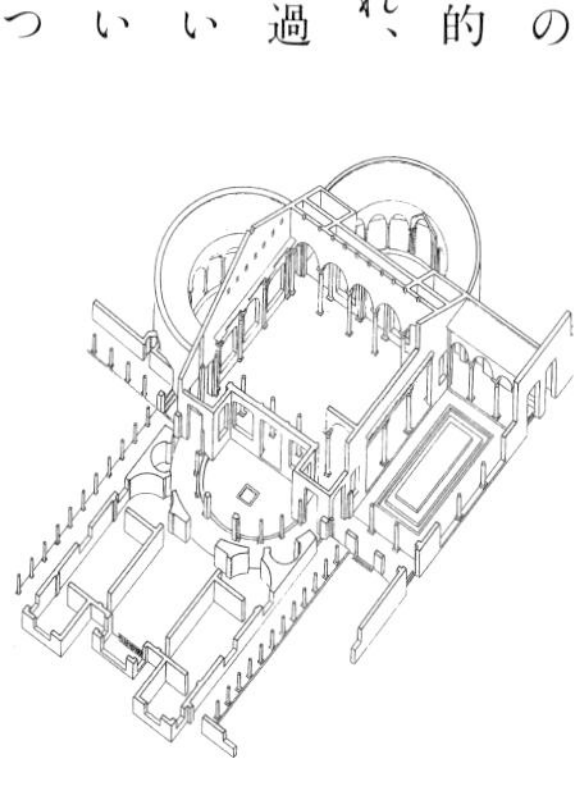
ヴィッラ・アドリアーナ「ポイキレ」脇の建物アクソノメトリック図

としては壮大なスケールをもってひろがっているから、そのなかでの変化はあるが、常に内部にあるときの視点は固定される。中心の軸線がそれぞれの建築を支配しているためである。

ヴィッラ全体を構成する軸線は大きくは四本であるが、そのなかで微妙にズレが生じている。その軸線の変化は徐々にヴィッラの構想がふくらんで、増築されていくときに、地形とのからみから決められたはずである。そこで、現実には鳥瞰図でみるように変化をもった軸線の移動は、地上に立っては感じにくい。円形宮殿の付近、軸線の集中していくあたりではじめてみえてくる。そこでも円形宮殿をとりまく円形の壁が、無方向性であるために、いっさいのズレが解消されてしまい、急激な視線の移動は起こらない。

ところが桂離宮の庭園を含めて建築の全体は、間断のない視線の変化のなかにのみ存在するといっていい。全貌を透視できる軸線はない。しかも軸線が微妙に移ることが次の光景を誘発するといった平面的な重層が生まれる。十歩も歩くと、もうまったく異なった光景が前面に展開する。ふりむいても同じ効果がある。この無数に移動する光線をたどりながら、ひとつの線上、すなわち回遊式という形式の生みだす巡回路ぞいに光景が映画のシーンのように継起的に発生するのである。そのなかからいくつかの「さわり」をとりだして、私たちはまるで絵のようだという。源氏物語の光景を想起するのはこのような瞬間である。

おそらくヴィッラ・アドリアーナのような空間においては、決して目まぐるしい変化はない。視線は移動するにつれて折り重なっていくが、結局のところ全貌が最初からかなり明瞭に提示されており、その最深部へむけて、線的に探索の眼がひきつけられていくのだ。ここにおいても、たとえば「さわり」となる視点はあるだろう。大部分は対称形の軸線を意識しながら、視線が丘をこえて、田園のかなたへ、あるいはティヴォリの丘へむかって走るときだ。借景といった背後の光景を生けどる日本的庭園の構成法とは異なって、展望台のように、むこうに存在する光景を手前側で額縁のように切りとるために建築が設定されるのである。

両義的なるもの

ローマ・ボルゲーゼ公園に置かれた美術館のなかを数えきれないほどのローマ彫刻に辟易しながら歩きまわったときに、私はひとつの裸体の横臥像にひきつけられた。それは窓がひとつだけある比較的小さい部屋で暖炉の前に押しつけるように像は置かれている。しかもこちら側に背をむけている。その部屋には、他に一、二の小品があったような感じもするが、記憶にない。この横臥像の印象がそれほど強かったからだろう。

背後からみるとその身体は女性のものである。ところが壁ぎわまで廻ってのぞくとまぎれもなく男性器がついている。両性具有のヘルマフロディーテなのだ。

何故私がこの像にひきつけられたのか、殆ど説明できそうにない。背をむけた女のような姿態から、青年とも女体とも呼べない、奇妙さを感じとったのかも知れないが、ともあれ強い衝撃のようなものをうけた。

多くのギリシャの女性像が青年をモデルにしていたという説がある。ヴィーナス像に青年の姿を感じとることもときには可能である。いや女性の身体を描いても、いつの間にか男性的な筋肉の特徴があらわれてくるミケランジェロのような例がある。ミケランジェロが生涯女性に関心を示さなかったことは周知の事実であるから、彼の内部に常に青年の肉体への憧憬がひそんでいたことは事実であろう。こんなときに、女体までが変形される。作品の主題として女性像を必要としたために人体の性的特徴をつけ加えたがやはり、その骨組みは男性のそれなのだ。

ボルゲーゼのヘルマフロディーテは私にはまったく逆のケースのように思える。それはうたがいもなく女性の姿態である。だが女性的な特徴が未成熟のようなかたちに押えられている。そして申し訳程度の男性器がとりつけられる。姿態が少女のようだとはいえない。充分に成熟した雰囲気が伝わってくる。

ヘルマフロディーテは神話的な存在としてギリシャから伝わった。現実主義者であったローマ人たちはこの神話的存在を実際にさがしていた形跡がある。両性具有者は生物学的には奇形であるが、彼らからはあるいは完璧さの証明として注目されたのであろう。両性具有者が神の申し子のように珍しがられたいくつもの記録が残っている。

日本ではむしろ本当に奇形者が神に近い存在としてあがめられていた。柳田国男によれば、一ツ目小僧や一本足の神は実際に目をつぶされ、片足を折られた人間が神の代行者として必要とされていた名ごりであるとされている。それは異様なものであった。日本の土着の神は多くはグロテスクなまでに変形が加えられた形相をしている。能においても神をあらわすのはもっとも奇怪な容姿においてである。

このヘルマフロディーテは、だが、もっと現実的に完璧な姿に近づいている。女性であると同時に男性である。生物学的な奇形として生まれる場合があったとしても、観念のうえでは現実を超えた完璧性の領域にあると思われているのだろう。より、たおやかである。

　実はボルゲーゼの美術館でこのヘルマフロディーテに出逢ったとき、私は頭のすみにこびりついている説明しがたい感覚の発生原因がつかめそうな気がした。たとえばヴィッラ・アドリアーナが古典的な建築要素だけで組み立てられていながら、古典期のギリシャ的なものからはるかに遠い表現に到達していることを感じながら、のどがつまったようにそれを言いあらわすことができずにいたのだ。古典期ギリシャからヘレニズム期を経てローマにいたる過程で、建築のオーダーは複雑になっていく。そして構成する比例もますます華奢になる。かぼそさが極限化してガラス細工のようなもろさまでが建築の表情にあらわれていくその推移の過程が知識としてあったとしても、それが頽廃化だと切り捨てるにはあまりに魅力的である。

　うしろむきに横臥しているヘルマフロディーテは観念のなかで想像しうる極限のひとつの状態を示そうとしているのではなかったか。男性と女性の特徴を両者とも併せもちながら、現実の人間が否応なく与えられてしまった性別を超えてしまう。中性的に消去するのではなく両性を具有するというアクロバティックな志向をそのまま表現しようとしていると解釈していいだろう。両義的であることを抽象や比喩や象徴の操作にたよらずに、文字どおりの意味を直接的に視覚化したのである。

　私にはヘルマフロディーテが何よりもハドリアヌスの建築的なイメージの暗喩たりえているように思えるのだ。ハドリアヌス自身がこのヴィッラを「海の劇場」のような純粋形態を基本にした構成から、カノプスを経て、ついに自在な「くずし」でかたちづくる

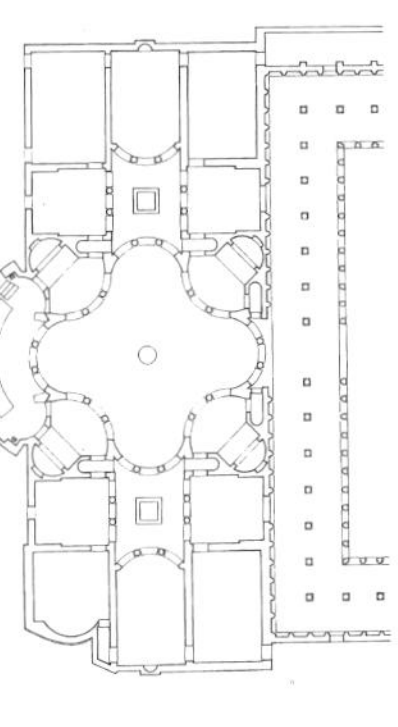

ヴィッラ・アドリアーナ「パラッツォ・ドーロ」平面図

黄金宮殿《パラッツォ・ドーロ》へ到達することになるのは、彼の徹底した両義的なるものへの愛着があると断言できそうな気がする。

アンティノウスの像の姿態は決してヘルマフロディーテのように直接的な両義性を示してはいない。だがスポーツマンの姿勢をしたその像からは、力強さや快活さといった若さ特有の性格は見あたらない。むしろ競技者でありながら物思いに沈んでいる。内向した典雅さといっていいか。ときにヘラクレスの肉体が与えられることがある。だがその厚い筋肉も、ほとばしるようなギリシャのものではない。

美術史上では、「アンティノウス像は、古典期の諸形式の影響をうけているとはいえ、形体の面では色彩的要素に、内容の面では望郷的な要素に満たされているため、これを古典的というよりは、むしろロマンティックな型と規定することができる。ヨーロッパ文化にロマンティックな要素が現われるのは、これが初めてでさえある」*といわれるが、その非古典的な特性はハドリアヌスとの関係を知るとより実感をもって私たちに迫ってくる。

だが、ギボンにとってはハドリアヌスのこのような趣向こそが非難されるべきものであったらしい。彼はローマ帝国においてもっとも安定した時期の五賢帝の時代にすでに衰亡の兆候を発見したかのように、次のように記している。


「――宏量無辺、積極性溢れた彼の才幹は、大局的見通しにすぐれていたと同時に、民政の細目についても劣らず明るかった。が、結局彼の精神を支配していたのは好奇心と虚栄心だった。それらに支配され、関心の対象が変化するごとに英邁君主になるかと思えば、たちまちまた馬鹿気切った詭弁家、嫉妬深い暴君へと一変する仕末。――(中略)――

* ラヌッツィオ・ビアンキ＝バンディネルリ　吉村忠典訳『ローマ美術』二五八頁　新潮社　一九七四年

帝の気紛れは、後継者選定の問題にまで影響した。彼自身高く評価するとともに、憎みもしていた卓抜の候補者何人かをまず選び、いろいろと考量した揚句、やっと陽性な放蕩貴族アエリウス・ウエルスを養嗣子とすることにした。すばらしい美貌ということで、アンティノオスの情人（つまりハドリアヌス帝のこと）に認められたという若者だった。（ハドリアヌス帝という人物、いわゆる五賢帝の一人に数えられるほどの人物ではあったが、唯一の欠点は男色好みであったといわれる。アンティノオスもアエリウス・ウエルスもその対象だった。）」*

たしかにギボンの生きた一八世紀は後期バロックをぬけて、新古典主義への傾斜が強まりはじめた時期であったから、ハドリアヌスの複雑な、ときには気紛れともみえる迷路のような内部風景は、衰亡の兆候として否定されて当然だったろう。だが、ギボンの卓抜な描写はかえってハドリアヌスの屈折した精神のありかを適確にいいあてている。「英邁」であると同時に「嫉妬深」く、「高く評価」しながら「憎む」という矛盾した性格であったが故に、アンティノウスを愛しヘルマフロディーテのような建築の構想を生みだしえたとも考えられるのではないか。

* エドワード・ギボン　中野好夫訳『ローマ帝国衰亡史Ⅰ』八七―八八頁　筑摩書房　一九七六年

模刻

両義的なるものが建築に発生するには、すくなくとも二重三重の異なった意図が同時にかぶせ合わされねばならない。それはたとえば発生期の素朴さのなかでは無理である。構造や素材の制約が強くその枠を自由に操作するには、強烈な意志と能力を必要とする。たとえば初期のギリシャ石造建築に木造であった時代の残影を認めることは変換の過程として認め得ても、それが女性的典雅さへと洗練されていくにはなお幾世代にもわたる繰り返した検討期間を経ねばならない。

ヴィッラ・アドリアーナが、いちじるしく自由なデザインによって、ときには洗練の極に到達し両義的なるものまでが建築の表情に出現しているとみえるには、それを可能にする建築的方法が存在した。ローマが古典的規範としてギリシャ建築をそっくり受容していたことにかかわる、建築の構成要素であるオーダーやペディメントをそっくり受け継いでいる。ローマがギリシャのドリス、イオニア、コリントの三つのオーダーに加えてトスカナとコンポジットを発明したといわれるが、それはより簡単なものと、複合した複雑なものとを序列の前後に加えたにすぎない。ひたすら無限ともいえる様態を開発していたのであって、決して本質的に異なる様式を樹立したわけではない。

とりわけハドリアヌスは、ギリシャ的なるものを採用した。時には彼の時代が古典時代の最後のピリオッドにされるほどに忠実にギリシャを模した。そこで採用された方法は、規範ギリシャをそっくり引用することである。ときには建築、ときには彫像がそのまま移しかえられた。そして当代に適合するように変形が加えられる。だからギリシャ・ローマをひっくるめて建築の古典時代と呼んでも不都合なく聞こえるほどの連続性が生まれたわけだ。

新しい様式はその都度、白紙《タブラ・ラサ》の状態から創造しなければならない、という神話は近代建築が建築から様式的要素をはぎとる運動の過程につくられた悲壮な神話であった。見かけのうえで機械という産業社会固有の生産物に似せて建築をつくろうとしたわけだが、それでも傑作といわれる作品の背後からは歴史的な先例が透けてみえるのだ。

建築（作品）は先行する全建築（テクスト）への参照なしでは存在しない、というトートロジカルな視点に立ちもどるのに近代建築は半世紀を費やしているが、論理化されなかっただけで、深層部においてはその原理は作動しつづけていた。

ローマは、地中海全域に浸透したヘレニズムを先例としてみていた。ギリシャが古典時代に開発した建築的言語をすべて基本形として採用した。新しい素材（煉瓦）による革新的な構法（コンクリートによって、ドームやヴォールトを架構する）を生みだしたがそれはもっぱら背後に隠れた部分であって、建築の表面はもっぱら古典的な言語によって覆われた。

ルネッサンスがウィトルウィウスの『建築十書』をひたすら回復しようとしたのは、いわばローマの方法を再使用することでもあった。この観点を援用すれば、一六世紀は一五世紀に樹立した古典主義の建築的言語をパラディグマティックに変換することに主点がおかれていた。そして、一八世紀には同じ言語をひたすらシンタグマティックのレベルで整序させることにより新古典主義が生みだされた、と説明できる。

ハドリアヌスの時代にあっては古典主義の言語は使用可能な状態として充分に貯蔵されていた。変換をおこす理由はない。むしろいかに多様に、いかに華麗にその言語が使用されるかに主眼がおかれたというべきだろう。すなわち古典主義言語の修辞的な側面が拡張されたのである。列柱、柱頭の型、コーニス、ペディメント、リンテル、壁体の分節、ニッチなどが、ここでは古典主義的言語の枠内からえらばれている。ついでその部分集合と

ピラネージ、大浴場の浴室

して列柱廊や中庭を囲む諸室の配列方式、または軸線によって結合を促進させる手法などがある。さらに大きい集合としては、食堂、浴場、ニュンファエウム、半円形劇場など、すでにローマにおいて建築形式が決まっている建築の単位がある。それは型として規模に応じて組み換え可能になっていた。

このような建築的言語の単位、部分集合、高次の集合がすでに使用可能であったが故に、さまざまな操作が可能となる。とすれば次に試みられるのが、多様なメタフォアを産出させるための修辞的な操作である。円形宮殿も、カノプスのセラピス神殿もそして日常的に宮殿として使用されたホスピタリアやラテン、ギリシャ語本図書館と呼ばれた施設も、それぞれが共通の言語に基づきながら、まったく異なったメタフォアを産出する。その自由さを生んだ背景には、充分に整備された言語体系があったのだ。多様な言語系を使用可能な状態においてストックすることは、同時に紋切り型《クリシエ》ともいうべき通俗化された小集合を多量に包含していることが必要となる。ひとつひとつの言葉を造語するのではとうてい間に合わない。ルーティンの新しい組み合わせを発明することが、より巨大なスケールの急ピッチの建設にはむしろ有効なのだ。その組み合わせの開発が修辞的操作である。むしろクリシエを多用することによって伝達を早め、そのうえでより複雑な構文の生む効果に期待している。

そこでときには丸ごとの引用がなされる。「ストア・ポイキレ」と呼ばれる、ここを訪れたときに最初に行きあたる長い壁は、アテネにあった同名の施設をそっくり模したといわれている。長さ二三二メートル、幅九七メートルという広大なスケールの列柱廊のひとつの側面の壁だが、ここには両側に列柱廊がつくられていた。ピラネージの図をみると、そ

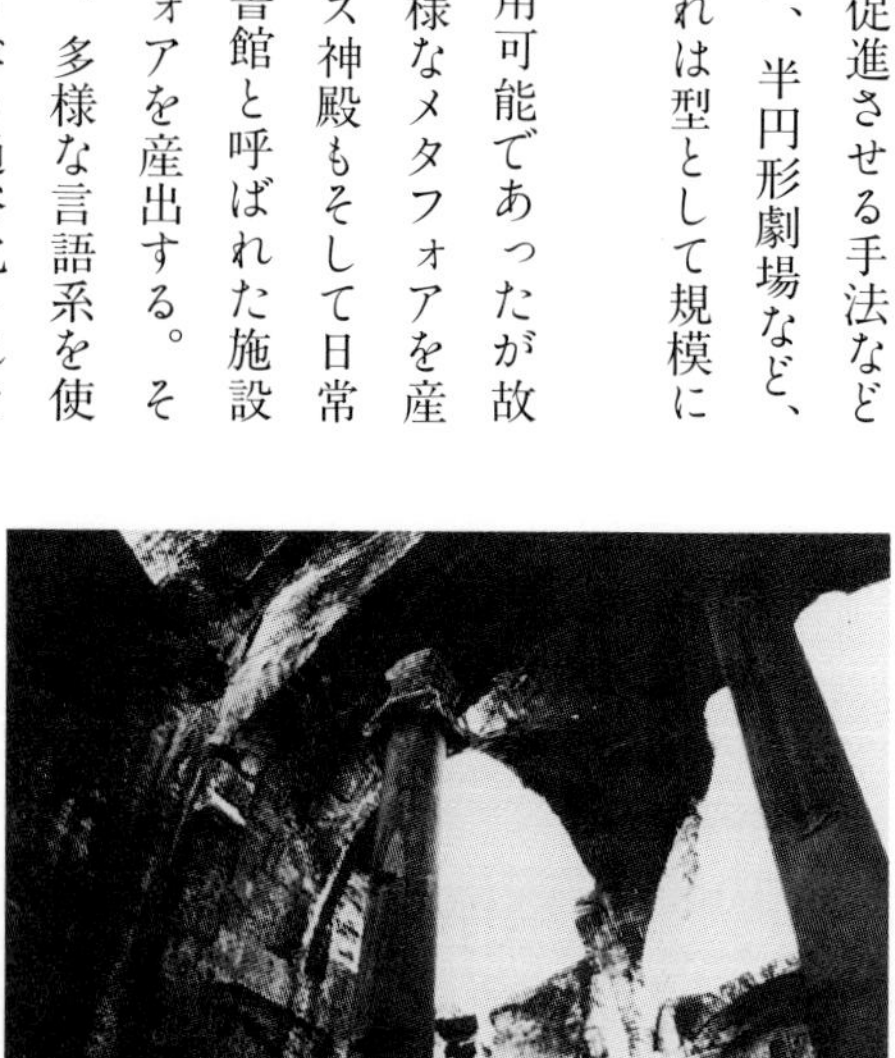

大浴場。ピラネージの版画のなかでもっともドラマティックなもののひとつが、この大浴場の図である。なかば壊れた天井の架構の間をつたやかずらが覆っている。ピクチャレスクの時代の気分に強い影響を与えた光景である。

photo: K. Shinoyama

の時代には池が埋まって殆ど痕跡だけの有様である。今日では池の部分のみが復原されて、はるか西方のローマ市街につづく平原を見はるかすようにしつらえてある。この長い壁にはアテネにあったストアと同じ壁画がそっくり模写されていたという。建築がここでは記憶をよびさますような仕掛けとしてとりだされている。「カノプス」においても同様である。ここにはアンティノウスへの追憶がある。「ポイキレ」はアテネ滞在の記憶でもあろうが、同時にギリシャ的なるものへの直接的なオマージュでもあったろう。

　私が指摘したいのは、ヴィッラ複合体の構成要素が、しばしば決まり文句のような部分で埋められ、ときにはそっくり先例を転送するように模写していたことである。ただセラピス神殿のようにエジプト的なるものを祭った祠堂では決してエジプト建築の様式は用いられない。すべてヘレニズムにみられる古典主義的な要素に統括されている。

　ギリシャからの引用は実は建築物の範囲ではとどまらない。ローマでつくられた数多くの彫像は殆どギリシャの傑作を模刻したものである。その原型が失われているものも、ローマにおける模刻から推定されているほどだ。カノプスの池に現実に立てられている立像はローマの模刻をさらに今日もういちど模したもので、実物は美術館へ移されてしまっている。私たちはそれが模像だといってがっかりするのだが、ローマでは質の良悪は別として、まったく同じ手法がとられていたから、別に気にしなくともいいともいえる。

　彫像が必要とされたのは今日のように美術館にいれて鑑賞するためではなくて、建築的空間のなかに、句読点のように大量に配置されねばならなかったからである。列柱の格間、壁龕のなか、ニュンファエウムの水盤、ペディメントの頂部など彫像なしでは成立しない部分が無数にあった。そして多数の彫像を並ばせて独自の雰囲気を盛りたてることも

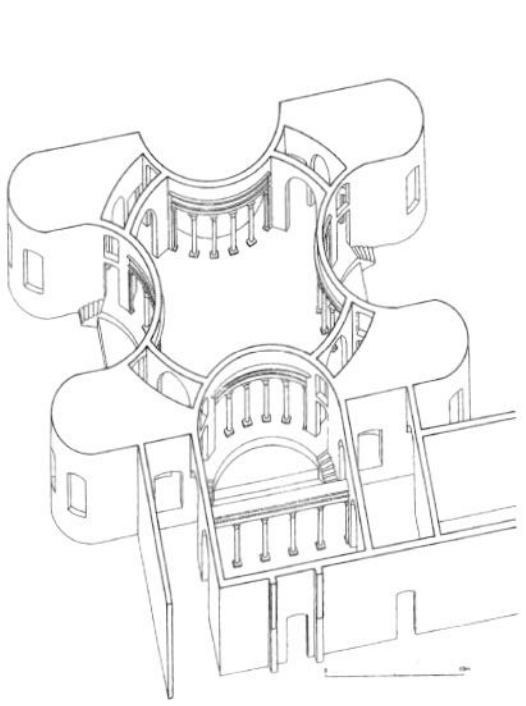

ヴィッラ・アドリアーナ「小宮殿」アクソノメトリック図

行われた。エレクテイオンの女性立像は建築の一部に彫像が組み込まれてしまった実例であろう。ローマ建築がギリシャのマニピュレーションから創りだされたとするならば、彫像の生産には、大量の需要に応える方式がとられねばならなかった。そこで模刻がつくられるのだが、決まった型を繰り返しつくっていた点ではヘレニズムにおいても変わりなかった。ローマは肖像以外の殆どの像は全部ギリシャ、ヘレニズムから借用できたのである。若干の違った起源をもつ神話をもちながら、ローマは結局のところギリシャ神話をすべてとりこんでしまう。エジプトやペルシャのものさえ流入している。呼称が異なっても同じ神であるならば、その神の図像は変えることはない。これは仏教のような別起源の宗教においても充分に保持されている原理であるが、ローマの模刻は正確に克明に原型をなぞったという特徴があったようだ。彼らは複雑で巧妙な技術を生んだために、より繊細にはなったが、一八世紀以来のギリシャ崇拝熱のなかで、弱々しい頽廃として否定される。しかし、彫像は建築の装飾の部分と同様で、決められた型が予定された場所にありさえすればよかったのである。

　ローマ人たちは建築の細部の独創性などにさほど関心を示さなかった。紋切り型《クリシェ》の細部を、再配置し、拡張し、織り合わせながら、壮大、豊かさ、流麗、典雅といった高次の空間的質の達成に関心をいだいたのである。ヴィッラ・アドリアーナには典型的にこの操作を読みとることができる。あくまで皇帝個人の記憶を喚起するメタフォアと結びつけたところが他に比類のない点だろう。

「アカデミア」の通称「アポロ神殿」

気紛れ《カプリッチオ》

別の見方をすれば、ヴィッラ・アドリアーナは二世紀初頭においてなされた実験的建築の集大成である。ギリシャ的なるものの引用、円形宮殿のような純粋形態、カノプスの祠堂にみられる宗教的神秘性を感じさせる洞穴的空間、客人の宿泊施設であったホスピタリアにみられる内部空間の親近性とその華麗な白黒パターンの床モザイク。宮殿の各所に残存する色彩のモザイクを含めた色彩豊かな壁面装飾。そして宮殿複合体部の最深部にある黄金宮殿《パラッツォ・ドーロ》は最後期に建設されただけあって、もっとも複雑な空間的・構造的・形式的な実験がなされている。

ここへは既存の主宮殿から左手に列柱を介してひらいている長い廊下を経て到達する。まず四隅に四つの円形のくぼみをもった八角形の玄関広間に到達する。ここには八つの曲面に分割されたメロン型（またはカボチャ型とも表現する）のドームが架けられている。天井をみれば八つのリブが中央からおりてきて同じく八本の柱で支持されているという構造がそのまま明瞭にみえる。だが、平面的に八角形に配置されているのは支持柱だけで、まずはそのうえに大きいアーチが架けられ、天井からさがってくる分割されたドームを受ける。ここで二重の方向性をもつ曲面が交錯する。そのうえ八つの格間のうち、正面と直交する両側は開口部になっているが、残りの四つの格間に大きい壁龕が半円形状に掘りこまれ、その頂部はアーチに合体している。

この玄関広間は、ネロの黄金宮殿《パラッツォ・ドーロ》の八つの格間をもつ広間やパンテオンの同じく八つの壁龕と似ているが、その空間の性格はまったく異なっている。パンテオンは球体が覆いかぶさっているという感覚が支配的だ。それにたいして、この玄関広間は、八つの格間が外部にむかって大きくふくらんでいる。そして天空にむかってもメロン型のドームであるために、ひとつひとつがふくらみをもちながら天頂へ到達している。もはや八角形や球体といった明快な幾何学的特性によって空間を限定するのではなくて、波うつような曲面が内部の空間を囲繞する。球や立方体の空間はそれ自体が完結して、なかにいる人間を圧倒する。ここでは幾重にも重なり合う曲面の波によって、人間をよりつつみこむ気分が生まれるはずである。この記述は復原されたプランをもとに想像するにすぎないのだが（いまは半分ほどの空間が廃墟として残っているだけだ）、たとえばボッロミーニのサンティヴォ教会堂*の内部などから類推することはできるだろう。

玄関広間の左右には小さい控えの間があるが、直接にここから黄金宮殿《パラッツォ・ドーロ》にでる。勿論その中央には泉水池があるが、全体として五一メートル×六〇メートルの広場で、二重の列柱がこれをとり囲んでいる。現況からは想像がつかないが、ケーラーの復原図（彼の場合はいくつかの重大な誤謬が指摘されている）では、庭に面した内側の列柱は連続アーチで、中央に独立して列柱が並んでいる。それに対応する壁には付け柱があり、もっとも手のこんだ列柱廊である。ここでも矩形の形態のもつ明晰さよりも、その周辺を二重の列柱で囲うことから生まれるかげりの存在に注目すべきである。列柱の背後の空間に深さを与えようとしている。

さらに行くと、この複合体のうちもっとも奇妙で複雑な構成のなされた場所に突き当たる。ここは十字形のすべての辺が凸と凹の円弧によって構成されたうねるような面が連続

* S. Ivo della Sapienza (1642–60)

する。基本的にはその連続は上部のコーニス部分において強調され、それを支えるのはすべて柱である。ある時期ではこのうねるようなコーニスの上部にいかなる屋根をのせるかが、考古学者たちのレッスンであった。しかし、今日ではA・フォン・ゲルカンとラコブによって屋根のない中庭であったことが証明されている。* その突き当たりにはふたたび円弧状の壁があり、おそらくここにはニュンファエウムがあった。

周辺に配されているのは皇帝のための重要な部屋であろう。ここにむかって列柱廊の壁の裏側にトンネル状の長い通路がもうけられ、これらの諸室は背後からサーヴィスされていた。サーヴァントの通路や空間が外側に配され主要な部屋は全部内側をむいている。そして列柱廊やこの曲面で囲われた中庭が視線を集める中央部に置かれるという構成になっていた。

黄金宮殿《パラッツォ・ドーロ》を中央軸線上に移動していくと、空間が微妙に伸縮する。しかもそれぞれが幾何学的な硬さをもたず、自由な曲線の組み合わせから生まれる流れるようなたおやかさで組み立てられる。

基本的な建築言語は変えられていない。だがここでは気紛れ《カプリッチオ》とみえるような自在さが、その言語のたくみな修辞的使用によって生みだされる。バロックとしか呼べない空間である。

パンテオンのような古典的な純粋空間に結晶したものから、この黄金宮殿《パラッツォ・ドーロ》はある意味では対極的に遠くはなれている。いっさいの硬質な観念的規範から離脱して、気紛れ《カプリッチオ》さを思わせるような「くずし」の感覚的な空間へと変転しているのだ。そのヴァリアントの幅のひろさを生みだした背景に、建築的言語操作の極限的な成熟があったことは当然だが、

ヴィッラ・アドリアーナ復原想像図1（上）、同2（下）廃墟

* S・ギーディオン　前出書　二九頁

ここにはハドリアヌスの強烈な個性的趣向があったことを認めるべきだろう。先帝の事業を建築化したアポロドロスと対立して彼を死へ追いやったことがしばしば非難されるが、たとえばトラヤヌスの市場と広場にみられる剛直な構成はもはやハドリアヌスと相容れる余地がなかったのだと思える。ついには黄金宮殿《パラッツォ・ドーロ》に到達するような気紛れを建築の表現にまで徹底させようとしたのであろう。私にはアンティノウスとの挿話もその一部のように思える。そして黄金宮殿《パラッツォ・ドーロ》の無限運動ともみえる変形と「くずし」は、ボルゲーゼのヘルマフロディーテのような、存在し得そうにもない限界をさがし求めていた孤独な魂からひきだされていたことを信じてもいいように思えるのだ。

ヴィッラ・アドリアーナ遺構配置図

第3章

数と人体

サン・ロレンツォ聖堂

メディチ家の華——サン・ロレンツォ聖堂

ルネッサンスと呼ばれる時代の建築がその最初の特徴的な性格を実現させたのは、フィリッポ・ブルネレスキの新案工法に基づいたフィレンツェの大聖堂のクーポラであった。ここで方向づけられた古典主義的言語に基づく建築が、都市的な性格をも有しながら高度な完成に到達するのは、ローマのカンピドリオの丘の元老院の計画で、これはミケランジェロのデザインによっている。この約一〇〇年余の期間に多数の建築家が輩出し、古典主義建築の理論と方法が確立された。フィレンツェにおいて、メディチ家の菩提寺でもあるサン・ロレンツォ聖堂は、この期間の全域にわたって構想が繰り返され、ブルネレスキ、ミケランジェロの二人の建築家が、その時代の変化と個性の相違をみせながら、その完成に参画し、ルネッサンス建築の絶好の範例となった。

聖堂の全体計画は、一四二〇年頃、ブルネレスキの構想に基づいている。彼の手によって完成したのは、旧聖具室（一四二九年頃完成）のみで、聖堂の工事は彼の死（一四四四年）以後、協力者ミケロッツィによって続けられた。一五一五年に、この聖堂のファサードの競作が数名の建築家によってなされた。そのなかのひとりミケランジェロが計画を引き受けることになったが、一五二〇年に中断。そのかわりに、彼は新聖具室（メディチ家礼拝堂）とラウレンツィアーナ図書館の設計を依頼される。いずれも数年以内に構想はつくられたが、完成したのは一六世紀の中期を過ぎていた。

ブルネレスキの構想した部分と、ミケランジェロが完成した部分を比較してみると、建築における方法的な転換を通じて、時代の趣向の変化をも感じることができる。それは、合理的な《数》に基づく秩序が生みだす透明な空間から、激情や不安の感情が支配する劇的で《過剰》さをもった空間への移行であり、普遍的なシステムの探究から、固有性に基づく特殊解の提示さえ可能になったことが感知できよう。この展開の全過程を貫いているのが、古典主義的建築言語の確立と成熟で、これはあたかもラテン語を正確に用いるのと同様な規範を建築の設計に要請もした。

この時代を通じて人文主義の研究がなされた。このなかには、古碑銘学・古文献学、理論的注釈などが含まれているが、建築を中心にした図像体系において、重要なのは、人体像を思考の中心に置くもので、これはいずれ、アンソロポモルフィズム（人体形象主義）を成立させ、その後の西欧の思想的な展開に大きな影響を与える。その具体的な事例は、レオナルド・ダ・ヴィンチが描いたウィトルウィウスの『建築書』の挿図にみることができる。すなわち、人体が正方形と円形に内接することを示したもので、幾何学図形と人体像が関連させられているだけでなく、人間を中心に置いた点に特徴がある。

パノフスキーは、スコラ神学とゴシックの図像体系の相同性を指摘している。この中世における構図をテオモルフィズム（神像形象主義）と呼ぶとすれば、ルネッサンスに描かれたウィトルウィウス的人体像は、その神の位置を人間と置換したものだということもできる。一五世紀から一六世紀にかけての古典主義的建築言語の展開に、このアンソロポモルフィックな像が決定的な方向づけをしたと考えられる。ブルネレスキの方法は、彼が透視図法をほぼ最初に見いだしたように、より科学者または技術者的な特性にいろどられていた。サン・ロレンツォ聖堂は全体の柱間が明瞭にモデュールによって分節されている。ラテン・クロスのバシリカ形式ではあるが、身廊は奥の深さが強調され、両側廊は、頂部に連続アーチをもつ列柱で、そのシステマティックな配置は、あたかも透視図法の作図原理をそのまま応用したふうにもみえる。旧聖具室の内部空間も、明晰な幾何学的秩序だけで構成されている。立方体と球体、その接合部を処理するアーチとペンデンティヴ、それに内接している円形の刳形など、すべてを幾何学的な作図線に還元し、その他の付属的装飾を可能な限り排除している。聖堂の内部と同じく、透明な幾何学的空間が産出されている。

ウィトルウィウスを研究し、自ら『建築論』を著したアルベルティは人文主義者としての多元性をそなえていたためもあって、線的な構成を徹底するブルネレスキの方法に批判的でもあった。建築を壁体によって構成されるものとして把握したうえで、《数》的秩序だけの空間に人文主義的修正を加え、公共空間としての都市に対面する顔（仮面）としてのファサード概念を確立した。それは、都市広場という舞台の背景を組み立てることでもあった。

サン・ロレンツォ聖堂を設計した際に、ブルネレスキの方法においては、殆ど欠落していたと思われるファサードをあらためて計画するにあたり、ミケランジェロが登用された。彼は聖堂の正面を記念碑的なスケールに拡大し、これに多くの彫像を付加する提案をしている。このとき、ブルネレスキの透明なまでの幾何学的秩序はあらためて変形される。すなわち建築的な構成要素としての付け柱、エンタブラチュア、ペディメントなどは背後に置かれ、その間の壁面に壁龕がはめこまれたり、装飾パネルを組み込んだりしている。そこには、おそらく彫像や浮彫りが置かれただろうが、システィーナ礼拝堂の天井画にみられるように、それらは枠組みから溢れでていただろう。《物語》によって抽象的な建築的要素だけによる構成が、補強されている点においては、中世的な形式の再現でもあるが、アンソロポモルフィックな視点を強調していることにより、この時代が刻印されてもいる。すなわち、幾何学的抽象的構成が、まずはあのウィトルウィウス的人体像の図式のように、その内側に身体的な人体像をかかえこんだわけである。

実現しなかったこのファサードの構想は、その後に着手された新聖具室（メディチ家礼拝堂）において具体化される。これはブルネレスキの設計した旧聖具室と対称の位置に、同サイズ、同形の平面で設計されたもので、天井高は屋階の分だけ高くしてあるが、ドームをはじめとして、すべての建築的な構成は類似している。にもかかわらず、具体的にこの内部空間にはいるといちじるしく異なった印象を受けるのは、ミケランジェロが彫像を壁龕や装飾パネルから床面上にまで溢れさせているだけでなく、特別にデザインした扉飾りを柱間いっぱいに押し込んで、巧妙に磨き込まれた大理石の質感を強調しているからである。

メディチ家礼拝堂においては彫刻家としての仕事に焦点があてられていたが、ラウレンツィアーナ図書館は、具象的な彫像はなく、純粋に建築的要素だけで構成されている。にもかかわらず、ミケランジェロの独特の個性がたち込めているのは、ここで用いられている建築的構成要素が、個々のヴォキャブラリーのみならずシンタックスまでが独特の変形を受け逸脱しているためである。比喩的にいえば、一五世紀までの人体像は、比例を組み立てる根拠として、典型として純化された姿をしていたが、一六世紀にいたると、人体像は、アーティストが恣意的に変形を加えリアルな姿となっていた。とりわけミケランジェロは人体を具体的な肉体として彫りだした。おそらく、類似の手続きが、古典主義的言語を構成している建築的要素に個別に加えられ、変形をうけ、なまなましささえにおう肢体のようになった。

建築の歴史において、殆ど奇跡的な達成であるとも評されているラウレンツィアーナ図書館のヴェスティビュール（前室としてのエントランスホール）は、建築的構成要素だけが内壁に用いられている。だが、その扱いは、《過剰》なまでに、円柱を太くし、本数を増やしながら、細いコーニスで受け、それをあらためて、大げさな渦状持ち送りで支えたようにみせているが、それぞれが分離して宙に浮いたようにみえる。ブルネレスキの旧聖具室が、すべての細部を幾何学的な図形線に基づいて合理的に決定づけていたのにたいして、このヴェスティビュールでは同じ古典主義的建築言語が用いられながらも、その構成は恣意的で要素間の結合はゆるく、不安定感さえかきたてる。同時に、いっさいの基準線を見いだすこともない、ざわめくような肉声が、この内部空間に緊張感を与えている。これを決定づけているのが、せまい床面のほぼいっぱいを占めている階段で、昇る方向にむかって錯視の透視図が発生するかのように少しずつ幅がしぼられる。図書館そのものは両側に書見台を並べて、中央に一直線の廊下があるが、この軸線上の動きが、そのままヴェスティビュールに到達して、あたかも流れだした溶岩が一瞬のうちに凝固したような量塊性を示している。この動きが、周辺の壁のざわめきと、絶妙な対応をなす。

《数》の組み立てる透明空間のなかでの秩序を構想したブルネレスキにたいして、ウィトルウィウス的《人体》像を介する人文主義的修正が加えられたあげくに、ミケランジェロはそれをリアルな肢体をもつ肉体のように扱い得る地点にいたる。それが古典主義的建築言語の枠組みのなかにおいて可能になったことの貴重な範例を、サン・ロレンツォ聖堂の複合体のなかに見いだすことができる。そして、ここに見いだしうる建築的原理は人間・家族・都市・国家・宇宙・(神)が、それぞれ入れ子構造をなしている中心性をもった構図で、このアンソロポモルフィズムが、その後、数世紀にわたり、西欧的思考の根幹を形成していくことになる。

技術者／建築家

圧倒的に、その時代の趣味をかたちづくり、様式として支配している何ものか、に異議をとなえるだけでなく、これと対立して、まったく異なった様式のデザインを確立する、これがエポックメーキングな仕事になったか否かは、後代に決められることであって、それを推進する当人にとっては、必ずしも成算があるわけでなく、むしろ危ない橋を渡りつづけているのだろうが、こんな事態が発生すると、勿論トラブルに巻きこまれる。それがまたあの芸術家伝説ともなって伝えられる。ヴァザーリの『列伝』は、この手のエピソードに溢れている。とりわけ彼が重視した芸術家は、長い章となっているが、それもこれらのエピソードでふくらんでしまったとみていい。

ブルネレスキが一五世紀に開花したルネッサンス建築の創始者であることは、誰もが認めている。だが、何故に彼がその創始者の役割を演じ得たか、については、後代の評者によって当然ながら異なって描写されている。ヴァザーリはそれを生来の容貌の貧弱さを克服するような強靱な精神、に求める。ブルネレスキのデスマスクが残されている。それだけをみると、なるほど容貌魁偉といっていいだろう。その他にもいくつかの肖像図や胸像があるが、いずれもかなり端麗につくられているので、ヴァザーリの評の真偽を判別できない。貧弱ということは、肉体的に小男だったのだろうか。ヴァザーリの言いたいのは、今日風に言うと、容貌からくるインフェリオリティ・コンプレックスを逆手にとって、徹底してひとつの信念が貫かれる、ということだが、その信念は並たいていのものではな

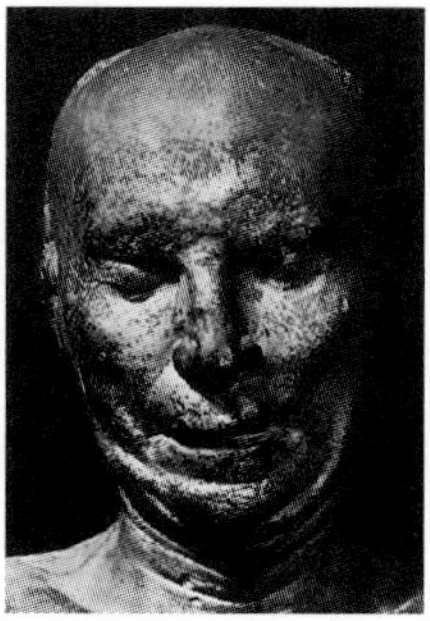

ブルネレスキ、肖像デスマスク

い。ヴァザーリの語るフィレンツェ大聖堂のクーポラの担当建築家に任命される過程は、微細を極め、ここでは策略までが正当化される。その経緯は次のようになっている。一四〇一年、サン・ジョヴァンニ洗礼堂の二つのブロンズ門扉のコンペが公募され、ブルネレスキはドナテッロなどと応募したが、ここではギベルティの案がもっともすぐれていると判断し、彼と共同で制作する申し出を辞退した。画人はその後ローマへの研鑽の旅にでる。ドナテッロ、ギベルティの両者を抜くのは建築だろうと、彼はひそかにその研究をはじめる。その目標はフィレンツェの大聖堂のクーポラの架構方法を発見することであった。その時期の研究によってドリス式、イオニア式、コリント式のオーダーの区別をすでに理解している。(ウィトルウィウスの『建築十書』はまだよく知られていなかった。ブルネレスキはアルベルティからその一部をラテン語よりイタリア語に訳してもらい、はじめてこの原本に接したのだろうといわれている。)

一四〇七年頃、フィレンツェに帰って後、彼は、大聖堂の造営局とそのスポンサーであった羊毛組合の役員との、クーポラの架構方法についての議論に加わり、これまでアルノルフォの設計図に基づいて、屋根のうえに直接クーポラをのせる案に替えて、円窓をもった壁体をめぐらすことを提案し、模型をつくる。そのうちクーポラを架けるための技師の選抜審査が行われるといううわさを聞くと、ただちにローマに戻った。「フィレンツェにいるよりも、外地から呼び戻されたほうがいっそう評判が高まるだろう、と考えたからである」*。当然のことながら彼は呼び戻されるが、必ずしもすぐにはひきうけない。ヴァザーリはここでブルネレスキに大演説をさせている。「しかし、この仕事が私に任せられるのでなければ、私はこのことでどうやってあなた方の役に立てるというのでしょうか？　よろし

＊ ヴァザーリ　森田義之監訳『ルネサンス彫刻家建築家列伝』一一四頁　白水社

い、こうきっぱりと申し上げましょう。もしもこの仕事が私に与えられたなら、さほどの障害もなく、円蓋を架ける方法を見つけ出す心算があると」[*1]といいながら、彼はヨーロッパ中の建築家を一年以内に呼びあつめ、彼らの議論を聞いたうえで、最良の案を提出したものに任せるべきだ、と提案する。国際コンペにしたわけである。そして一四一七年五月二六日、造営局は彼に心付けを支払うが、ローマに戻って工法の研究をつづける。一四二〇年、これらの建築家たちが数々の提案をもって集まる。そのなかで、ブルネレスキは意図的に、誰よりも少ない経費で、支保する骨組もなしにクーポラを架けることが可能だと述べる。あまりの突拍子もないアイディアで、彼は信用を失って、「馬鹿か法螺吹き」と見なされた。審議場にいた組合役員たちは、常識的で大げさな多くの建築家たちの案にも、ブルネレスキの斬新すぎる案にも当惑するが、「しかし彼はこの町の首脳たちが一つの決定にそれほどいつまでも固執しないことを熟知していたので、もし勝利を望むならば、じっと我慢をきめこむほかはなかった。フィリッポは自分で作った小型の模型を見せることもできたが、組合役員たちの乏しい知性や工匠たちの嫉妬、そして各々の好みによってあれやこれやと贔屓を変える市民たちの移り気を知っていたので、模型を見せようとはしなかった。かくいう私もこのことに驚きはしない。なぜなら、この町では芸術を本当に理解している人はほんのわずかしかいないのに、誰もが練達の工匠と同じようにそれを知っていると公言してはばからないからである」[*2]。そこで、私たちがコロンブスの卵として知られている比喩がもちだされる。図面や模型を見せなかった理由はこの発明を知らされたら誰だってできると思うほど合理的なので、その秘密をもらさずに、彼が任命されるべく誘導した、というわけである。

＊1　ヴァザーリ　前出書　一一五頁

＊2　ヴァザーリ　前出書　一一八頁

かくして、ブルネレスキに委嘱がなされたわけだが、彼ひとりには任せられない。同等の能力をもつものを共同責任者としてつける決定がなされ、かつてサン・ジョヴァンニ洗礼堂のコンペで信望を得たギベルティが任命される。アイディアはすべてブルネレスキのものでありながら、同額の給料が支払われる。つまり同等の権利と資格をもつわけで、この「拷問のような苦しみ」は一四二六年までつづいた。この年ギベルティの追い落としに成功したのである。ヴァザーリが紹介しているこの作戦は、もはや策略といっていい。すなわち、ブルネレスキはギベルティが技術的には自分よりアイディアにおいて劣っていることを知っていたので、ある日仮病をつかい、ギベルティだけに責任を負わせるようにしむけて、彼に恥をかかせる。彼が失敗したことが衆目にさらされたとき、ひそかに隠しもっていた案を提出する。ここでやっと組合役員たちはギベルティを贔屓にしたことの過誤に気づいて、ブルネレスキを建築全体の終身総監督に任命した、というわけである。

このエピソードはヴァザーリよりも、むしろこの『列伝』に先行する『ブルネレスキの生涯』*（一四八〇年代）の著者アントニオ・マネッティ（一四二三―一四九七）に依っている。ブルネレスキの没年（一四四六）から間もない、殆ど同時代人でもあるマネッティの著作であるから、この挿話はかなり伝説的に伝えられていたと考えられるし、この考証をしたザールマンはかなり大げさに物語られてはいるが、ギベルティの話などはおおよそ正確だろうと考えている。ともあれ、おそらくブルネレスキの生前にすでに組み立てられていたこのギベルティとのエピソード、つまりサン・ジョヴァンニ洗礼堂で敗れ大聖堂のドームにおいて勝ちを制する、は芸術家伝説のなかでのライバル物語の原型のひとつで、ミケランジェロとレオナルド、ミケランジェロとブラマンテ、ベルニーニとボッロミーニ、チェン

＊ Antonio Manetti, "The life of Brunelleschi", Introduction and Amnotation by Howard Saalman, 1970, The Pennsylvania State University Press.

バーズとアダム、ソーンとナッシュと枚挙にいとまがない。マネッティもヴァザーリも、ブルネレスキの勝利を彼の技術者としての能力にみてとっている点に注意しておくべきだろう。若年のブルネレスキが、サン・ジョヴァンニ洗礼堂とフィレンツェ市庁前広場の透視図をカメラ・オブスキュラの方法によって描いている。おそらく透視図法を方法的に把握した最初であろう。マネッティは、古人がこの透視図法を知っていたか否かわからないし、確証もないが、すくなくともこの透視図がこれを合理的に扱った最初の例となるだろうと語ってもいる。*

これらのエピソードから知り得ることは、建築家相互、芸術家相互の対立が一般化して語られるなかで、ブルネレスキは、ギベルティにたいして、自らの位置を芸術ではなく、より技術の領域へ、技術者＝科学者の視点を確立する側へとズラしている点に特徴を見いだすべきで、発明家、科学的研究者がいだいた確信が、この芸術家伝説に繰り込まれるようなエピソードをむしろ組み立てていったとみるべきではないか。そして透視図法というひたすら視線にかかわる方法に関心をまずむけたことが時代の転換点へと彼の立場を移動させる。それは視点というかたちで空間内の一点に記録されることになる主体の位置である。見えるがごとくに描かれた図面は、それをあらためて見る者にたいして、作者と同じ地点に立つことを強要する。ここを中心に置くことが作図の手順から必要になる。図面のうえにおいて、主体が、その視線を中心の位置から放射することになる。その位置は、視るものすべてに強制される位置でもあるわけで、人間という像を想起するときに、その人間を中心に置かざるを得なくなる。

中心点をひとつの手がかりとすれば、ブルネレスキが決定的デビューをなした大聖堂の

＊ Antonio Manetti 前出書 p.44

クーポラの架構も、形態的だけでなく、重力の均衡についても、これがかかわっている。八枚の壁を立ちあげ、二重シェルを八枚、中心にむかいあわせる。最項部にのせるランタンもブルネレスキの設計になることになるが、その位置は、まさにクーポラの中心点なのである。中心を意識した計画は未完に終わったサンタ・マリア・デリ・アンジェリの集中式聖堂の計画へと連結する。勿論それ以前にパッツィ家礼拝堂が計画され、矩形をしながらも集中式への移行を予感させてもいる。この集中式聖堂こそが、一五世紀から一六世紀にかけての殆ど決定的な建築的形式性の問題を組み立てることになるが、その契機をブルネレスキがすでに示しており、そのきっかけは、透視図法の探求に際して、カメラ・オブスキュラの一点の穴をのぞく眼の位置の確定にあり、そこに主体が置かれる。この構図をいわゆる人文主義が保証するのは、後になってアルベルティの総合化する視点があらわれてからである。

トスカナの隅々までにその影を落とすと形容されたほどに巨大なフィレンツェ大聖堂のクーポラは、ブルネレスキが研究し資料も集めたといわれるローマのパンテオンのドームに比較すると、そのスケール感において決定的な差がある。これは単純にサイズの違いというものでもない。ハドリアヌスが建設したこの空間は、直径四三メートルの完全な球体の上部の半分がドームをかたちづくり、その下部はシリンダー状に置き換えられ、これが分割されて、そのひとつをエントランスのポーチに充て、残りの七つがそれぞれ神殿として、有名な故人の遺骸を収めている。中央部に約六メートルの円形の開口がつくられ、ここからのみ自然光がふりそそぐ。完全な幾何学的空間が、この一点の開口部を介して宇宙と流通していることを直接的に感知させる。いっさいが煉瓦造によって造られているのだが、そのような構造システムの支持があることを忘れさせてしまうほどにこの空間は完璧に幾何学的であり、科学的形態そのものにみえる。

ローマ時代にもうひとつの建築的形式として案出された直方体で奥に延びるバシリカを基準にして展開することになった教会堂が、ハギヤ・ソフィアやサン・ヴィターレのような求心性をもつ平面形式を創りだしてはみたが、より透明性を重視するテデスカ（ドイツ的）とイタリアにおいて呼ばれていた北方的なゴシックによって、対極的ともみえる細いユニットの集合だけで巨大な空間を成立させる側へと移行する。ローマ的な求心性は失われて、さんざめく多声によって唱和されていくような連続性が明示されているかの空間を生む。求心性をもつドーム形式はここでは不用となり、連続するクロスヴォールトに置き換えられた。ブルネレスキが未完の大聖堂のドーム工事現場を眺めていたのは、ローマ時代以降長期にわたってドームの工法が忘れ去られていたそんな時期であった。だから彼の提案を職人たちがおそれをなして、しばしば作業を拒否する行動にでたことも、うなずけなくはない。あの膨大な煉瓦の二重壁の重量が、軽量の宙吊り足場のうえで施工できるとは信じられなかったからだろう。

パンテオンは円筒を八つに分割しているが、外壁はあくまでスムーズに連続した煉瓦の壁である。これにたいして、フィレンツェ大聖堂のクーポラは、最初から八枚の擁壁として計画されていた。あらかじめ分節されていた。そのうえに円形のクーポラをのせる予定だったのだろうが、ブルネレスキが提案したのは、この八枚の擁壁を補強して、八枚の二重シェルを互いによりかからせながら最終的に一体化させるもので、その一枚のシェルは最終的に真円が生まれるような四分の一円ではなく、その四分の一円のさらに四分の三だけを用いるもので、幾分ゴシックの尖頭アーチの形態をとどめている。その点が評者によって、ブルネレスキがまだプレ・ルネッサンスにとどまっているか否かの評価の違いなどとなるのだが、これが通常の球の一部をみるよりもさらに垂直感を強調して、迫力の感じられる内部を創出する結果ともなっている。私はブルネレスキはひたすら技術者として、前代未聞の大きさをもつこのクーポラを構造技術的に成立させる、その一点にすべての問題の解決をしぼり込んだのだろうと推定する。彼が殆ど科学者の手つきで、透視図法を案出したのと同様に、構造技術者として、ひたすら難問にとり組んだあげくの直截な結論だとみるべきだろう。

その結果は、このクーポラの下に直接ふみ込んでその空間を体験すれば明瞭になる。それは、パンテオンの幾何学的な明晰性とも宇宙的な統合感とも、すべてのゴシック・カテドラルにみられるような、空間的透明感と神的象徴性とも違った、分節された煉瓦のシェルの巨大な重量が覆いかぶさり、信じられない強度をもつ張力が作用している、おどろおどろしい空間がここにある。それは人間の知覚を超えたテクノロジーの産物であり、そのテクノロジーを統御した人間の力でもある。一八世紀の中期に議論されはじめる崇高性の原型がここにすでに出現しているともみえる。そしてこの崇高性にいたる感覚は、既成の枠組みが突破されたと感じたときにはじめて了解できることも同時に知ることができる。ヴァザーリが、ブルネレスキがギベルティやドナテッロを超えうるのは彼らと同じ彫刻ではなく、建築を通じてであろうとひそかに考えて建築の研究を開始したと記していることに加え得ることがあるとすれば、科学者または技術者の資質へ自らを賭けたことだろう。既成の枠組みを突破できるような事件を生みだすのは、その外部にあった要因を導入できたときである。ブルネレスキにとって、それは、クーポラの宙吊り足場の工法であり、透視図法の発見であった。

科学者／建築家

ルドルフ・ウィトコウワーの『人文主義の時代の建築原理』[*1]（邦訳では『ヒューマニズム建築の源流』中森義宗訳、と題されているが、ウィトコウワーの意図は原書のタイトル、“Architectural Principles in the Age of Humanism”により正確に表現されていると思えるので、ここではその直訳を用いることにした）において、ひとつの中心的な主題をなしているのはアルベルティの建築論の研究であるが、ここで、ウィトコウワーは、アルベルティの建築の実作者としての仕事を追跡しながら、彼が結果として、〝壁の建築家〟であったといいきっている。[*2] これはブルネレスキが最初に導入した円柱のうえに連続アーチをくり抜いた壁をのせるシステム、たとえばオスペダーレ・デリ・インノチェンティの広場に面した回廊をはじめ、サン・ロレンツォおよびサント・スピリトの二つの聖堂の身廊部などについて批判的であったということでもある。アルベルティの一連の建築のうち、リミニのサン・フランチェスコ（一四五〇）およびフィレンツェのサンタ・マリア・ノヴェッラ（一四五八）の両聖堂はいずれもすでに存在しているゴシックによる建物の改造で、前者は古い構造体を内・外ともに壁で取り囲む計画であったし、後者はすでに一部工事のはじまりかけていたファサードの上部を再デザインしたもので、その部分だけとりだせば、一枚の舞台の書き割りのような壁であった。

＊1 Rudolf Wittkower, “Architectural Principles in the Age of Humanism”, 1949

＊2 Rudolf Wittkower 前出書 p.65

そして、晩年にマントヴァに移ってからの二つの聖堂の建物は全体計画であるが、集中式のサン・セバスティアーノ（一四六〇年第一案、一四七〇年第二案）、ラテン・クロス式でローマの凱旋門をファサードに模したといわれるサンタンドレア（一四七〇）は、いずれも厚い壁体が特徴的で、内部の空間は、その煉瓦の壁体がくり抜かれた残部といったおもむきを呈している。アルベルティが〝壁の建築〟へむかったことは、人文主義者としてウィトルウィウスの研究を通じ自ら『建築論』を著すなかで、ローマの建築を徹底して研究したことと無縁ではない。彼は円柱の重要性を理解していたが、同時に建築の軀体は壁によって構成され支持されることも知っていた。だから、アーチは明らかに切り抜かれた壁であるし、その連続アーチを支持するのは、やはり壁の残部でなければならず、それは角柱たるべきで、円柱はここに使うべきではないと考えた。[*1] 勿論、円柱はより意図的に導入されるのだが、このとき、頂部は水平に走る梁であるエンタブラチュアで連結すべきであると提言する。これをアーチの起点の下部断面が四角くなり、円柱の頂部は勿論円柱であるために、接合が不自然になるという細部のおさまりかたから説明している。

円柱の頂部と、連続アーチの起点端部との接合は、そのままブルネレスキのオスペダーレ・デリ・インノチェンティの回廊のデザイン上の問題である。勿論ここではアルベルティが補助的な手段として論じているような、エンタブラチュアの断片ともみえる四角いプレートがはさみ込まれている。そして、この一見して不自然にみえる接合は、ラファエロの舞台背景のスケッチ[*2]にみられるように、むしろ軽妙さに溢れる機智を働かせる絶妙な部分として注目されもするのだが、すくなくともアルベルティが一四五〇年に完成した著作においては、ブルネレスキの一四二〇年に設計された図面をそのまま実現したサン・ロレ

＊1　アルベルティ　相川浩訳『建築論』第七書第十五章「アーチ形式、中央歩廊上部壁面の装飾」二二五頁　中央公論美術出版

＊2　"Raffaello Architetto", Electa Editrice, p.225

ンツォ聖堂の両側廊の列柱は、建築の力学的な素材の特質と美的な構成との矛盾とみえたのであろう。だがこの回廊部分のデザインの出現が、一五世紀の前半における建築上の革新をもたらしたことも事実であって、先行しているブルネレスキとそれを人文主義者の視点から、原理的に整序しようとしているアルベルティのそれぞれ違った視点がここに集中的にあらわれている。ブルネレスキはゴシックの建築空間が所有していた透明性を、古典主義的言語によって置換しようと試みており、いっさいの先例のないまま、それを透視図法を介して科学者の手つきで革新的に創りだしているのにたいして、すでにウィトルウィウスの原典を知りつくし、ローマに残存する古代建築の研究を重ねた人文主義者としての眼をもつアルベルティが、方法化のための原理を介して批判的に視ようとする。そのあげく空間は透明性から彫塑性へ、軽やかさから緊張感の溢れる重厚さへ、線的構成から面的構築へと対極のような方向へ振れていくことになる。その変化は、おそらく一四二〇年から一四五〇年の間に発生したもので、ブルネレスキ自身も、晩年には集中式聖堂であるサンタ・マリア・デリ・アンジェリを構想し、ここではアルベルティの指摘するような矛盾を解消して、一体感溢れる中心性をもった空間に仕立てる。

サン・ロレンツォ聖堂はこの人文主義的軌道修正がはじまる前に、むしろ初期ルネッサンスのひとつのピークを形成するように、純粋形式が析出した範例であるとみていい。この聖堂を設計するまでのブルネレスキは、そのキャリアとしては、彫刻を放棄した技術者として、フィレンツェの大聖堂のクーポラの工事にかかろうとしており、一四一五年頃まででになされたと推定されている透視図法の研究をする科学者でもあり、それらの資質を総合する建築家として出発しようとするところだった。彼の古典主義的建築の修得は独学で

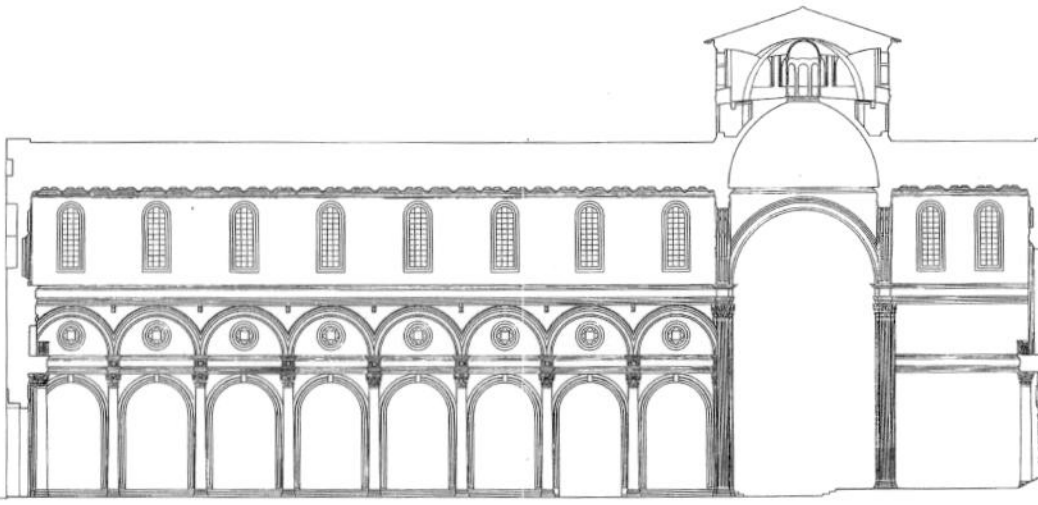

サン・ロレンツォ聖堂、断面図

あったといわれている。ヴァザーリの記述するところによれば、彼はそれをひたすらローマの古代遺跡を巡り、発掘までしながら身につけていった。その知識を具体的な設計に応用する際に、おそらく統合の手がかりにしたのが、片一方で研究をしていた透視図法であった。

ブルネレスキの設計した二つのバシリカ形式の聖堂、サン・ロレンツォ（一四二〇年頃設計*）とサント・スピリト（一四三〇年頃設計*）の平面図を比較すると、身廊部分から祭壇にかけてのモデュールは完全に一致しており、建築の形式としては双子のように同じ構成をなしている。すなわち、身廊から祭壇部分にかけてはラテン・クロスで、その交叉部に小さいクーポラがのせられている。ただサン・ロレンツォはドームの天井がつくられてはいても、外部からは側窓より採光する四角い突起である。ここにも用いられている基本単位は側廊を構成する円柱の列の柱間で、これをＭとすれば、身廊の幅は２Ｍ、側廊はＭ、翼廊は２Ｍ、故に交叉部は２Ｍ×２Ｍの同じモデュールが突き当たりの祭壇に適用されている。そこで側廊は正方形のユニットの連続で、これが両側に八組ずつ相対して並ぶ。ここの天井は球面の一部が四方から半円のアーチで支えられたかたちで、厳密には半球をそれに内接している正方形の各々の辺を垂直に立ちあげたときに截りとられた残部となる。

主祭壇と翼廊が交叉部分の正方形の三方に同じ正方形で配されているのにたいして、身廊部分は８Ｍで、その正方形の一辺の四倍の長さをもつ。これはプロポーショナルにかなり長い感じを与える。とりわけ翼廊と身廊部分の天井高は３Ｍで、側廊の二倍ある。この天窓から明るい外光をとりいれることで、いっそう高さが強調され、これは殆ど外部と見立てていい。すると両側廊はあたかもオスペダーレ・デリ・インノチェンティの回廊部

＊　それぞれの設計開始と施工年度が資料によっていちじるしく差があるので、ここでは設計の構想がなされた時期に基準をあわせて記すことにする。

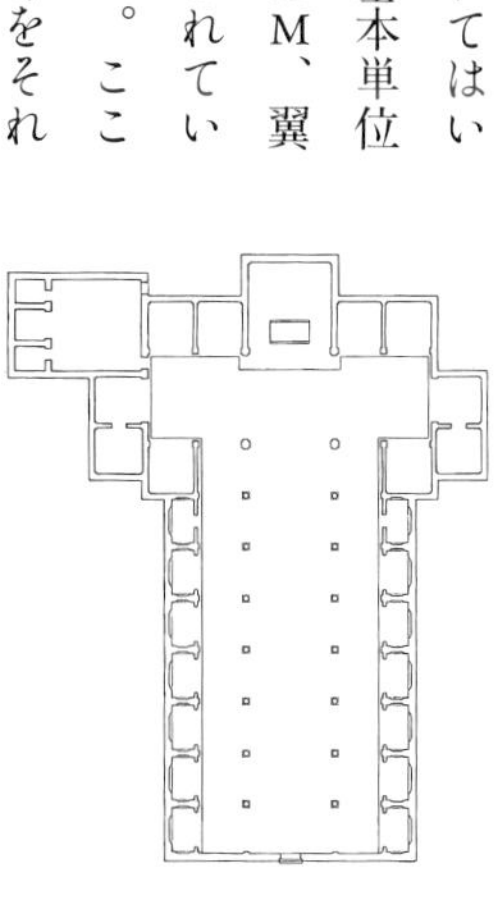
サン・ロレンツォ聖堂、復原平面図

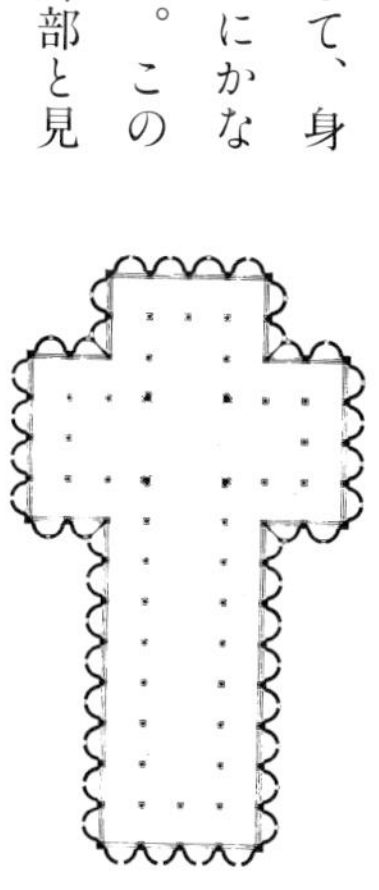
サント・スピリト聖堂、復原平面図

が、サンティッシマ・アヌンツィアータ広場に面したように、外部にむかって構成された列柱廊と類似した関係を組み立てる。この身廊の奥へむかう深さがバシリカ形式の空間的な特性でもあるのだが、両側廊の構成、さらには深さの表現に、透視図法の意図的な適用がはかられている、とみるのは、G・C・アルガンである。[*1]

ブルネレスキがこれらの聖堂の設計に着手するまでに、支配的であったゴシック建築においては、その細部のすべてにまで全体が浸透しつくしている。個別の細部は大小、長短のサイズや形態の特性にいたるまで、個別の意味をもち、それが、神学的宇宙観の一部に位置づけられている。「すなわち、我々の眼は、興味をひく精緻な装飾によって強調された最も小さな細部から、全体の無限の広がりの効果までを途切れずに追ってゆく。小宇宙と大宇宙、唯名論的な個体主義と百科全書的全体主義である。しかし、この途絶えることのない連続性からは、比例あるいは均衡のあらゆる可能性が排除されてしまう。建物全体が、透視図法に照らして見ると、小さな細部の集まりとして枠の外へ無限に広がっているように思われる。[*2]」

つまり、ゴシックにおいて欠落しているのは、ヒエラルキーを生む分節作用である、というのである。「分節」こそが、後にアルベルティの古典主義理解の鍵概念にまでなるわけだが、神または天にむかって、すべての細部がひたすら唱和しているかのようなゴシックの空間には、これを分割し、調整を加えるような意図をもったデザインが割りこむ余地はない。透視図法が、アルベルティが「視覚のピラミッド」と呼ぶことになる視線の束を消失点にむかう線の集合体に分割し、その距離を無限遠点と画面との間に生ずる比例によって区切っていくものであるとした場合に、たしかにゴシックの個別の細部がそれぞれ固有

＊1　G・C・アルガン　浅井朋子訳『ブルネッレスキ［ルネサンス建築の開花］』鹿島出版会　Giulio Carlo Argan, "BRUNELLESCHI", Arnold Mondaobri Editors S.p. A Milano

＊2　アルガン　前出書　九七頁

の名前をもち、いっさいの抽象化を排除してしまうならば、その細部はすなわち全体に直結されているのであって、あらたにそれに分節の区切りをいれることは意味をなさない。透視図法はここでは明らかに異質な方法による介入である。アルガンはその過程を次のように述べる。「あの調整法が、力を分類し、重さと圧力の中点を規定し、等しい要素に等しい間隔を一致させる透視図法となるのである。この過程こそが、後にマルシリオ・フィチーノが認識の典型として精神が肉体に縛られている限り、世界の認識が精神の目的であるとした過程であり、『肉体の中にある精神は個から種へ、種から理念へ移行する』ということである。*」

すなわち、透視図法的な分節化が導きだす事物の抽象化現象をもたらす古典主義的な建築原理が、ゴシック建築に加えた基本的な批判であり、方法的な逆転がここで成立したのだということもできる。大宇宙と小宇宙、全体と細部が直結していたゴシックは、後に、「神が細部に宿る」と語られるようになる原型的な思考の状態を提供してくれていた。これに亀裂が入れられる。全体はいったん等質なものの集合に還元され、それを分節によって再構成し、その結果として案出されたそれぞれの位置にあらためて細部が充当され、神が細部に降臨するのではなく、人間の手によって、その細部は意図的に創出され、規定されている。その手続きも明示され、仮にこれによって構成された空間内にはいると、その分節の過程を明瞭に感知できる。この可視化の全過程をつかさどるのが人間なのであり、彼をひとつの主体として、視線さえ彼の置かれた位置から発する。

サン・ロレンツォ、サント・スピリト両聖堂の内部空間は、すべての寸法が柱間のモデュールの倍数によって決められているだけでなく、円柱とアーチによって、この分節が明

＊ アルガン 前出書 九八頁

瞭に感知できるように寸法やデザインが決められている。むしろ、建築空間を構成する手続きが、そのまま可視化され、透明なシステムがそのまま露呈してしまったようにもみえる。その側廊を構成しているユニットは、柱頭までをとりだすと立方体、そのうえに半球体の部分がのせられているが、これは徹底した作図法上の経済法則に従っているともみえる。この立方体の連続とはいわば、透視図法を構成するひとつの単位だともみることができる。立方体、それは論理的に作図した空間であるゴシックの空間が奥行とか垂直方向への上昇といった線的な性格だけで構成されていたのにたいして、ここでは、三次元的に空間を実在させる形式を生みだそうとする。

この意図された三次元性を明示した空間がおそらく具体的に建築物として出現したのは、一四二八年に完成した旧聖具室であっただろう。サン・ロレンツォの全体計画でこの旧聖具室は、正面にむかって翼廊の左側にやはり２Ｍ×２Ｍのモデュールをもつ正方形の平面で付加されている。ついで、これとまったく対称の位置にミケランジェロの手になる新聖具室、すなわちメディチ家礼拝堂が付加されることになる。そして翼廊をとりまく八つの小さい礼拝堂は重要な檀家がそれぞれ建設に参加したことを示している。後になって、側廊に面したニッチも広くフィレンツェの家々に寄進を求めてつくられている。この旧聖具室の他にブルネレスキの存命中に完成したものは数少ない。サン・ロレンツォ聖堂はほぼ正確に図面に従って建設された、とされている。それでも、とヴァザーリは円柱の台座について言及する。側廊の外側の壁にはニッチが仕込まれ、そこには三段の階段がつけられており、そのニッチを構成するピラスターはその段のうえからはじまっている。これにたいして、円柱は、身廊側の床面から直接たてられているので、円柱よりピラスター

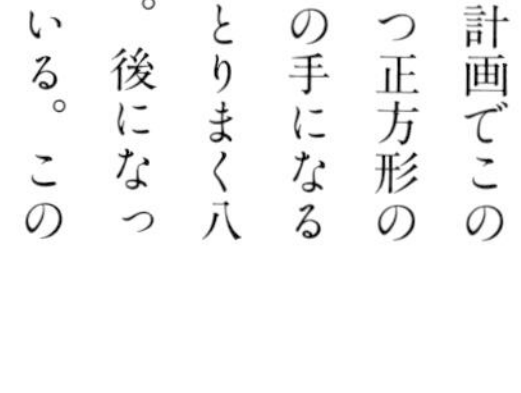
メディチ家礼拝堂、平面図

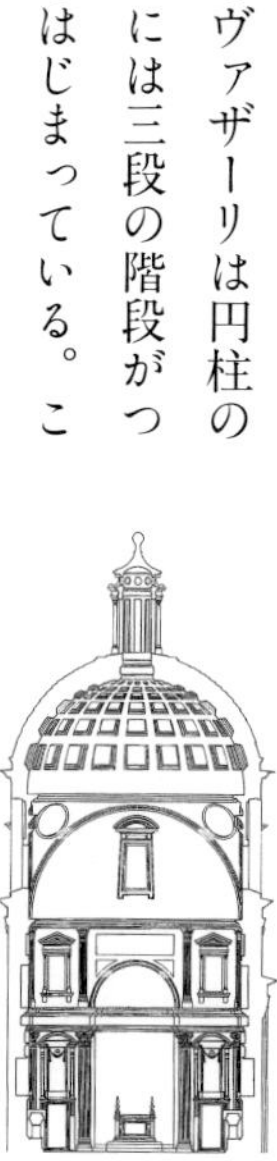
メディチ家礼拝堂、断面図

が短くなり、「この建物全体を片ちんばのようにしている。しかしこれらがすべて彼の後継者達の提言によるもので、彼らはフィリッポの名声をねたみ、生前数々の模型を彼に対抗して作ったにもかかわらず、フィリッポの創作ソネットのなかで恥をかかされた人たちであった。[*1]」

旧聖具室は確実にブルネレスキの手によって完成しているので、このような誤謬についての説は成立しないが、それは一六世紀のヴァザーリからみれば、当然の原理に基づいて成立していた古典主義的なデザインで、後年になって、ミケランジェロがこれを模範としながら自己流に変形を加えていくような、完璧な範例ともなった。「彼（ミケランジェロ）はフィリッポ・ブルネルレスキが作った旧聖具室を模倣したが、それとは違った装飾方式をも加えて制作しようとした。そして、古代や現代の芸術家たちがかつてなしえた以上の、多様で新しい手法で構成された装飾を作り上げたのである。彼は、非常に美しい軒蛇腹や柱頭、基部、戸口、聖龕、墓所を、まったく新たに作り上げた。尋常の方法で、ウィトルウィウスや古代のものに従って、比例、方式、基準で作り上げるのとはまったく違った風に——そういったものには頼りたくなかったからだが——作り上げたわけであった。その奔放は、彼の仕上げたものを見た人々に、それを模倣しようという気を大いに起こさせた。そして彼らの装飾には、理性や規則というよりは、グロテスクなものを合わせ持つ新たな創意が見られるようになったのである。[*2]」

ヴァザーリはミケランジェロの同時代人にむしろ近く、ブルネレスキはすでに一世紀以上も昔に仕事をした先達であったが、おそらくこのミケランジェロ伝の記述に自らの趣向を時代的な変遷をもおもんぱかりながら記そうとしたのであろう。一五世紀のブルネレス

旧聖具室、断面図

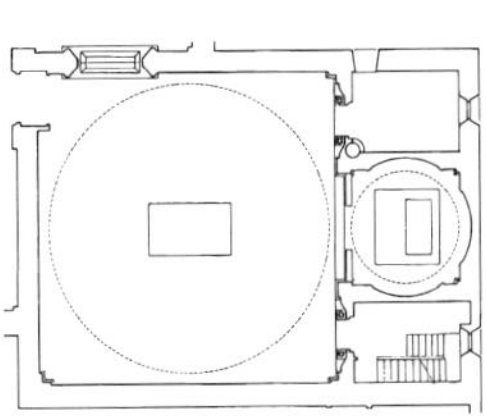
旧聖具室、平面図

＊1　ヴァザーリ　前出書　一三〇頁

＊2　ヴァザーリ　平川祐弘、小谷年司、田中英道訳『ルネサンス画人伝』二五五頁　白水社

キによる規範の設定、そして、一六世紀にミケランジェロがまったく相同の位置に加えた仕事が、この規範の変形においてユニークさを発揮するという、一五世紀／一六世紀のそれぞれの様式の対立関係を含む問題が、すでにヴァザーリによって活写されていることをまず私たちは承知しておいていいだろう。一六世紀の建築家、芸術家たちは、一五世紀までに確立された比例、方式、基準と「まったく違った風に」（ヴァザーリ）あえてつくろうとした。これは意図された方式でもあったわけで、この両者が、両翼廊の先端にあるというひとつの事実をとりだしても、サン・ロレンツォ聖堂の範例としての重要さが浮かびあがるだろう。

この範例は、幾何学としても、実に簡明な構成をもっている。平面形は、正方形である。中央にクーポラがのせられているが、その下端までが同寸であるから、立方体が基本になっている。そのうえに内接する半球がのせられる。直径が同寸である。そのクーポラを支持するために垂直の壁面の上部に半円アーチの刳形がつけられる。そのアーチの尖端が、クーポラの下端の円形リングを四点で支持している。そのアーチ相互とクーポラ下端のリングの間隔をペンデンティヴで埋める。ここにも円の刳形がつけられ、それぞれ端部が接している。その円と同サイズのものが、壁のアーチの内側にも描かれ、この円はメダイヨンとして、ドナテッロのレリーフをなかに入れているが、それがあたかも、円弧で区切られた空間内に浮かんでいるようにも見える。だが、その位置は決して恣意的でなく、確実に全体との関係性において決定されたことが一目瞭然でもある。

クーポラは、その中心にむかって、一二本のリブが円弧を描いて集中する。このリブの間が貝殻状のシェルで埋められ、その下部がめくりあがって、ここに円窓がスポットライトのように配される。中央部にランタンがたてられるが、これは六本の柱に集約され、その頂部にブルネレスキの特徴的なデザインとただちに認知されるねじれた屋根がのる。内部の空間は、それ故に、立方体の半分が基底にあって、その上部に幅広のコーニスをまわし、アーチからはじまるクーポラやペンデンティヴで欠きとられた立方体がこの梁と四隅の柱によって支えられていることを明示している。この空間は、明晰な幾何学のうえに、この構図だけで成立しているというべきで、ローマ時代の古典主義建築がもっていた空間の構成原理を、殆ど典型的なまでに継承しながらもいっさいの付加物をはらい落として、より論理化した範例が出現したわけである。ミケランジェロが新聖具室のクーポラを完成させたときの挿話をヴァザーリは伝えている。それはランタンをブルネレスキのそれと同様のかたちにし、背だけ高くし、あのブルネレスキの特徴ある屋根と競うのを意図的に避けたことについてであったろう。「違うようにはできるが、しかしそれより良くはできない」[*]。出現してしまった範例を眼前に置くと、逸脱するより他にいかなる手段を探りうるだろうか。

あらためて、サン・ロレンツォとサント・スピリトの両聖堂の平面を比較してみると、八列の上部にアーチをもつ列柱廊で構成する身廊、これに直交する正方形の翼廊と主祭壇がラテン・クロスを形成している点において共通しているが、もっとも異なるのは、その小祭壇のニッチの構成である。サン・ロレンツォでは旧新聖具室も含めて、翼廊廻りの中サイズの祭壇、そして、側廊の両側の小サイズのニッチ状祭壇が、一種のヒエラルキーを構成しながら周辺に増殖するようにとりついている。いっぽうサント・スピリトでは半円形のニッチがエントランスや主祭壇の背後にいたるまで、まったく機械的に取りまいてお

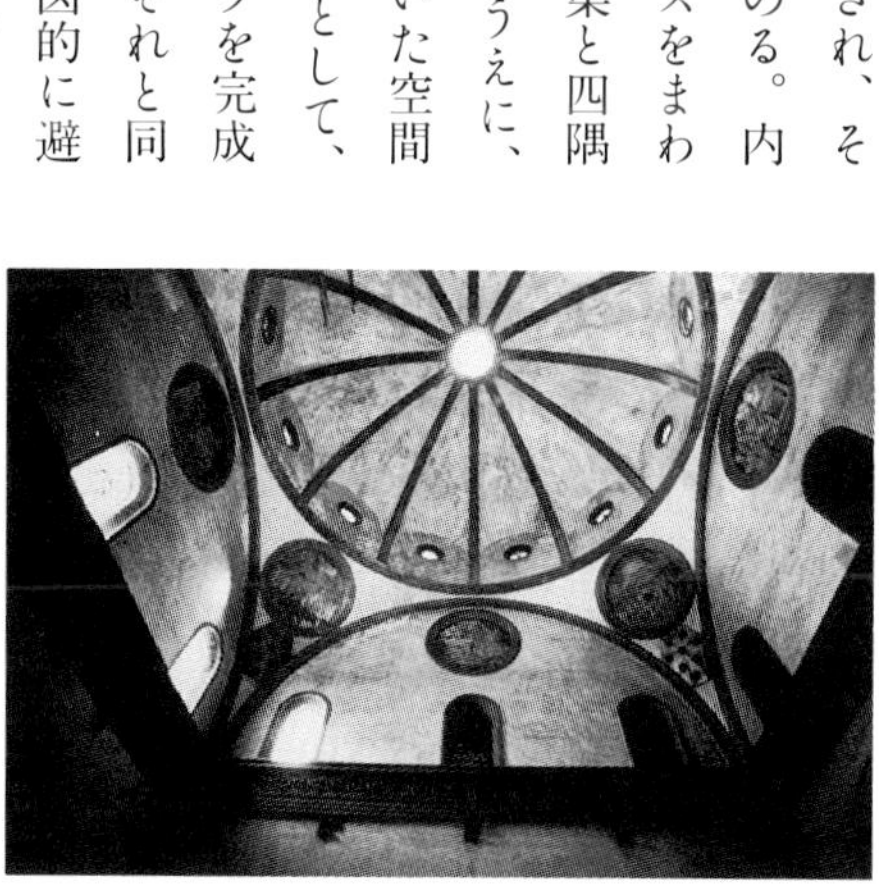

旧聖具室。正方形の平面のうえに、ペンデンティヴを介して円形平面の傘型クーポラが載る。
photo: K. Shinoyama

* ヴァザーリ『ルネサンス画人伝』二三五頁

り、これは付加されたものではなく、当初から全体の空間をシステマティックに構成する意図が明瞭に読みとれる。アルガンは、この両者のニッチのデザインに透視図法による表現の変化をみようとする。すなわち、サン・ロレンツォにおいては、身廊側の円柱の頭部をつなぐアーチと、奥の壁面にうがたれたアーチとは五対三の寸法関係になっており、透視図法的に奥行方向を強調する。これにたいして、サント・スピリトの両者の関係では同一の高さをもち、ピラスターもここでは突出して半円柱であるために、単なる奥行の強調ではなく、ニッチの平面が半円形のシリンダー状をして逆に奥行方向の所在を消去する役割もするので、鏡面にうつしたように、列柱による空間がひろがっているようにみえる。いいかえると、この内部空間は無限連続の列柱によって面的に構成されたものの部分が、ラテン・クロスによって切りとられたものであって、サン・ロレンツォのように、対面する二枚の壁によって生みだされた空間ではない。壁の存在感が少なく、円柱こそが、主役になっている。オリジナルの設計においては、外部にまで、このニッチの円筒が押しだされ、リズミカルな波のうねりをかたちづくることになっていたのを、後代において施工する際に平滑な壁でふさいでしまった。

　この二つの聖堂の計画に約一〇年の差がある。サン・ロレンツォはブルネレスキの四〇歳代中期の仕事であり、サント・スピリトは五〇歳代の中期である（ついでながら、集中式聖堂の典型ともなったサンタ・マリア・デリ・アンジェリは彼の六〇歳前後の設計である）。この一四二〇年代はブルネレスキの後に新しい才能がフィレンツェに出現して、芸術の全領域に革新的な仕事が展開しはじめているとされる。そのなかでも、一四二〇年代の中期にあらわれたマザッチョは、いまサンタ・マリア・ノヴェッラ聖堂に置かれている

メディチ家礼拝堂、天井見上げ
photo: K. Shinoyama

『聖三位一体』(一四二六)を制作する。これはブルネレスキが開発した透視図法に厳密に基づいて、ちょうど、サン・ロレンツォに類似した側廊の祭壇が描かれている。ヴォールト天井を四隅の円柱が支えるなかに、キリストの磔刑図が父、聖霊、子、マリア、ヨハネの関係を距離的に復原できるまでに正確に表現している。ハイデンライヒはそれを、「この創作をもってマザッチョはブルネレスキの同質の弟子であることを証明した。五〇歳の老練の建築家は二五歳の画家のうちに理想の解釈家を見出したのである」[*1]という。旧聖具室も含め、サン・ロレンツォ聖堂は、殆ど裸形のままに、新しい古典主義建築の原理を、透視図法を背景にして、可視化した。マザッチョはそれが新しい空間の表現へと展開できることを具体的に示した。その結果がブルネレスキをさらに前進させる。アルガンは次のようにそれを記述する。

「――フィリッポをして面の連続する断面としての図式的構成から、空間の造形的集中への移行、あるいは、あえて言うなら、純粋に観念的な古典主義から歴史的な古典主義への移行を可能にした新しい経験は、従って、ローマのそれではなくフィレンツェの経験である。マザッチョの絵画の経験こそが、ブルネッレスキの理論的な課題とドナテッロの写実主義の課題の間の初期の対立を、深い倫理性において解決したのと同じ経験なのである。空間の『投影』に続く『中心性』が空間の中心にいる人間、つまり傍観者としてではなく俳優としての人間を考えることであり、空間を見られたものとしてではなく人間行為の次元として考えることに他ならない、と付け加える必要はないであろう。」[*2]

＊1 ルードヴィヒ・H・ハイデンライヒ 前川誠郎訳『人類の美術／第一九巻―イタリア・ルネッサンス 1400〜1460』二七一頁 新潮社

＊2 アルガン 前出書 一四四頁

デミウルゴス／建築家

アルベルティの『建築論』は明らかにウィトルウィウスの『建築書』を下敷きにしたであろう。彼に先行したブルネレスキはこのウィトルウィウスの内容を知らなかった。アルベルティの解説によって学んだとされている。いずれにせよ、アルベルティの著作が完成したのは一四五〇年頃とされ、それが図版入りでフィレンツェで出版されたのは一四八五年になってからであった。ウィトルウィウスの註解が出版されるのは一六世紀にはいってからである。アルベルティは自著のなかで、しばしばウィトルウィウスの著作についてふれている。なかでは彼の文体についてコメントまでしている。

「――それは疑いもなく、きわめて経験豊かな者の著作である。しかし、いかにも長い年月に痛めつけられ、ぼろぼろになって、多くの箇所で欠落があり、大部分を欠いた箇所も多い。その上、彼はあまり教養高い文章を書いていなかったのである。たとえばギリシャ語と見なされたかったのであろう、とラテン人はいい、ギリシャ人はラテン語で述べられたもの、と告げる。さらにその書に示される事実そのものは、ラテン語でもギリシャ語でもなかったことを証しており、われわれに理解できないように書かれた訳で、われわれにとって、彼がそれを書かなかったに等しいほどである。*」

いきなりこんな箇所を引用したのは他でもない、アルベルティがこの本を書くにあたっ

＊ アルベルティ 前出書 第六書第一章「著作意図の再確認」一五七頁

て、彼は人文主義者として、テクスト・クリティックを常に意図しながら、自著を編成している点を指摘したかったからに他ならない。おそらくアルベルティは自説の理論展開の多くをウィトルウィウスに負っていることは、十書（章）という構成、その章における主題などが幾分のズレを生じてはいても殆ど共通している。ウィトルウィウスが第九書を星座の説明に充当している点だけは完全に省略している。測地法が完全に変化してしまったからである。

後年になって、レオナルド・ダ・ヴィンチやフランチェスコ・ディ・ジョルジョが、ウィトルウィウスの挿図を描く。それは正方形と円形に人体が内接したもので、ルネッサンス的人体像とでもいうべき象徴的図像である。これは、ウィトルウィウスが、建築の構成原理として比例をとりだす根拠に、人体を充当したことに由来する。勿論アルベルティにも同様の記述があるのだが、その記述の順序が逆転している。

ウィトルウィウスが建築の三原則を用・美・強としたことはよく知られている。その美の記述がはじまるのは第三書、神殿のシュムメトリアにおいてなのだが、それを人体比例論からはじめている。美的判断の根拠を最初に明示している。だがアルベルティはこの人体比例については、すべての記述が終わる第九書の殆ど最後に置いている。その後は建築家心得だけである。第十書は修復や土木治水についてで、技術的な記述にとどまる。

アルベルティにとって、美的判断の基準を定めることがこの「建築論」の全体の記述においてもっとも重要な課題であった。第六書の装飾にかかわる部分は、いきなり先に引用したウィトルウィウスの文体批判にはじまる。そして、「美とは特定の理論的方法を伴った、あらゆる構成部分の均整であり、劣悪化なしに、それらの部分の何一つ増、減あるいは移動できないほどのものである」[*1]と定義する。《均整》を成立させるためには、《割り付け》または《分節化》が重視される（第六書第五章）。その後に、七、八、九各書において建築型ごとのデザイン論を展開する。柱頭のオーダーについても、ここで充分にのべられる。そして、エンタシスの説明にいたっては、これが必ずしも文献にのみ依存していないとして、「以上のことは古代の書から引用して案出したのではなく、注意し研究して、最高の諸作品から観察してきたものである」[*2]と自らの正確さを自負もしている。そして、第九書第五章、つまり、デザイン論のほぼ末尾にいたって、「われわれは最も熟達した古代の人から忠告されている。すなわち建物は動物のごとくであり、その輪郭を決めるに当っては自然を模倣すべしと」[*3]と名ざしてはいないがはじめて、ウィトルウィウスの人体比例論に言及する。後にふれるように、ウィトルウィウスの人体比例は、ひとつの典型を抽出して、これに決定づけている。だが、アルベルティは、その人体でさえ、「繊細でやせ形」であったり、「小太りで活気に満ちて」いたり、「筋骨が隆々として無骨な拳闘士」のようであったりして、まちまちなのに、そのなかから、理想の肢体を見いださねばならない。その理論的な判断の基準として、「数、仕上面の輪郭と呼ぶもの、および配置である。しかし、これらすべてが固く合し組み込まれた場合には、さらに何かあるものが有り、それによって美しさの全貌が不思議に際立つ、その何かを均整と呼ぼう」[*4]という。そして、美についての判断基準を定義する。すなわち、「美は諸々の部分の合致と、それらが属しているものへの共鳴であり、特定数、輪郭決定および配置を通じて、また均整、すなわち自然の絶対的な第一の理論的方法が、要求したであろうようにして、もたらされた。建築はこの均整そのものを可能な限り追求するが、これによって威厳と優美と権威を獲得し、また評

＊1　アルベルティ　前出書　第六書第二章「美と装飾」一五九頁

＊2　アルベルティ　前出書　第六書第十三章「円柱とその輪郭線」一八五頁

＊3　アルベルティ　前出書　第九書第五章「美と特性、数、輪郭決定、配置」二八二頁

＊4　アルベルティ　前出書　二八三頁

価もされる」[*1]。そして、先に示した決定的な人体像の確立を保留したことと、三つのオーダーを結びつける。

「――その一つは太めで重圧に適し、永続性にも優れたものであった。これをドーリス式と名付けた。他の一つは細長く最も優美なもの、これをコリント式といった。一方中間のものはほぼ両者の性質を纏めたものでイオーニア式と呼んだ。[*2]」

それを最終的に柱高比と理解せねばならず、彼は次のようにまとめる。

「――ところで円柱を立てる形式と計量は三種あり、それぞれの肢体が異なるように区別されたが、ともに美を求めていたといえよう。すなわち、人体を観察し、それに似せて円柱そのものを作るべきだと考えた。こうして人体の計測に基づき、横腹の左右の幅は身長の六分の一、臍から腰までは十分の一であることを知った。このことは現今の聖書研究家たちも気付いており、大洪水の箱船は人の外形によって作ったと主張している。[*3]」

このアルベルティの記述を、ウィトルウィウスと比較してみると、基本的な違いがある。それは、原理からの演繹にかかわる。ウィトルウィウスは人体比例論とシュムメトリアを手がかりに、すべての記述がこの原理を参照するかたちで進行する。それにたいして、アルベルティは、技法の系として利用可能な部分の記述が先行し、その原理へ集約す

＊1　アルベルティ　前出書　二八四頁

＊2　アルベルティ　前出書　二八四頁

＊3　アルベルティ　前出書　第九書第七章「柱高比、配置」二九〇頁

ることを避けている。三つのオーダーが人体の比例にかかわることは述べているが、それが全体を統合する中心に置かれた原理であるとはいっていない。シュムメトリアについては無視している。これにたいして、ウィトルウィウスはシュムメトリア、すなわち部分の構成要素が、常に比例の関係をもって全体と関連している状態を組み立てることを理想として、これに人体をアナロジーとして充当する。

「――神殿の肢体は個々の部分を総計した全体の大きさに最も工合よく計測的に照応しなければならぬ。人体の中心は自然に臍である。なぜなら、もし人が手と足を広げて仰向けにねかされ、コムパスの先端がその臍に置かれるならば、円周線を描くことによって両方の手と足の指がその線に接するから。さらに、人体に円の図形がつくられるのと同様に、四角い図形もそれに見いだされるであろう。すなわち、もし足の底から頭の頂まで測り、その計測が広げた両手に移されたならば、定規をあてて正方形になっている地面と同様に、同じ幅と高さがそこに見いだされるであろう。[*1]」

「――それ故、このように自然が人間の身体を、肢体がその総計である全体の姿に比例的に照応するよう、構成したとすれば、昔の人たちは、建物を造り上げるにあたって一つ一つの肢体が全姿の外観に対して通約的（共軛的）正確さを保つよう、十分な根拠をもって定めたのだと思われる。それが、かれらはあらゆる建物に秩序を行き渡らせたと同時に、特にその出来栄えの称賛も非難も永久に続くのが常である神々の殿堂にこの秩序を行き渡らせたのである。[*2]」

＊1　森田慶一訳注『ウィトルーウィウス建築書』一三三頁　東海大学出版会

＊2　同右　一三三頁

このようにして、人体の比例と有機的構成に美的な根拠を求めたウィトルウィウスは三つのオーダーを、ドリス式を青年、イオニア式を婦人、コリント式を娘の姿態と関係づける。* レオナルド・ダ・ヴィンチが描いた印象的な図像を前にして、私たちは、殆ど直観的に、人体像と、正方形および円形の内接する関係を感知する。これは、ここに引用したウィトルウィウスの記述をそのまま図示したのだということができる。殆ど同様な記述がアルベルティにおいてみられながら、この人体像の幾何学との関係については欠落している。おそらく意図的に省略したのであろう。それがアルベルティの視点のユニークさである。彼はしばしば自然を参照することを説いたので、非プラトン的といわれることさえある。だが、アルベルティは具体的な人体像をアリストテレスのいうミメーシスとしてはとらえなかった。むしろ、ピタゴラス派の数学的分析によりその根拠を移したと考えるべきであろう。彼は、美の目標を《均整》におく。ウィトルウィウスがシュムメトリアを全体を貫く有機的関係をもつ《比例》と考えた点では同様の構図をもっている。古典主義的思考として私たちが理解している基点である。この《均整》を成立させるのに、第六書では、《割り付け》または《分節化》を挙げ、第九書においては、《数》の《輪郭決定》とその《配置》が決定づけるとする。この両者は、《数》の比例的展開にかかわっている。いうならば、人体のミメーシスとしての具体的な像など必要なかったのであろう。第九書の第六章では、《数》についてさらに細かく音楽との関連などを補足してさえいる。三種類の人体像と三つのオーダーが対応している、という説明は、ほとんど申し訳のように、その後章に付加されているにすぎない。

アルベルティの『建築論』が一四五〇年頃に成立したことをもういちど考慮してみる

＊同右　一七三頁

ウィトルウィウスの三つのオーダー。ドリス式＝青年、イオニア式＝婦人、コリント式＝娘を表す。

と、この時期に、ブルネレスキはすでに没していたが、古典主義を方法化した建築が成立しつつあることは衆目一致しており、自分自身もまた、設計の実施を開始して、殆ど古代ローマの完全な復原ともみえるリミニのサン・フランチェスコ聖堂（一四五〇）をデザインしていたが、その著作の意図は、古典主義的建築と呼ばれるようになる動向を、人文主義の視点によって整序することを意図したことである。アンドレ・シャステルが三つの人文主義と呼ぶ《古碑銘研究的・考古学的な》、《文献学的・哲学的な》、《数学的な》のそれぞれの性格をアルベルティは等しい射程におさめていたようにも思えるが、とりわけウルビーノにその中心をもっていたといわれる《数学的な》人文主義に強いかかわりがあったために、人体比例説は、殆ど無視されたとみる方がいいのかも知れない。

おそらくその二〇年か三〇年後、一五世紀後半の中期というべきか、ウィトルウィウス的な人体像が、まずフランチェスコ・ディ・ジョルジョによって描かれた。そして、その写本を所有していたレオナルド・ダ・ヴィンチが、おそらくより正確に描く。この両図の違いは、前者では、円が正方形に内接し、人体像が、すこし窮屈な姿勢でさらに内接している。後者では、正方形にたいして、円は下端と正方形の両肩で接しているので、円が迫りあがっている。臍が明瞭に中心点になっている。頭の頂部が、前者では、円と正方形の上辺の両方に接しているから窮屈になったので、後者では、頭は円とは接してない。その後、数多くのヴァリエーションが描かれるが、やはりレオナルド・ダ・ヴィンチのものがもっとも適切であると考えられる。このウィトルウィウス的人体像の大量の出現は、ウィトルウィウスの原本の伝播と軌を一にしているわけだが、フランチェスコ・ディ・ジョルジョ（一四三九―一五二〇）と同時代の人文主義者、マルシリオ・フィチーノ（一四三三―一四

＊ アンドレ・シャステル 高階秀爾訳『人類の美術／第八巻―イタリア・ルネッサンス 1460–1500』四一頁 新潮社

九九）があらためて、それらの諸説間に架橋する。

ここでプラトンの『ティマイオス』で語られている宇宙の創造主、デミウルゴスが重大な役廻りをもつ。プラトンのいうデミウルゴスは、造物主であると同時に、工匠であり、建築家であった。彼はこの宇宙を職人のようにかたちづくった。「その有用性、その秩序、その美によって、世界は聖なる匠の存在を証明する。そして我々に神が世界の建築家であるという明証を与える」*と、フィチーノはいう。そして、彼はアルベルティのいう美の創造者としての建築家の役割を、宇宙の創造者である神の役割にたとえる。デミウルゴスたる建築家は、宇宙の創造者としての神の位置に押しあげられることになる。そして、天球としての宇宙の説明が『ティマイオス』とのかかわりにおいてなされていく。それは神の在る位置をさし示す。

「――神はあらゆるものの中心である。と言うのは神はあらゆる存在のなかで、存在そのものの内在性よりも内的なものであるから。それはまた同時に世界の周辺である。と言うのは神は万物の外にあり、各存在の頂点を威厳をもって凌駕するその瞬間において、全存在を超越するからである。神はすべてのものにあるがゆえに中心であり、万物の外にあるゆえに周辺である。神はまた万物の周辺であるゆえに万物の全体のなかには含まれず、万物の中心であるがゆえにその全体の外にあるものでもない。それでは神とは何であるのか？　その中心が至るところにあり、その円周がいずこにもない霊的な円である。しかしこの聖なる円が宇宙のいずれかの部分において、その活動のために想像上の、あるいは可視的な場を所有するとすれば、それは神が支配し給うところの中央にお

＊ アンドレ・シャステル　森芳樹訳『ルネサンス精神の深層』一〇八頁　平凡社

いてであろう。それはちょうど王が都市の真中におり、心臓が肉体の中枢にあり、太陽が惑星の中心にあるが如くである。神がその幕屋を定め給うたのは太陽のなか、第三の本質においてなのである。[*1]」

フィチーノはデミウルゴスの比喩を拡張する。造物主が宇宙をつくったように、芸術作品はその作者（建築家）によって生まれる。神＝造物主＝建築家＝人間、この等式が、いずれも円形の運動の中心、にあるものとして、作動する状態を思い浮かべる。

「――いかなる方法によって、あるいはどのような過程で、芸術作品が老練な芸術家によって仕上げられて行くかということは、それと同じくらいの芸術的叡智をもった人間でないと理解できないということを、とりわけ心得ておく必要があろう。しかしながら、このような叡智と同一のものをもつことによってこのような理解に達したものは、作品の機構を把握したあとで、自分に必要な手法をもっているなら、それを再現することも可能であろう。ところで人間は諸天の秩序、それらの運動の起源、それらの前進運動、それらの間の距離や個々の運動などを充分に見てきた。それゆえに人間が――このように言うことが許されるなら――造物主と同じ天才をもつことを誰が否定できようか。もし人が道具と天界の素材を所有するならば、諸天を作りうるであろうことを誰が否定しようか。人はその固有の手法によって、また別の手法ではあるが同じ原理によって、それらを作るのではないだろうか。[*2]」

「もし神の叡智というものが全宇宙の存在条件であるとするならば、生けるもの死せる

＊1　シャステル　前出書　一一〇頁

＊2　シャステル　同上　一一四頁

ものを問わず、宇宙の全存在に心を配る人間はおそらく一種の神であろう。人間はみずからが使用し、支配し、飼いならす禽獣たちの神である。彼はそこに居住し、資源として用いる四大の神である。彼は自分が手に取り、手を加え、変形するあらゆる物質的存在の神である。そしてこのようにかくも多くのものを物理的に支配し、不死の神の座を保有するこの人間という存在は、疑いもなくまた不死なのである。*」

神＝造物主＝建築家＝人間の図式が完了する。それをあらためて、レオナルド・ダ・ヴィンチの描いたウィトルウィウス的人体像に重層させてみる。そこには完璧な幾何学的図形として、正方形と円形がある。その円の中心に神でもある人間が位置している。その人間は、円の内側にいることによって、彼の視線の発生する位置が決められる。その周辺に編成されるのは、もはや透視図法的空間しかあり得ない。そして、この人間が美的判断の基準を構成する《分節》を、ピタゴラス的な《数》に求めているとするならば、これはすなわちアルベルティの説く理論そのものでさえある。《数》に基づく階梯が人体の《分節》とその内部を支配している宇宙的法則としての《比例》において統合される。主体から放射される視線のピラミッドで透視されている空間が、そのまま円形をした宇宙の中心に位置した神＝人間の視線となる。これが、古典主義の建築の論理化の過程で組み立てられた図式であることにあらためて注目せねばなるまい。この古典主義的建築にとってシュムメトリアの論理が全体を貫通することで、ここに《比例》をもった諧調が出現するとするより抽象化された《数》の重視、いいかえると、人体像のアナログよりも、《数》のディジタルな展開こそが重視されるのだが、それでも、あのウィトルウィウス的人体像は、そ

＊ シャステル　同上　一一五頁

袖廊の眺め

photo: K. Shinoyama

の両者が統合されてもいることを直観させる役割もはたしたのである。

この関係は古典主義＝アンソロポモルフィズム（人体像形象主義）という今日にまでおよぶ支配的な問題となる。人間が神の位置に据えられる。唯一者として、逆に世界を支配する。ロゴ・サントリスム、男根中心主義、西欧中心主義……とあらためて人間に替えて、その代理の概念を中心に置く、そして唯我論へと通底する主体が生みだしつづける問題の契機が、アンソロポモルフィズムとして出現することになる。

舞台装置家／建築家

伝フランチェスコ・ディ・ジョルジョとされる数枚の都市の街区を描いた版画があり、しばしばルネッサンスの理想都市の例として引用される。いずれも街路上の眺めである。グリッド状の街区ぞいに景観をひきしめる町家を両側に配して、中央は広場になっており、ここに円形、八角形あるいは凱旋門、独立する彫像などがそれぞれに建っている。これがフランチェスコ・ディ・ジョルジョあるいはその周辺にいたものの手によるとされるのは、彼自身の手稿のなかに理想都市のプランがあり、周囲は防御上の城塞となっているが、いずれもがグリッド状のパターンをもち、中央に広場をもっている。そのプランの光景を透視図法によって立ちあげたようにみえるからである。だが、あるいはこの理想都市の図は理想都市の構想などではなく、舞台装置のための下図だったのではないか、とも考えられる。この時代、都市の中心にある広場は祝祭のための催しのなされる場であった。同時に演劇的なものの上演もこの広場でなされていたわけだから、その光景を舞台装置に組み立てることは充分に想像できよう。そのモデルは古代の劇場にあった。半円形劇場において、舞台の背景をなしていたのは建築物のファサードである。それは劇場に固定されたものとしてデザインされていた。その前の舞台はちょうど、建物の前にある広場そのものである。フランチェスコ・ディ・ジョルジョの時代から約一世紀を経て、パラディオがテアトロ・オリンピコの設計をしたとき、舞台の背景は半円形劇場と同じく街並であり、舞台を広場と見立て、街路が透視図法によって奥行が強調され、あの独特の放射状の平面をもつ舞台背景が生まれた。都市の広場は、すなわち劇場の舞台であった。実在する広場であるとともに、それは想像力で組み立てた理想の都市の光景でもあった。机上にしかない建築が、ここでは実在するかのように描かれることもできた。

そこで、都市の広場や街路に面する建築は、いわば舞台背景ともなりうるようなファサードをもたねばならなくなる。街区の一部を占める建物は道路に接した側に面的なファサードをもたされる。円形や八角形のような独立型の建物は、すべての面がファサードになる。サン・ジョヴァンニ洗礼堂がブルネレスキによって透視図の研究対象にされたのは、多角形の平面で、独立した立体であったためであろう。彼は生前に自ら設計した建物の全面的な完成に立ち合うことがなかった。いずれも設計はなされていながら、その工事は遅延していた。この遅延だけが理由ではないが、結局ファサードを彼はまったく設計しなかったのではないかと思われる。ただひとつパッツィ家礼拝堂のファサードが実現している。最近ではこの部分でさえミケロッツィの手によったと考えられている。サン・ロレンツォ聖堂のファサードもそのひとつで、工事を途中からミケロッツィがひきついだものの、五〇〇年後の今日でも、まだ未仕上げの煉瓦の壁のままである。

メディチ家出身の法王レオ十世が即位して、このファサードのデザインの競作が行われた。一五一五年頃である。ミケランジェロの他に、ヴァザーリはアントニオ・ダ・サンガッロ、アンドレアおよびヤコポ・サンソヴィーノ、ラファエロの名前を挙げている。ここに名前のない建築家のうち、レオナルド・ダ・ヴィンチはその手稿中に、このファサードらしいスケッチを残しており、ラファエロには、アリストテール・ダ・サンガッロの案らしきものをコピーしたものがあり、そこからラファエロ案の復原もされている。[*1]だが実際に残っている案はここに名前のないジュリアーノ・ダ・サンガッロのもので、これはおそらくユリウス二世のために計画されたもので、この競技に先行したものだった。二案あり、いずれもが中央の身廊部にペディメントをのせた三層構造で、ひとつの案はこれが段状を呈している。他の案は二層部分を横にひろげ、大きく一層にして、中央のペディメントを頂部にもつひとつのものとし、側廊が左右につき、その上部に渦状の端部をもつ擁壁をとりつけたもので、構成の原則は、アルベルティのサンタ・マリア・ノヴェッラ聖堂に近いが、ここでは円柱とコーニスによる分節がもっと明瞭にみえている。

ジェームス・アッカーマンによると、ミケランジェロは当初このファサードの彫刻を監督するように雇われたし、他のものは建築家としての案を求められていた。[*2]にもかかわらず、この全体の計画が最後にはミケランジェロに全部任されてしまう。これには法王の意志が働いていた。単なる建築的要素で構成されるファサードではなく、その構成要素を額縁として、実は巨大な彫刻の群で全体を飾ることが求められたためである。一五世紀を通じて、建築は中世の多様な群像によるイコノグラフィカルな表示によって外壁を装飾することから、古典主義の原理にたちかえり、建築の構成要素をむしろ抽象化し、その比例の

ラファエロ、サン・ロレンツォ聖堂ファサード案

＊1　Manfredo Tafuri, 'Progetto per la facciata della chiesa de San Lorenzo, Firenze, 1515–1516', "Raffaello Architetto", Electa Editrice, p.170

＊2　ジェームス・S・アッカーマン　中森義宗訳『ミケランジェロの建築』彰国社　James S. Ackerman, "The Architecture of Michelangelo", The University of Chicago Press

関係が明示されるように変化してきたし、アルベルティの一連の建築的ファサードはすべてこの方向でデザインされていた。ミケランジェロは、先法王ユリウス二世の墓廟の計画などを通じて、彫像と建築的構想との統合をはかっており、サン・ロレンツォ聖堂のファサードはそれを都市的スケールにまで拡張するものであったので、むしろミケランジェロの資質にそっているとみられたのであろう。

ミケランジェロは最初、ジュリアーノ・ダ・サンガッロの先行する案を下敷きにするスケッチをしている。この案は元来、たとえばパルテノンのフリーズやペディメントにみられるように、壁体に多量の彫刻をとりつけようとするパヴィアのチェルトーザ聖堂のファサードと似たものであったが、ミケランジェロのスケッチは、建築の全体構成についてはあまりふれずに、むしろ彫像を収める位置をさがしているといえる。そして、最終的に今日、模型として残された案になるわけだが、ここでは壁体が大きく成長し、殆ど一枚の四角い壁体になり、勾配のゆるいペディメントが、その身廊の位置を暗示しているだけである。

壁が全面にひろがることは、これが石材と彫像で構成された状態を想像すれば、圧倒的な力を発散したであろう。最終的にこの面が、垂直の柱と水平に走るコーニスで分割され、その間に壁龕が収められる。また大きい格間には縁取りしたパネルがとりつけられ、これらに彫像がはめこまれることになるはずだった。ミケランジェロはカラーラに出向いて石材をきりだしている。だが、レオ十世が急逝することで、この計画は中断してしまった。

ファサードは建築にとってはひとつの仮面である。ブルネレスキのように、内部のシス

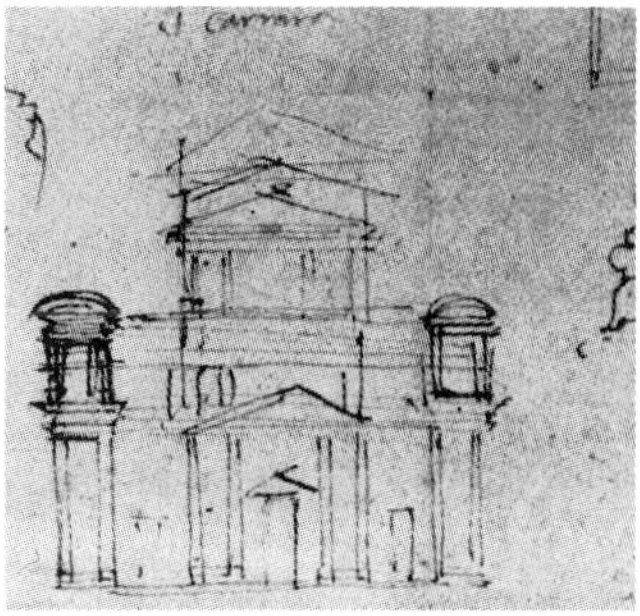

ミケランジェロ、サン・ロレンツォ聖堂ファサード案

ミケランジェロ、サン・ロレンツォ聖堂ファサード案、最終計画案

テムをじんわりと外に押しだしたままの状態で放置してしまえば、仮面とはいえない。むしろ内部と外部の空間の一貫性、等質性が表示される。だが、意図してファサードが、建築の都市へむかう顔だとみれば、そして、その顔がその前で演じられる祝祭や演劇や日常的な都市生活にとっての舞台背景であるのだと考えると、ルネッサンスの時代に多く描かれていた建築物を背後に組み込んだ絵画が意味しようとしたものが浮かびあがってくる。古代の物語であろうが、聖書の一挿話であろうが、その事件の光景がいずれも理想的に復原された古代都市の街角において発生したかのように描かれる。回廊もバルコニーも、背後にみえる建物のファサードも、いずれもが、これらの事件の起こっている舞台＝街頭の背景をかたちづくることになる。だから、建築家は、アルベルティ以後は都市という舞台の装置家でなければならなかった。アルベルティは教会堂のファサードにローマ時代の凱旋門をモデルとして、バシリカの身廊・側廊の関係をそのまま表示しようとした。これにたいして、ブルネレスキがサント・スピリト聖堂のファサードで意図したのはラテン・クロスの身廊と側廊の外側を全面的に半シリンダー状のニッチの列で取り囲んで、内部の円柱列の生むシステムが、鏡面効果のように無限に展開することを意図したので、エントランスでさえ、そのニッチのうちの四つがたまたま扉に転用されている状態を想像していたといわれる（今日のサント・スピリトの外周エレベーションはまったく通常のものに変更されてしまっている）。それは内部のシステムの自然な流出である。オスペダーレ・デリ・インノチェンティの列柱回廊がサン・ロレンツォの側廊にそっくり転用されていることの逆がなされたわけで、一五世紀の後半以降のファサードに対する一般的な関心は彼が仕事をしたその世紀の前半にはまったくあらわれていなかった。おそらくファサードにたいする。

サン・ロレンツォ聖堂の未完のファサード。手前、メディチ家の紋章のついた台座の上にはジョヴァンニ・ダレ・バンデ・ネーレの座像がある。
photo: K. Shinoyama

る関心が重要な建築的課題に登場したのが、人文主義による思想的な転換のあげくである。その理由として挙げうるのは、常に古代の古典主義建築のうち、記念的な性格をもっていた神殿や凱旋門がモデルにされたことであろう。ミケランジェロによる未完となったサン・ロレンツォのファサード計画は、この都市における建築の仮面性を徹底するものであった。聖堂の基本計画をつくったブルネレスキにファサードを意識した形跡がなく、もし彼の方法を忠実に展開すれば、身・側廊をもつバリシカ形式の建物の断面が、そのまんま切断されたように露呈させたままでよかっただろう。せいぜいパッツィ家礼拝堂のように、回廊を付加するだけでいい。だが、次の世紀にはいってみると、ファサードはあらためて芸術家の総力を懸けるべき新しい建築的主題となって登場する。アルベルティが凱旋門モデルを効果的に内部の構成と調整するべく努力をしていたのにたいして、ミケランジェロは、そんな内部空間との関連性などを無視して一枚の巨大な壁が都市の広場に対抗する状態を強調するだけでなく、《過剰》の状態にまでこれを拡張した。当然ながら背後にひかえる建築空間とは断絶し、自立しながら外部としての都市広場へ、その顔をむける。それは建築にとっての仮面である。ここにはブルネレスキの骨組みの表示も、アルベルティの工法との調整もない。都市を装飾するための記念性がクローズアップする。メディチ家出身の法王であるレオ十世が、その出身の家族の菩提寺のファサードをミケランジェロというひとりの芸術家の手にゆだねることにする。彼は建築的な構成要素を、自ら制作するであろう彫像をとりまく額縁であり、一五世紀を通じて絵画の主要な背景をかたちづくるべく、舞台装置のように描かれていた背景と考える。彼の彫像はすくなくとも等身大以上になる。ドナテッロが聖堂の内部の説教壇にほどこした浮彫りとはまったくスケールの

ブルネレスキ風中庭からラウレンツィアーナ図書館を望む
photo: K. Shinoyama

ラウレンツィアーナ図書館、壁面詳細

異なった、むしろ広場を埋めるであろう群衆の視線に対応させようとする。それは仮面であり、《物語》を組み立てる舞台なのである。

とすれば、このデザインには彫刻家の力が建築家より重視される。そのうえ都市的舞台装置家でなければならぬ。ミケランジェロがその資格のすべてを有していたことは当然であった。その時期までに彼はユリウス二世のためにシスティーナ礼拝堂の天井画を完成していた。彼が着手する以前のシスティーナ礼拝堂の天井は、今日と同様にクロスヴォールトの形態をとってはいたが、全体はフラットに仕上げられていただろう(ウーゴ・トニッティ作『一四八八―一五〇八年のシスティーナ礼拝堂』一八世紀銅版画)[*]。彼はこれに建築的な要素である角柱やコーニスを書き込んで、全体を旧約の物語の配分に応じて分割する。窓側の小さいヴォールト天井もその枠組みに組み込まれる。その分割された格間を人体像を主とした《物語》で埋めたのである。ここで彼はいたるところで人体像を割り付けられた格間からはみださせている。柱頭には、人体像をのせている。建築的要素とからませた人体像がもっとも生き生きとして、彼の手法をより巧妙に表現しているようにもみえる。額縁の絵画的枠組みよりも彫刻的な人体像こそ描きたかったにちがいない。

このシスティーナ礼拝堂の構図が、サン・ロレンツォ聖堂のファサードの計画にもし徹底して用いられたとするならば、彼の最終案として残されている木製模型の、マニエリスム建築を思わせるような平滑性はいちじるしく修正されたイメージとしてみなくてはなるまい。ミケランジェロが、すでにそれまでに構想していたユリウス二世の墓廟(一五一三年頃)では、彫像が主役で、建築はその支持体のようであった。それが幾度かの変更のあげくに、サン・ピエトロ・イン・ヴィンコリ聖堂に一五四七年に完成したときには、建築的要

* アンドレ・シャステル 辻茂訳『人類の美術/第一一巻―イタリア・ルネッサンスの大工房 1460–1500』二一六頁 新潮社

サン・ロレンツォ聖堂ファサードの木製模型、カーサ・ブオナローティ所蔵

素とのバランスが転換して、むしろ建築の骨組みが全体を明快に分節している。この構想の変化はすでに一五一六年頃のスケッチでみられるといわれているので、この時期に進行していたサン・ロレンツォ聖堂の計画と関係もあるだろう。同時にブラマンテとの対立によって、はじめは建築には手を染めなかったといわれてもいるが、その彼が一五一四年に没しており、当時四〇歳になろうとしていたミケランジェロがあらためて、建築に関心をもった時期とも重なり合っている。だが、この計画は一五二〇年に突然中止されてしまった。ミケランジェロに対立していたブラマンテやジュリアーノ・ダ・サンガッロにひきたてられていたヤコポ・サンソヴィーノが法王との間で密約をしたのが尾をひいたのかどうか、その真相はわかっていない。年代的な記録をみると、その中止は一五二〇年、この年の三月に彼は失望と怒りを交えた手紙を書いている。それをなだめるためなのか否かはまた推測の域をでないが、前年から計画されたメディチ家廟が、ブルネレスキの旧聖具室と対称の位置に工事を着手しており、同年の一一月にミケランジェロの手による最初のデザインが提出されている。

サン・ロレンツォ聖堂のミケランジェロによる入口上の聖遺物壇（一五三一－三二年頃） *photo: K. Shinoyama*

芸術家／建築家

ミケランジェロは、自らを建築家とは呼ばなかったといわれる。おそらく彫刻家であると、主張したかったのだろう。だがシスティーナ礼拝堂の大壁画をはじめ、絵画の大作を残している。そして晩年には法王庁の建築家として、実施案となったサン・ピエトロ寺院の計画までをなした。それだけの理由ではあるまいが、彼は若年の時期には建築家たろうとしても、ローマにおいては登用されることがなかった。ブラマンテの純正な古典主義が、建築的評価の基準となっていたからだといわれている。描かれた建築的要素のあるシスティーナ礼拝堂の天井画をみても、それは決して古典主義的構成の論理的な基準に従っているとはいいがたい。ジェームス・アッカーマンは、「ローマでは長いあいだ建築家として公認されなかったわけは、その様式が非正統的であったために違いない。それはウィトルウィウスのいわゆる合理性《デコールム》に欠けていた。すなわち、古典の伝統に対する顧慮に欠けていたのである」*という。それだけに、彼の建築にたいする理論的記述は殆ど残されていない。そのなかに建築を絵画や彫刻と同一視する見解を示す、手紙の断片がある。

「――尊師よ（ロドルフォ・ピオ枢機卿のことか）、ある平面図にいくつかの部分があるとすると、同種の質と量をもつそのすべて（部分）は、同じように同じ様式で装飾されるべきで、またそれに応ずる特定部分［たとえば、サン・ピエトロ大聖堂の十字架型の等長の腕部分のように、平面図の特徴が反映した部分］も、同様に装飾されるべきです。しかし平面図の形式が一変した場合には、その結果として装飾も、また同様にこれに相応する各特定部分も一変させることがゆるされるだけでなく、必要でもあります。その手段は制限されることなく（また選ばれるよう）意のままで［もしくは、その装飾の要求するように］あるべきです。同じように顔の中心である鼻はどちらかの眼に近くなるということはなく、他の部分が［身体の］両側およびこれと対応部分との関係で決まるように、一つの手は本当に他の手と似ており、一つの眼はもう一つの眼に等しくなければなりません。たしかに、建築の部分は人体各部に由来しています［dipendono］。図

メディチ家礼拝堂の四隅にあるタベルナークルの奇異な形。すぐ下に扉があるが、開くのはそのうちの向かい合う四つのみである。
photo: K. Shinoyama

* アッカーマン　前出書　二〇頁

像表現の名匠で、同じく解剖学の名匠であった人、また現在そうである人でなければ、それについて何も理解できないでしょう。*……」

彼はここで、人体のメタフォアを用いて、全体と部分の有機的な関係の説明をしている。ここでの人体はウィトルウィウスが示したような外見的な比例ではない。むしろ解剖学的な機能でさえある。おそらく人体をこのような科学的な観察に持ち込んだのはレオナルドによって代表されるような一五世紀の人文主義の視点である。ブルネレスキもアルベルティももっと抽象化された、ピタゴラス的な《数》の比例の世界にかかわっていた。ブラマンテは、そのような抽象化のあげく、古典主義を真正な合理的な法則として理解したその究極の人でもあった。人体は正方形と円形に同一視できるとするウィトルウィウス的視点を正統として継承していたであろう。おそらく、ここで抽出された法則は法王の建築家たることにより、その正統性をあらためて正当化していたが故に、ひとつの制度、あるいはいっさいの逸脱にたいする抑圧として作用もしたであろう。ブラマンテの計画したサン・ピエトロ寺院の平面図は、その幾何学的中心性、壁と空洞の配分、中心のドームへと盛りあがる分節された空間の階梯、あらゆる基準に照らして完璧な範例である。純粋結晶が析出したかにみえる範例が提示された後には、逸脱か変形かが待ちうけている。

短期間その後を継いだラファエロでさえすでに変形を開始していたが、ペルッツイ、ジュリオ・ロマーノ、それにヤコポ・サンソヴィーノにいたるまでが、一五二七年のローマの掠奪を頂点にして、大幅に逸脱へと傾いていく。ミケランジェロが建築に手を染めたのが、これらの変形が胎動しはじめた時期であったことは注目しておかねばなるまい。彼は

＊ アッカーマン 前出書 一二八頁

建築を人体のようにとらえる、という点では先行する建築家たちと同一の基盤に従いながら、それを有機体として、寸法や比例にこだわらずに、もっとなまなましい肉体のようにとらえている。人文主義者が霊的な愛の住処とした人間の肉体を彫刻家として直接的に表現しているが、建築も同様の視点のもとに置かれるべきだと考えたわけだろう。だから、激情や不安といった人間的な感情でさえ、建築のなかに侵入できた。非合理的な変形や逸脱も、可能になる。建物がひとつの生命体となる。人体をメタフォアとした点においてミケランジェロは明らかに人文主義者の系譜のなかにある。それはロレンツォ豪華王の主宰したカレッジの人文主義者のなかに、神童として居た時代に学んだ一般的な理論でもあっただろう。ただひとつここで注目しておきたいのは、彼がその人体を肉体としてみていることである。そして建築を肉体のように理解しようとした。それが殆ど規則にしばられることのない建築のデザインへとむかわせる。

新聖具室、すなわちメディチ家礼拝堂は、ブルネレスキの旧聖具室とまったく対称の位置につくることがミケランジェロの介入する以前に決められ、早々と取り壊し工事が始まっていた。平面的にサイズはまったく相同である。天井のヴォールトと、それを支持するペンデンティヴも同様の扱いで、外観では、旧聖具室が円錐台状の屋根で覆っているのにたいし、こちらはクーポラ状に弧がつけられている。基本的な相違は採光方式である。いずれもドームの頂天にランタンをとりつけ、この端部に円形の開口をとっているので、ドームの中央にローマのパンテオンと同様な光源がみえる。いっぽう旧聖具室では、一二本の弧状のリブの間に小さい丸窓があるが、新聖具室ではこれが中央にむかってしぼられていく格天井になっているだけで、開口は下部の垂直部分の壁面により大きくうがたれ、何故かこちら側の方がはるかに明るくみえる。天窓からそそいでくる光線と、側面の窓から斜めにさす光線とが交叉して、最下層に置かれている彫像に彫りの深い影をおとす。

内部はいずれも青色砂岩でデザインされ、格間はすべて白色のプラスターで、殆どモノクロームの印象を与える。ドーム廻りの縁取りのプロポーションはブルネレスキがそれに近い太さをしているので、両者ともこの部分は軽妙で軽く浮きあがったような印象をうける。そしてこの第一層は殆どブルネレスキのサン・ロレンツォ聖堂のディテールの適用である。だが決定的な違いは、柱間を埋める白大理石による扉飾りと、そこからはみだすだけでなく、床面の寝棺のうえにまでのせられた彫像群である。中央のニッチには、メディチ家のそれぞれの当主の彫像を、寝棺のうえにはアレゴリカルな意味をもつ人体像がのる。青色砂岩のピラスターとコーニスは、内部空間の背を高くした分だけ挿入されている二階部分にまで迫りあがって、圧倒的な強度をもって迫ってくる。ブルネレスキが明晰にいっさいを省略して、空間内を網状に構成する輪郭だけに《還元》しているのにたいして、ミケランジェロは力強い構成を加えることで、一種の《過剰》へと近づこうとしているようにみえる。その差異を比較するには、旧聖具室のコーニス下端につけられた渦状持ち送りを、ミケランジェロが新聖具室につづいて設計したラウレンツィアーナ図書館のエントランスについている、オーバースケールともみえる渦状持ち送りと比較するだけで充分だろう。前者は細い付け柱を消し去ったことを痕跡的に暗示している。それだけで白い広い壁面が逆に存在感を与えてくれる。ところがミケランジェロのものは、上部の太い付け柱の消去された基礎の代替のようにみえるのだが、これが巨大であるために、かえって、空間の内部における力学的な関連が不安定感を生むことになる。円柱が埋め込まれた

「曙」の寓意像。頭部のベールは、哀悼のシンボルであり、胸の帯は、囚われのシンボルである。
photo: K. Shinoyama

壁から彫りだされたように分節されているために、かえって窮屈なすき間に押し込まれ、その大きさが強調される。

新聖具室としてのメディチ家廟は、まだそれほど強烈な転移法は用いられていないが、柱間いっぱいに押し込まれた独特の窓飾りのほどこされたニッチにすでに破調の発生する兆候がうかがえる。そして、ここでニッチに収められているべき彫像が、そこからのりだして、システィーナ礼拝堂の旧約聖書中の人物が、柱頭や基壇からはみだしていたのに類似した扱いが生まれていることに注目しておくべきだろう。ミケランジェロにとって、建築が彫刻の一部であり、同時にその逆でもありえたことを示している。

メディチ家礼拝堂は、完成が長びいた。レオ十世が没したときにはドームもあがっていなかった。その後作業が幾度も中断したが、やっと一五四五年に公開される。最初期のスケッチに比較するとまだ多くの彫像が収められる計画でもあったらしい。ラウレンツィアーナ図書館は、次の法王が同じメディチ家出身のクレメンス七世であったことから、その企画が生まれた。すなわちコジモが集め、ロレンツォがふくらませた膨大な写本類を公開するための施設を計画することで、一五二四年に回廊わきの二階に場所を決め、ただちに作業にかかった。だが、一五二七年にローマの掠奪が起こり、仕事は打ちきられ、階段も床仕上げもなく放置された。長い時間を経て、階段のデザインはローマにいたミケランジエロがスケッチし、アンマナーティがこれを施工した。その完成は一五五九年のことであった。ミケランジェロ本人はその完成の様子をみていない。

この図書館の平面図は、既存の構造体の上部にのせる制約もあって、単なる長方形で、その一部がほぼ正方形に区切られ、エントランス（前室）になっている。ここは約三メー

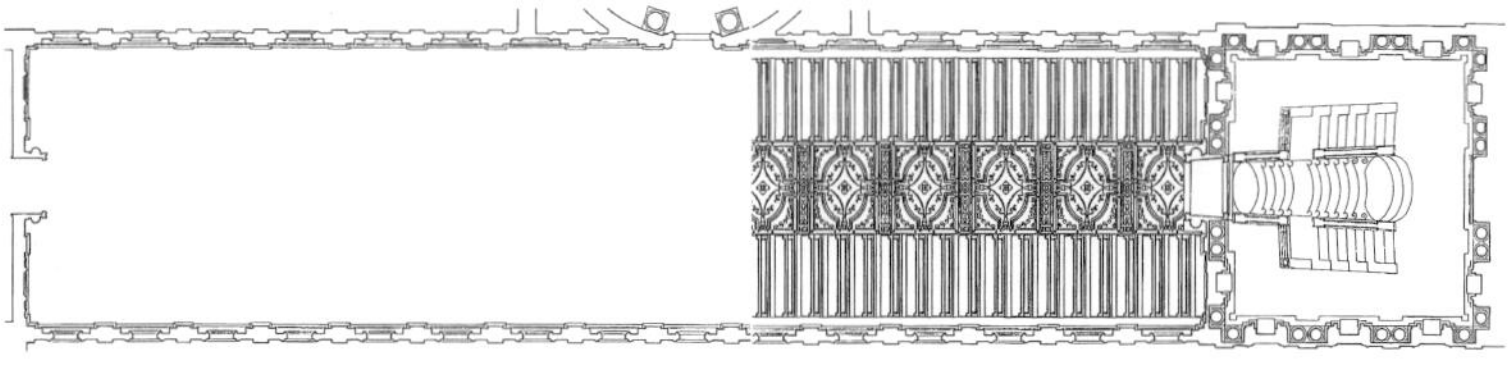
ラウレンツィアーナ図書館、平面図

トル低く、天井高は読書室の倍近くにまで高くされている。その内部空間が、古典主義の建築のひとつのピークに到達していることは誰もが認めているのだが、それを論理的に分析することはまず放棄せねばなるまい。使われているのは、すべて古典主義的言語に所属している。その配置や相互の関連性も、ほぼ定石を踏んでいる。だが、ここには、たとえば五つのオーダーとか、システマティックな比例の系列とか、空間を支配する分節の基準線とか、あるいは古典主義が《数》の籠であったり、定形化された装飾の配分であったりすることから生みだしたカノンが、存在しているようであっても、それを確実に把握することは困難で、同じ言語で語りながらも何か別種のまったく個性的な語り口としかいいようのないほどに独特なものがある。システムを超えて、詩的言語に到達している。用いられるひとつひとつの言語は、微妙に変形され、この空間のなかでだけその存在の理由を感知させる。ミケランジェロは人体を描き彫った。そのとき、人体は表現されるべき主題に応じて、微妙に変形される。単にうつされたものでなく、彼個人の知覚と手わざを介してのみ出現する。ラウレンツィアーナ図書館の内部に用いられていた古典主義的言語は、おそらく、ミケランジェロが古典主義の一般言語をちょうど人間の肉体をスケッチしたようにたびたびスケッチを重ねながら、ダビデ、モーゼ、ピエタがまったく異なった肢体によって、組み立てられ、腕や顔や胴体が、充分に変形を加えられていたのと同じく、円柱、壁龕、扉飾り、持ち送り、これらの古典主義的言語に所属している個々の言語を、自己流に変形してこの空間全体に配置している。そしてただひとつ確実なのは、これらの言語が、殆ど全部といっていいほど、正統的なシンタクスからはみだして、破調のままでの危うい均衡が成立していることである。それ故、もはや論理的な説明の及ぶところではな

ラウレンツィアーナ図書館、断面図

い。とりわけエントランスの空間を殆ど占めてしまっている階段は、殆どミステリーの領域にはいりこむ。読書室の軸線に一直線にむかう位置につくられてはいるのだが、現実にここに到達するのは、横の入口からはいるしかない。その軸を通して扉の位置を変えることは配置上考えられないから、これはこの諸室の内部に発生させる動きをそのまま走らせたとみるべきだろう。階段は溶岩が流れだしたかのごとくにもみえる。このような動的な均衡は、エントランスの円柱や窓飾り、持ち送りなどが、相互に結合しているようにみえながら、実は分離されていて、いまにも動きだしそうにもみえる状態と呼応もしている。長い期間かけてこの階段の構想は練られていったのだが、その生涯の最後の時期に、やっと決定的な案に到達したとき、この芸術家／建築家が感じていたのは、三五年も前に設計してあったこのエントランスホールのざわめくような張力をめぐらしてある空間に激しい流動が瞬時に固形化するような量塊で埋めること、その絶妙な関係をたったひとつのかたちで語り尽くすことだったにちがいあるまい。その頃この彫刻家は未完のように見えながら、それこそが決定的な完成であるロンダーニのピエタを制作していた。いずれも最後の鑿のひとふりだけがすべてを決定づけるような仕事であった。

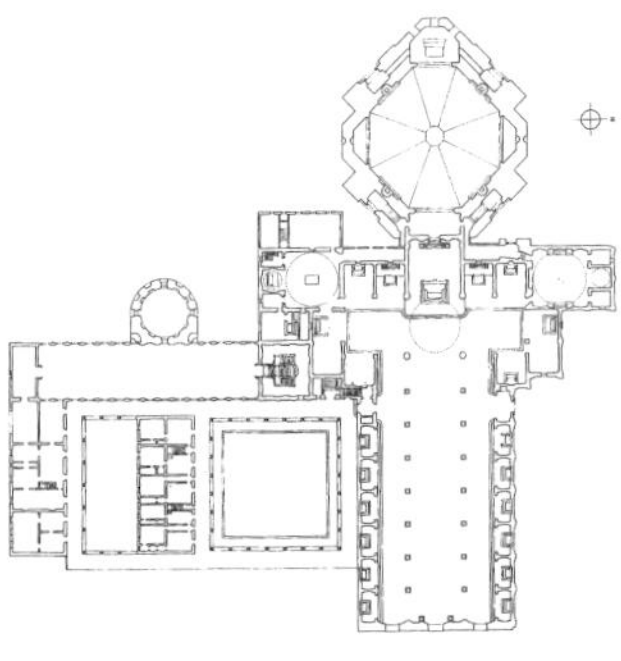
サン・ロレンツォ聖堂、全体平面図

第4章

崩壊のフーガ

パラッツォ・デル・テ

マニエリスムの館——パラッツォ・デル・テ

一六世紀からひとつだけ建築をえらびだすのは至難のことだ。それほどに数々の傑作が生まれた時代である。初期はルネッサンス盛期であり、後期にはバロックの兆候がみられる。その中間の一五二〇年頃から一五九〇年頃までが、とりわけイタリアにおいてマニエリスムの特性があらわれたとされるのが通説である。そこで活躍した建築家たちは、ラファエロ、ミケランジェロ、ペルッツィ、ロマーノ、セルリオ、ヴィニョーラ、パラディオ、アンマナーティ、ブオンタレンティ、ヴァザーリと枚挙にいとまがないほどである。

このなかからジュリオ・ロマーノ（一四九二／九–一五四六年）の設計したパラッツォ・デル・テ（一五二六–一五三三年）をえらんだのは、いささか私の偏愛による独断も混じっている。この館を他の建築家の仕事と比較してみても、パラディオのように洗練された原型に到達しているわけでもなく、ミケランジェロのように状況をねじふせる力業があるわけでもない。またヴィニョーラのように機知に溢れながらも常に雄大な構想に裏づけられてもないし、アンマナーティのような鋭敏な軽快さもない。むしろ、鈍重でグロテスクでさえあり、ひたすら破綻のみが眼につく。

しかし、これを歴史的な経緯のなかに置いてみると、マニエリスムの建築の示す特性を徹底的に実現したはじめての大規模な作品であることがわかる。それだけに参照する先例をもたず、ひたすら建築家が自らの感性を発動させて、めくるめくような迷路へふみこんだ痕跡が明瞭にたどれる。それ故に、はじめての試みが常に所有する無謀ともいえる大胆さにあふれ、誇張され、ときには悪趣味とさえみえる部分がある。

パラッツォ・デル・テは北イタリア、マントヴァにある。当時のマントヴァ侯国は、ルネッサンスを代表する女傑イザベラ・デステの名声において広く知られていたが、一小国であるために、ローマ法王とそれに対立するようになった神聖ローマ帝国皇帝カルロス五世との間にあって政治的に不安定であった。同時にイザベラの長子フェデリーコ・ゴンザーガ二世は彼の愛人ラ・ボスケッタをめぐって母親とも対立していた。こんな状況下でフェデリーコは、カルロス五世にマントヴァの知的・芸術的成果を誇示するためと、愛人ラ・ボスケッタをかくまうという二つの目的を重ね合わせて、この館の建設を企画した。ラファエロの死後マントヴァに宮廷主任建築家として招かれていたジュリオ・ロマーノがこの館の設計にあたったが、彼は建築のみならず内部の装飾、壁画や庭園の構想にいたるまでをすべて自らの手で行った。

彼の資質がこのように複雑に屈折した状況にたくみに反応したためか、ここでつくりあげられた館は、ひとつの時代の終焉と新しい様式の開花の予告とを同時に示している。

一五世紀以来ルネッサンスの建築が積みあげてきた努力の総体は、古典主義の様式に範例をとりながら、求心性をもった空間を組み立てることであった。結晶体が析出するように、それは集中式聖堂としてひとつの形式を完成する。そして世俗的な建築もまた同じような構成をもつようになった。いっぽうでは、ローマ法王がその権力の集中化をはかり、都を政治的文化的中心とし、建築の形式もこれに応えるものとなっていた。

一五二七年のカルロス五世のローマ占領は、『ローマの掠奪《サッコ・ディ・ローマ》』と呼ばれ、中心としてのローマが象徴的に崩壊する事件であった。法王の権威が失墜したという表層的な意味以上に、芸術家たちにとってはルネッサンスの求心性をもった空間の構造に亀裂が発生したのである。彼らは自らの方法を根底から疑わねばならなくなった。マニエリスムの芸術が生みだされはじめるのにはこのような社会的な大変動があったのだが、ここでみられる特性は、不安定な構成であり、そのあげくに細部が肥満し、ついに自律的に手法が拡大をはじめる。現実の冷静な描写から、形式性の優先するまなざしの快楽へと焦点が移行する。

パラッツォ・デル・テはこの『ローマの掠奪《サッコ・ディ・ローマ》』の前年には着工している。ジュリオ・ロマーノの構想はすでにこの事件を予告していたかのように、この館においては、崩壊する感覚に裏づけられた、求心化をのがれでる手法を駆使している。

建築的には、ルネッサンスの建築に要請されていた正確な古典主義的言語の用法が無視されて、いたるところに逸脱がみられる。一例としては中庭側の立面にみられるトリグリフの脱落である。付け柱で分割された柱間の中央のトリグリフがひとつだけ意図的にずり落ちている。一見すると施工ミスとみえる表現だが、それがコーニスの横線をリズミカルに波うたせる効果をあげ、古典主義建築のもつ堅さをくずしている。また、持ち送りで支えられた不安定なペディメントを下から異常に大きいキー・ストーンが突き破って、通常の用法のバランス感覚をやぶっている。この用法はいわば、ルネッサンス的統辞法をその序列において変形することだが、そこから数々の両義性を生む用法が開発されている。立面は、トスカナ式オーダーをもつ付け柱によって分割されているのだが、その柱間は粗石積《ルスティケーション》みで埋められている。こういう構成はやはり当時にしては異常で、本来ならば地上階《グランド・フロア》に粗石積みを、主階《ピアノ・ノービレ》にオーダーをもつ柱を配するのだが、ここではその両者が一挙にオーバーラップさせられている。あたかも上方の階が下階にめりこんだようにさえみえる。

求心化をのがれでる手法は、他にも鏡像を繰り返し使用することにもみられる。そのあげく現実に必要な扉の他に必ず対称の位置に虚の扉をとりつけたり、天井と床の構成パターンを相互に射影させあったりして、虚実のいり混じる空間が生まれている。

そのクライマックスは「巨人の間」で、ここでは四周の壁と天井全体がすき間なくひとつながりの壁画で埋められている。巨人族の崩壊の図で、神殿が崩れおちる有様がリアルに描かれ、そのなかにはいると、崩壊のただなかに立たされているような臨場感がある。外部にみられた崩壊感覚が、ここでその最終的なカタストローフをむかえる。

建築の構想から内部の壁画にいたるまでが、崩壊というひとつの感覚に導かれながら結晶した稀有の例で、しかもそれが時代の気分を如実に反映していたことに、とくに注目していいだろう。

中心との距離

あるいは、「ローマ」からの距離を測定してみることによって、この館の示す特性の曖昧さはすべて判然とするのかも知れない。

その「ローマ」とは、この館、パラッツォ・デル・テが着工した時期の、現実にあったローマなのだが、同時にヨーロッパの宗教的、政治的、文化的中心としての法王の所在地としてのローマである。

北イタリアの小国、マントヴァ侯国が、この時期にローマ法王ととり結んでいた関係がひとつの判断材料になろう。それは流動する状況下において巧妙に組み立てられた政治的な選択として、綱渡りのような布陣をしくことでもあった。そのとき領主であった長兄フェデリーコは、教会軍総司令官であり、次弟エルコレは、枢機卿となるため、法王庁で運動中であり、末弟フェランテは、その法王と対立しはじめていたスペイン国王、カルロス五世の軍中にあった。

兄弟を対立する諸勢力に分散して所属させるという知恵は、彼らの母であるイザベラ・デステが、ヴェネツィア、フランス、スペイン、そしてローマ法王の勢力均衡のなかにあって北イタリアの一小国マントヴァ侯国を存続させるために編みだした外交的手腕とともに、小国がいかなる状況の変動のなかでも生きのこれるための、必要に迫られた布陣であった。それが一五二七年のカルロス五世のローマ侵攻に際して決定的に作動する。

フェデリーコは、スペイン軍の領土内通過を許可することによって、法王を裏切る。にもかかわらずエルコレは、まさにその戦争に対処する資金調達のために、枢機卿の資格を買いとることができた。そして、フェランテはローマ攻略の第一線に活躍する。これらの指令は、ローマに滞在し情報を収集していたイザベラ・デステから発されたものだが、彼女は、マントヴァが「ローマ」からすくなくとも一定の距離を保つことによってのみ存続しうることを身にしみて知っていたのであろう。それは事態が変転する過程で、裏切りが平気に要請されるほどの、醒めた距離感に基づくものだったといえる。

　カルロス五世のローマ占領は、ひとつの時代を画する事件であった。一五二七年五月、スペイン軍はドイツの傭兵とともにローマ全市を一週間にわたって、破壊し、掠奪した。『ローマの掠奪《サッコ・ディ・ローマ》』と呼ばれるこの占拠は、明らかにローマ法王の絶対的な権力が失墜したことをまざまざとみせつけた。すでにルターやカルヴィンによる宗教改革の波がおこっているし、内部からの抗議にたいしても、異端尋問によって切り抜けるほかに策のなかった法王たちではあったが、ローマはそれだけに決定的な中心として機能するべく、芸術的な諸成果を集大成する意向を示していた。

　たとえば、ブラマンテがたどった経路をみると、芸術家たちが、地方で活躍しながら、徐々に中心たるべきローマにひきよせられていった過程をみてとれる。彼はウルビノ付近に生まれ、パヴィア、ミラノなどの北部イタリア諸都市で徐々に才能を認められる。そして、一五世紀末にはローマに呼ばれ、ついにはヴァティカンの建築家となり、サン・ピエトロ寺院の建設主任となる。中心にむかってひきよせられて、その中心の中心たるべきサン・ピエトロの企画をはじめるのだが、彼がここで提出した形式は、ルネッサンス期を通じて徐々に生みだされていた中心式聖堂の形式を巨大な規模によって実現するものだっ

ティツィアーノ「イザベラ・デステ肖像」ウィーン美術史美術館

た。宗教的・政治的な中心を象徴するべきこの大寺院に中心式聖堂形式を採用することは、ひとつの時代が意図した形式が、最終的に結晶が析出するように実現するもっとも適切な事例といえるだろう。

『ローマの掠奪《サッコ・ディ・ローマ》』は、このような中心を維持しつづけ、中心の核を視覚化するべく、芸術家が総動員されて飾りたてられつつあった「ローマ」の失墜を示した事件であった。それを目のあたりにした芸術家たちは、ひとつの世界の崩壊に立ち合っている感慨にとらわれたであろう。ブラマンテのあとにサン・ピエトロ寺院建設主任をついだラファエロが一五二〇年に死んでから、その地位はバルダッサーレ・ペルッツィがついでいた。ペルッツィは『ローマの掠奪《サッコ・ディ・ローマ》』の際捕らわれている。そしてやっとのおもいで出生の地シエナに逃亡する。ミケーレ・サンミケーリ、ヤコポ・サンソヴィーノもそれぞれ、ヴェローナとヴェネツィアにおちて行かねばならなかった。パルミジャニーノもローマを去った画家のひとりであった。パルマに戻ってからは、制作を放棄せざるを得ないほどの不安に襲われる。狂人と思われるような心理的屈折を経験した。

中心が壊滅する予兆は、一六世紀の初頭からみられていた。ルネッサンスが組み立てた整合した透明な空間は、徐々に不分明で曖昧なにごりをみせはじめていた。『ローマの掠奪《サッコ・ディ・ローマ》』はそれを可視化し、歴史の区切りとしたにすぎなかった。

ラファエロの工房で中心的な役割をはたしていたジュリオ・ロマーノが、ラファエロの急死（一五二〇年）の後に彼の遺作を継続して、完成してから、マントヴァ侯国に招かれたのは、一五二四年のことである。彼は『ローマの掠奪《サッコ・ディ・ローマ》』というカタストローフに遭うことはなかった。パラッツォ・デル・テは一五二六年着工した。それには、カルロス五世の勢

ジュリオ・ロマーノ肖像（ヴァザーリ『美術家列伝』ジュリオ・ロマーノ伝の扉）

力の強大化によって、勢力均衡が破れようとする予兆のなかにあって、マントヴァ侯国がひとつの歴史的な選択を迫られていたことを反映している。この館は、殆どカルロス五世に、芸術的な成果を誇示するためにのみつくられたと思えるほどでさえある。一五三〇年にマントヴァをカルロス五世が訪問したときには、まだ北側の棟しか完成していなかった。第二回の一五三二年一一月には、東側の棟の内装が今日みられるようにできあがっていた。ジュリオ・ロマーノはこの期限に完成させるために、幾度となく催促をうけている。

『ローマの掠奪《サッコ・ディ・ローマ》』に居あわせなかったからといって、ジュリオ・ロマーノが、あの中心の崩壊を感じとらなかったとはいえないだろう。むしろ、いっそうの関心が、ひとつの距離を保って保持しつづけられたはずである。彼はそんな事件が発生する以前に、すでに事件の本質を予測し、実行に移していたと解釈できるほどの状況証拠をつくりだしている。マントヴァへの移動を決心したこと自体が、その予兆の感知を証明しよう。ラファエロの死後のサン・ピエトロ寺院建設主任の座は、先輩格のペルッツィが襲うことになった。その決定がジュリオ・ロマーノのマントヴァ移住を決めさせたといっていいだろう。中心の中心たるべきサン・ピエトロ寺院から一定の距離を保つことによって、自らのいる場所を測定しようとしたにちがいない。そして彼は、表現の方法のなかに、その距離をとりこむ。崩壊する中心、それを醒めた眼によって再現することにとりくむ。

時代的・政治的・個人的な諸関係が、納得いくだけの状況証拠を示していたとしても、それが、この館のかもしだす奇妙な魅力を解きあかす充分条件にはなりえない。必要なのは、一見して、おそるべき通俗性に塗りかためられたひとつの館が、どうにも否定しがた

フェデリーコ・ゴンザーガ、第五代マントヴァ侯爵（在位一五一九－四〇年）。一五三〇年、初代公爵に叙せられる。

い優雅さを示しているという具体的事実をつくりだしている手法について語ることである。

これは、ジュリオ・ロマーノが生得の資質として所有していたものにちがいないのだが、一五一〇年代をラファエロが指揮する芸術家グループの一員として過ごすときに身につけた、意図的な手法である。同時に、この館の主人公フェデリーコの矛盾にみちた政治的・日常的・個性的な条件との応答が生ませた手法といいうるかも知れない。

その時代にあって、手法とは、明らかに芸術家個人の手の痕跡として跡づけうるものだが、同時にそれは、屈折した心理的な構図を具体化する身振りである。ジュリオ・ロマーノがこの館において示した手法は、私には、殆ど奸計と同義語のようにさえみえる。視線の裏切り、矛盾した構成、脱落現象、無意味と化すまでに反復される形式主義。そして透明にみえながら、ついに混濁した表面にいざなうことになるさまざまな仕掛け。ここにみられる手法は、ともあれ中心に結晶するような、透明な、整合比をもったものとは、はるかにへだたっている。中心との距離を意識化することによって、初めて案出できるような仕掛けである。この館が、たぐい稀な、知的迷宮へと仕立てられた背景には、ジュリオ・ロマーノの意図的な手法の開発があった。それは明らかに反古典主義の範疇に属する。基本的な言語が変わったのではなく、パロディー、解釈のしなおし、ズレといった用法の反転から生みだされたものばかりである。屈折した、不透明な時代がはじまったのだ。

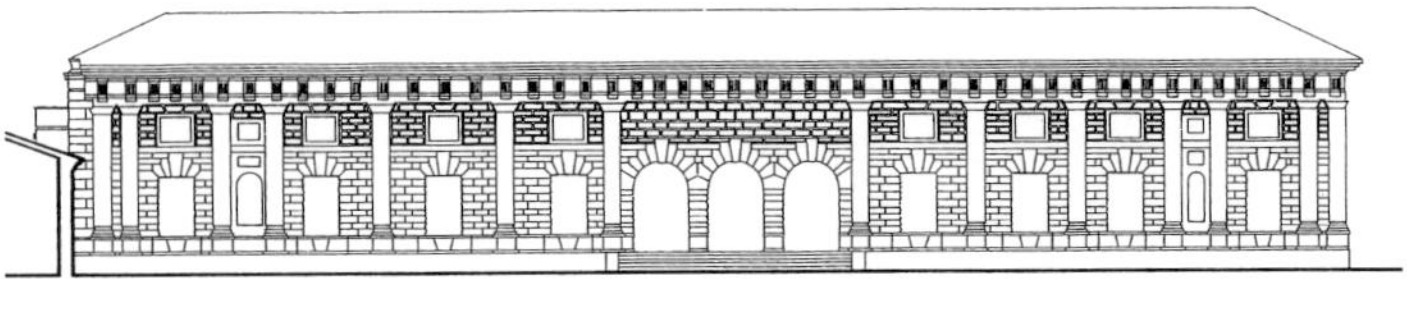
パラッツォ・デル・テ、北側立面図

アレゴリー

たとえばこの館の部屋の重要度は、そこに描かれている壁画によって推察することができる。最初に導きいれられるのが、「馬の間」と呼ばれるレセプションの部屋である。賓客はまずここに通されるのだが、ここには馬がまったくリアルに描かれている。扉の框《かまち》のうえにのっかって、四頭の馬がそれぞれの面にみえる。マントヴァ侯国を象徴するものとしてこの馬がまず描かれた。この時代にあってマントヴァ侯国は名馬の産地であったのである。領主フェデリーコが法王軍の総指揮官になったのは駿馬をそろえた軍勢を従え、多くの戦争に勇武をもって勝利してきたからで、それは父親のフランチェスコ・ゴンザーガの時代でも変わらなかった。ただこの父親フランチェスコはヴェネツィアとの戦いに勝利を収めながらも、一瞬の不覚のため寝こみを襲われ、捕虜となっている。その不運の時代をイザベラ・デステが耐えたことのなかから、彼女の稀にみる外交的手腕がみがかれ、同時に彼女が人文主義者たちの保護者となったことと相まって、イタリア・ルネッサンスを代表する女傑という像がつくりあげられることにもなった。

馬については美術の歴史のなかに登場するほほえましいエピソードがある。レオナルド・ダ・ヴィンチもまたイザベラ・デステから礼をつくして招聘された芸術家のひとりであった。今日、レオナルドの手によるイザベラ・デステの横顔のデッサンが残されているのでこの事実は証明されているのだが、その他にも彼女からレオナルドにあてて、肖像画を完成させるようにという要請の手紙が残されている。しかしレオナルドはついに手がけ

レオナルド・ダ・ヴィンチ「イザベラ・デステ肖像素描」パリ、ルーヴル美術館

ることがなかった。その理由として、イザベラ・デステの女性にしてはあまりに狷介《けんかい》な性格に嫌気がさしたのだという説が通っている。それよりも納得いくのは、レオナルドがマントヴァを訪れたのは、実はイタリア最高といわれるマントヴァ産の馬をみるためだった。イザベラ・デステの肖像のデッサンはその訪問の方便であって、熱狂したのは馬にたいしてだったという説である。*

部屋の壁画に与えられる主題は必ずしも恣意的ではありえない。馬はマントヴァ侯国がイタリア中に誇りうる最大のものだったのだ。それ故に、最初に訪問客がふみこむ部屋に実寸大の馬の姿をみて、必ずや会話がはじまったことだろう。訪問客を話題で圧倒するにはうってつけの主題であった。

ここにつづく「プシケの間」は、この館全体を通じて、もっとも念いりに壁画の描かれた部屋である。ここでは主題が一転してギリシャ神話からとりだされている。人文主義者たちにとって、ギリシャ神話という主題は古代復興という視点からして、もっとも理想的な主題なのだが、それが神話であるからには、馬のように即物的な描写ができる相手ではない。比喩または暗喩として神話のなかの物語がとりだされる。ということは私たちはそこに描かれている主題をひとつの比喩として読みとることを強いられる。いったいこの部屋は何を語ろうとしているのか。

「プシケの間」は、この館を訪れるゲストをむかえて招宴を催すための部屋であった。この部屋につづいて、フェデリーコ・ゴンザーガ二世の居室がつづく。だからここは今日流にいうと宴会場である。

ほぼ扉の高さの腰壁のうえ四周と天井の全面に壁画が描かれているが、まず南面はバッ

* 塩野七生『ルネサンスの女たち』中央公論社　一九六九年　二四頁

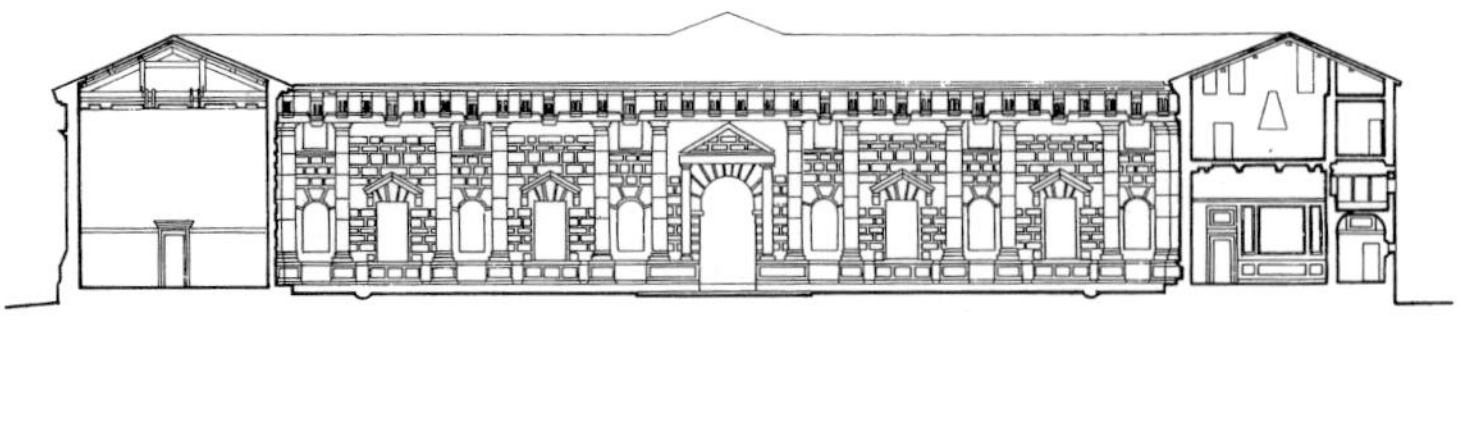

パラッツォ・デル・テ、断面図

カスの収穫祭の有様である。遠くの国々から数々の荷物をつんだ隊列が近づいてくる。近くではバッカスの祭りに、全裸の女たちが酔いしれている。西壁は婚礼の準備の有様で、大きいテーブルのまわりに牧神とニンフが集っている。北壁にまわるとアモールとプシケが婚礼をおえて愛の生活をいとなむさまざまな光景がみえる。そして東壁は縦長の窓で分割されているが、一眼の巨人キュプクロスを中心に、ゼウスとオリンピア、パーシファエーと牡牛の物語がそれぞれ配されている。

このギリシャ神話の物語は、当時マントヴァの宮廷に招かれていた人文主義者パウロ・ジョヴィオの構想に基づいているといわれている。彼がアモールとプシケの物語をえらんだ背景には、フェデリーコ・ゴンザーガ二世とその母イザベラ・デステの間に生まれたラ・ボスケッタをめぐる親子の対立という背景があり、フェデリーコとラ・ボスケッタの二人の愛の勝利を示すものであったと解釈することも可能なのだ。つまりアモールとプシケはその関係の寓話であった。

このパラッツォ・デル・テは表むきには夏の離宮として、カルロス五世のような政治的に重要な賓客をもてなすためのゲストハウスの役割をしているのだが、実はフェデリーコの愛人ラ・ボスケッタを住まわせるための愛の館だった。

いま北側から最初にふみこむ「ミューズのロッジア」の右手、この館の西北の隅が、実はラ・ボスケッタの住まいであった。その平面構成は、南側に廊下があって三間つづきで、二階にワードローブや倉庫がついている。その構成は本城であるパラッツォ・ドゥカーレのイザベラ・デステの部屋の構成にそっくりである。これもまたイザベラ・デステその人の存在を強く意識していた逆の証拠とされている。

そのラ・ボスケッタは、すでに人妻であったが、フェデリーコと恋に陥り、ついには三人の子供まで生んだ。フェデリーコはしかしながら、若年のときに、イザベラ・デステののぞんだモンフェラート侯爵の娘と婚約していた。しかし、フェデリーコはラ・ボスケッタを寵愛し、母親の意向とことごとく対立した。そのあげくにパラッツォ・デル・テを企画し、堂々と彼女をそこに住まわせることになったのである。ある時期にはマントヴァの宮廷は、このラ・ボスケッタを中心に動いていたとさえいわれている。イザベラ・デステは本城の居室にこもらざるを得なくなったが、それでも、この人文主義の女王は、マントヴァ全体に強い存在として君臨していた。

フェデリーコにとっては、強力な母親の支配に反抗し、現実にラ・ボスケッタと愛の巣をいとなみえたとしても、そこには幾重にも重なる屈折感が生まれただろう。彼のこの個人的な状況を、実はアモールとプシケの物語をアレゴリーとして讃美するのがこの「プシケの間」の隠された意図であったといえるだろう。プシケの物語は次のように語られる。

プシケはその美貌によって有名になる。それを伝えきいたアフロディテは我慢ならない。というのもアフロディテこそが全世界で最高の美女であって、それをしのぐものがあらわれるとは、耐えがたいことなのだ。そこでアフロディテは彼女の息子アモール（キュピド）に命じて、プシケがもっとも卑しい男と恋に陥るように仕かけさせる。アモールは彼が射る矢によって突然恋を生ませる力をもっている。それにはこの矢に傷ついた者が最初にみた相手と恋に陥るというルールがある。そこでプシケの美貌に嫉妬するアフロディテはアモールにそんな状況下で矢を射かけることを命じたのだ。ところが偶然のいたずらで、アモール自身がプシケと恋に陥る。プシケもまたアモールの矢で傷ついてアモールを

パラッツォ・デル・テ、断面図

恋しはじめる。そして幾多の困難を通過したあげく、二人は結ばれる。

エリック・ノイマン*によれば、この神話は、ひとりの女性が自己実現していく過程として読みとられるというのだが、ここでは、むしろ支配的な権力をもっているアフロディテ（イザベラ・デステ）にたいして、その息子アモール（フェデリーコ・ゴンザーガ二世）と恋に陥ったプシケ（ラ・ボスケッタ）が、母親の嫉妬や妨害を克服して、ついに自ら恋を貫きとおす、と読むべきだろう。

ラ・ボスケッタとフェデリーコとの愛が、イザベラ・デステの反対にたいして、それをあえて押しきるようにこの館がまずは建設されはじめたわけだから、その関係をアレゴリーとして壁画の主題にしたのである。

フェデリーコは前述したようにすでに婚約させられていた。それにもかかわらず、一時はラ・ボスケッタと結婚することさえ考えていた。それは実現しなかった。数年後にはフェデリーコは正式に結婚する。そのときラ・ボスケッタはこの館から姿を消す。その後の記録はない。

しかし、この壁画はすくなくとも彼らの愛の讃歌である。しかもより成熟した、肉体的な愛の表現がいたるところにちりばめられている。ギリシャ神話のなかから、数々のエロティックな光景がよせ集められた、ポルノグラフィの大饗宴とでもいうべきか。

アモールとプシケの床入りの光景をはじめとして、愛の交わりの有様までが描かれる。東壁にはゼウスがオリンピアを愛撫する光景がある。ゼウスは神であるために獣身に化している。したがって屹立した男性器もはっきり示される。

さらには、その右手に牡牛に化身したゼウスと交わるために、ダイダロスに張子の牝牛

＊エリック・ノイマン　河合隼雄監修　玉川直実・井上博嗣共訳『アモールとプシケー』紀伊国屋書店　一九七三年

「プシケの間」南壁、壁画細部。
photo: K. Shinoyama

をつくらせたパーシファアエーの姿がある。彼女はまさに張子の牝牛の腹にもぐりこもうとしている。そして半人半獣のミノタウロスが生まれるのだが、猥褻としかいいようがない物語を、そのまま壁画としてしまっている。

バッカスの祭りの饗宴は収穫祭であるが、その豊饒を祝う最終は生殖の儀式であり、オージイでクライマックスに達するものであった。南壁の全壁画もまたその意味においては愛と快楽そのままが主題にされているわけで、婚礼の祝宴にすべて連なっている。

四周に繰りひろげられるこれらの物語をたどっていくと、この部屋は確実にルネッサンスにおいて人間のすべてが解放されていき、その表現も徹底して自由となったひとつの頂点だといっていいかも知れない。フェデリーコが自らえらんだ屈折した青春が適確な表現者としてのジュリオ・ロマーノと稀有の出逢いをしたことによって、この「プシケの間」というひとつの時代を象徴できる部屋を生んだといっていいだろう。

フェデリーコは矛盾そのものを生きた。隠蔽しない。意図的に誇示したともいえる。だからポルノグラフィともいえる壁画を最重要な部屋の主題に堂々と持ちこんだ。そのきっかけはもっと若年に生まれたと推定していい。彼が幼少のときにローマに留学した際、家庭教師となったのがエロティックな詩文によって名声をはせることになるピエトロ・アレッティーノであった。ジュリオ・ロマーノは後にこのアレッティーノのエロティックなソネットにエッチングのシリーズをつけている。今日それは失われてしまっているのではっきりしないが、あり得ないようなポーズで愛の交わりの有様を克明に描いたものであったといわれている。それはエルミタージュ美術館蔵の「恋人たち」と題されたジュリオ・ロマーノの油絵から推定可能でもあろう。それは寝室において行為を開始しようとする恋人たちの有様で、この時代の絵画の図像形式の通例として、ひとりの老婆がそれをのぞきこんでいる。女の右手は男の股間にのびて、つつしみ深さはどこにも残っていない。

ひとつの時代の象徴的な表現として、このような人間的な行為を開放的に表現することになっていることに、私たちは注目しておくべきだろう。ロマーノがこれらの仕事をする前にミケランジェロはシスティーナ礼拝堂を裸体で埋めつくしていた。しかしいずれ訪れる反宗教改革の運動のなかで、肉体のあからさまな表現は規制されはじめる。「最後の審判」図がミケランジェロによって完成したときは全裸であったのだが、後には法王の命によって他の画家が腰巻きを描き加えるという醜態が演じられるようにさえなってくる。『ローマの掠奪』の不安におののく状況下では、いっさいの秩序が解体しつつあった。そんななかから生みだされてくる表現は、ねじれ、屈折し、ひとすじ縄ではいかない迷路のような空間である。同時にかなりデスペレートな、なげやりともみえる表現である。これは必ずしも芸術表現だけでなく、日常生活においてもみられることだった。ジュリオ・ロマーノをマントヴァに仲介し、彼を同伴してくることになったバルダッサーレ・カスティリオーネは、『廷臣論』(The Book of the Courtier)の著者でもあった。彼はこの書のなかで、宮廷において、用語の序列をくつがえし、言葉をすりかえ、意味をまったく変えてしまうパロディーの遊びを紹介している。風刺、地口、諧謔が貴族の会話のなかではもっとも重視されていたのである。

「プシケの間」西壁と天井。この部屋は来客をむかえる宴会場であったから、祝宴の光景、バッカスの祭りなどがひとつの主題となっている。
photo: K. Shinoyama

迷路

いま、この館の中庭は、単に四周の棟の中央におかれたロッジアを直線的に結ぶ十文字の道路がつくられているにすぎない。この砂利敷きの道が切りとった残部は、芝生が植えられ、周囲を低い花壇が縁どっている。そのなかに若干の樹木がみえるが、これとてまったく無神経に配されただけである。

実は、この中庭は、迷路のパターンによって埋められるはずであった。ジュリオ・ロマーノのものとされている計画の初期の図面にこの迷路がみえる。設計の意図どおりには出来あがらなかったので、この迷路も当然ながら、スケッチまでであった。しかし、パラッツォ・デル・テの各部に仕込まれた奸計の数々を拾いあげていくと、中庭は迷路以外ではあり得ないとさえ思えてくる。

この館は茶の栽培されていたことからイソラ・デル・テと呼ばれた湖中の島（いまは陸つづきになっているが、かつては運河によって区切られていた）にあったヴィッラをとり込んで計画されたのだが、全体が正方形をなすように構成されている。すなわち、ローマ時代のヴィッラの形式に基づくことが先験的に決められたので、中央に中庭がつくられ、それが完全な正方形をなしている。明らかにプラトン的なアイディアルな理念の所産である。

中心に正方形の空白が残され、その周辺を連結した部屋がとり囲む。その棟は一列の部屋だけで廊下はない。それぞれの翼棟の中央部にロッジアがあり、そこで中庭にむかってひらいている。いうならばそれぞれの棟は通り抜けができないために、中庭が重要な通路の役割をしていることである。

この館全体の構成にあって、この中心の空白たる中庭は、あらゆる動きの過程で必ず視線がそそがれる。西棟の中央ロッジアを、正式な玄関口としてはじめて訪れるときも、まず、中庭に出ることになる。そして、棟から棟へ移るとき、ロッジアを通るたびに、中庭は否応なしに眼にはいる。

その中庭が、踏みこんだが最後、容易に抜けだすことのできない植込みの迷路となっているとすれば、これほどの悪だくみはあるまい。ひたすら混乱をまねくために、このような仕掛けが組みこまれているとしか思えない。

全体の構図からして、この中庭は館の象徴的な中心に位置することに注意しておくべきである。その中心が、ここでは攪乱され、渦状によどんでいる。正方形という静的な透明空間が、めくるめく波紋によって埋められる。

迷路または迷宮が、この時代のひとつの好尚であったことは、数多くの庭園に同様な迷路園がつくられたことで知りうる（後代のイソラ・デル・テの地図にも、この一部に巨大な迷路園がいとなまれたことを示すものがある）。また装飾文様としても用いられたこと（マントヴァの主城、パラッツォ・ドゥカーレ内にも、迷路パターンの天井や壁画を発見できる）、さらには美術や文学表現において、数々の迷宮的な構図が生みだされていったことによって指摘できよう。*

それは、渦状の運動形態を画面の中心に据えることである。回転し、方向を見うしない、ねじれ、ほつれ合いながら、空白がまったく残存しないほどまでに全体を覆いつく

中庭、北面および東立面。外観の角柱にたいして、中庭の半円柱。南北のイレギュラーな割りつけにたいし、東西の規則的な配置が対置されている。

photo: K. Shinoyama

* "Infinite Jest" ジュリオ・ロマーノ 大皿の絵付案 p. 5 Fig.1-1

す。マニエリスムの時代における絵画で、人体が構図からの要請によって、ねじれ、渦巻いて、蛇状体と呼ばれる特性でいろどられていったのも同質の趣向とみられよう。そこには人間の外部にはっきりと位置づけられるようになった自然を、正確に表現するために案出された、アルベルティのたてた理念は放棄されている。自然なままの人体から生みだされた比例が、蛇状体では、その末端がいたずらにひき伸ばされている。そして明らかに自然な均衡からは足をふみはずす。迷路は、明快で単純であるべき路を、いたずらに折りまげ、ついには脱出不能にいたるまで、めくるめくようにたたみこんだものである。それはかぎりなく蛇状体や渦状体や、円環的な反復に類似した性質を示す。それらは共通して観客をパズルのなかにひきこもうとする。巻きこまれ、戸惑うことから生まれる身体的・心理的快楽のほうが、あらゆる明晰な論理的説明に優先する。パラッツォ・デル・テにおいては、訪問者を第一に迷路へとさそいこむはずだったのだ。訪問者は、そこで冷静な判断の放棄を強要されている。罠は最初から仕掛けられている。にもかかわらず見かけは正方形という、これ以上ありふれてるものはないほどに単純な形式に基づいているのだ。

鏡像の原理

ジュリオ・ロマーノがこの館に仕込んだ数々の奸計は、求心化をのがれでる手法という点において一貫しているといっていいだろう。迷路は、中心を動揺させ、渦状の波紋を無限に生みださせる。むしろ遠心性をかたちづくるというべきである。次に彼が駆使するのは、射影・反撥・対・重層など、虚像を生みだすさまざまな手段を挿入することである。

これを鏡像の原理と呼んでおこう。鏡面という一本の軸を境にして、実像と虚像が同居する。実在する空間のなかに鏡像がすべりこまされることによって、その空間はいっそう不透明の度合いを増し、対立物あるいは影が反復的に生産される。そして、かぎりなく中心からはずれていく。勿論、ルネッサンスがつくりだした求心化した空間の形成の過程で生みだされた手法が用いられてはいつつも、その整合性が破壊され、ズラされ、散乱させられる。

求心化をのがれでることは、中心の中心たるべき「ローマ」からはなれているためだけではない。そこで意図されていた中心を指向したヴェクトルを、攪乱し、反転させることである。たとえば、軸線の作動方式においても決定的な変化がある。ルネッサンスにおいて、バシリカの奥行方向にむかう軸線を、直交させ、さらにその交点に垂直の軸を立てることによって、中心にクーポラをかかえこむような空間を生みだした。そのとき、立体的な究極の天上の一点にある神へ集中化していく視線を、その軸ぞいに編成することに成功した。そこでは、軸線は人間の投げかける意図的な視線と合体する。軸はそのまま中心をさし示していた。

視覚的に軸線を生みだすためには、事物を対称的に配列することである。ここでは相対する互いにむき合ったものは、同形を保つことを要請される。空間内に発生する事物が、対になる。そのあげく中心線がクローズアップして、中心へと視線を導くことを強要する。

ジュリオ・ロマーノにとっては、軸線は、このような緊密な意味を表示しない。それは充分すぎるほど駆使されているのだが、ひたすら、全体の配置を徹底的に対称形におさめるためだったというべきだろう。

正方形の中庭をもつ館は、勿論、二つの方向において、それぞれ対称性を保とうとする。東西にのびる軸は、この館を貫いて、庭園にまでのび、そして、秘園や、東側の縁をかこう半円形のエクセドラにいたるまで、完全な対称性が生みだされている。

しかし、この顕在化した軸線は、いったいどこに視線を導こうとするのか。対称性をもった建物の中央にロッジアがつくられ、そこを通りぬけて、のびてはいくが、その先端は、単に連続するアーチでかたちづくるエクセドラにいたるだけである。ここには、何ひとつ確実に視線を集中化させるものはない。

いいかえると、軸は何かにむかって導いてくれるような中心線ではなく、それをひとつの鏡面として、両側に、対称性をもった配列を発生させる装置であった。軸というよりも、それは、空間の内部に仮想的に設定された鏡なのだ。片側が他方をうつしだす。そして次に仮定された鏡がもうひとつの側に像を生む。連続的に像を空間内に出現させるための、ジェネレーターになる。だから、軸の結び合う焦点に、たとえば神を、たとえば背後の宇宙へ貫通する焦点をさがすことはここでは徒労となる。像が繰り返し生みだされていく、そのめくるめく反復に身をゆだねさえすればいい。

鏡像は、全体の配置だけでなく細部へむかっても、あくことなく繰り返される。たとえば、さまざまな箇所にみられる偽の扉である。秘園の庭園側の壁には二つの扉枠がつくられている。しかし、むかって左側だけが開口部として使用され、他方は単なる飾りの枠である。その壁の背後にある秘園の中心軸が、ひとつの鏡面として、右側に虚像をうつしだした。これは輪郭だけであらわされている。

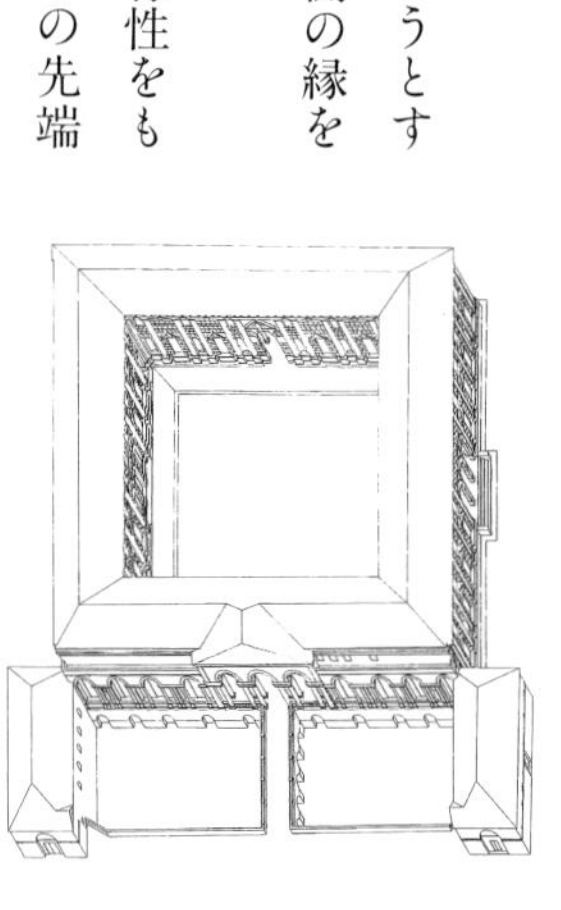
パラッツォ・デル・テ、アクソノメトリック図

また鏡像は、いたるところに反復使用されている。秘園に面したロッジア、すなわちいま対面していた壁の背後の部屋だが、ここでは左手からはいったために、両側にのみ入口扉がある。だから、対面する東側は、外部にひらいたバルコニーがつくられているのだが、実は外からの見かけだけで、この扉枠は壁で埋められ、壁画が描かれている。またこの秘園に隣接するアッテリオ・レーゴロの間では、ひとつの壁面が対称的に分割され、左右に扉枠をもっている。勿論、むかって右側だけがまともな扉で、他は単に描かれた扉である。

もっとも明瞭にみえてくるのは、ダヴィデのロッジアにひらく扉である。中央部のアーチのなかに、ここではまったく同型の扉が二つ並んでつくられる。そして、片側のみが作動する。実像と虚像が並置されている。同時に、アーチで囲われた枠組みが要請する求心的な構成——つまり普通のやりかたならば、その中央に一個だけの扉がくればいいのだ——を扉の並列によって受けながし、いかにも不確定な視線をそのまま固定化した印象を与える。

鏡面にうつされたような虚像、つまりここでは偽の扉としてあらわれてくるのだが、これは、反復し過剰に使用されることによって、この館にひとつの特性を与えることになる。軸を鏡面と見立てることによって虚像を生みだし、その虚像が実際に建築的に機能する実像としての扉と混在しているのだ。中心に置かれた窓や扉や暖炉は、厳然とその位置を占めて動かしがたくなる。それに較べて、中心線を鏡面として、その点を常に一本の線または点としてしまうこと、すなわち、中心が不在化することから空間をゆり動かすことさえ可能になる。ジュリオ・ロマーノは、軸という堅固で徹底的に求心性をもつ手段を、

秘園の壁。鏡像のように、対称の位置にめくらの扉がもうけられている。この壁に透視図法による庭園の図が描かれるはずであった。実像と虚像が重なり合う。

photo: K. Shinoyama

鏡面に見立てるというズラした読みかえを行った。その結果が虚像の自動的な混在となってあらわれる。視線が輪郭だけの扉にひきさかれることによって、かえって実像としての扉を一方に浮かばせる。そして、視線の往復運動がこの館のいたるところで強制される。不安定な視線の移動によって、空間は不明瞭になる。身体的に巻きこまれてはいながらも、空間のなかに焦点が結ばれないために自らの位置を定めることができないのだ。

射影変換と対

軸線を鏡面に見立てて、虚像を実在空間内に発生させる手法は、当然のようにもっと複雑な変形操作に連なる。たとえばひとつの像がその骨組みは保持しながら、別の像へ射影によって変換されるという作業が空間内で対面する上下方向においてなされている。そのひとつは天井と床との関係である。

パラッツォ・デル・テにおいて内部の室内装飾の完成した部屋では、壁面にフレスコが描かれただけでなく、天井画の方がより重視されている部屋がいくつもある。同時に床の仕上げにも並々ならぬ関心がそそがれている。この相互間に、眼にみえぬ線がひかれる。すなわち、天井と床は、相互がうつし合ったかのように、同一のパターンをもって構成されている。床は、大理石のモザイクで、平滑にみがきあげられている。天井は基本的に格子組みのパターンがあらわれ、その間が場合においては文様もしくは装画によって埋められる。いわば天井の構成パターンが、床に射影され、その過程で内側を埋める文様に変形が加えられたのである。

天井と床が射影変換によって、相似のパターンをもつことは、そこにうつし合う関係が成立していることだ。内部空間が密実な関係性の網目で埋められていることにもなる。そのなかを通過するとき、観客は、可視化されているわけではないが、微妙なはりめぐらされた関係の糸を感知する。それがあらゆる家具がとり除かれた状態でしかみることのできない今日においても、殆ど付加する何物も必要としないようにみえる原因ともなっている。

射影とは、反復と増幅の作業でもある。基本的なパターンが重層することになるのだが、ジュリオ・ロマーノはここでは必ずしも同一のパターンだけを主題と変奏という関係にもちこんでいるわけではない。むしろ各部屋ごとに、異なって、不連続にみえる。独立性が保持される。

対もまた一種の射影ではあるが、対立をより明瞭にすることによって、求心化する作業から決定的にのがれでる。たとえば、庭園に出現する半円形のプランをしたエクセドラは明らかに、館の主棟の正方形と対峙している。同時に、室の配置や装飾においても、対をつかう。たとえば、東棟の両端に配されているのが、館全体を通じてもっとも重要な二つの部屋である。「プシケの間」と「巨人の間」と呼ばれている。同様の対は、ロッジアへの命名にもみえる。ともに三連アーチをもった二つのロッジアは、それぞれ、ミューズとダヴィデにちなんでいる。

対でかたちづくることは、その間に中心の線または点を発生させる。しかし、その中心は、この館においては、何ら意味をもたない。ひとつの形式を成立させるための仮定の補助線であり、ときに鏡面となり、等距離に像をうつしだすにすぎない。しかしながら、対

「ダヴィデのロッジア」。中庭と庭園を結びつけるロッジア（外部にひらいている屋根のついた空間）。二つ並んだ扉のうち、ひとつは偽扉である。
photo: K. Shinoyama

であることは、ひとつの形式を生みだしていく点においては比類のないほどに強力である。ジェネレーターとして、部屋や要素の出現を規定する。そんな補助線なしでは対称性をもつ形式は生みだせないのだが、ここにおいても特徴的なのは、その中心線や点の背後に、何ものの出現をも予想してないことである。それが聖堂であるならば、中心軸が見えない神の所在地を暗示することも可能だが、すぐれて日常性そのままの館においては、そんな抽象化された究極の点の存在は必要とされていない。無意味だが、それでも形式が成立するために必要な軸線。そんな形式化への転倒が、あえて意図されているのだといっていい。

身振り

ジュリオ・ロマーノのマントヴァにおけるいくつかの建物が、私たちに送りとどける信号は、平静な表情を保っているとみえながら、いったん眼をこらすと、それまで表面上の安静と均衡をかたちづくっていたと思えた要素間の緊密な関係が、突然の崩壊を開始するという奇妙な脆弱性であり、おそらく、それまでの時代が要請し、この街にも幾多の実例をもって親しまれていたはずの整合性をもったルネッサンスの形式が、たえまない微震動と微変形によって、幾重もの波紋を生みだし、ついに透視不能になるような、ねじれた逸脱性である。

彼の仕事は、館、宮廷の改築、教会堂、自邸と多岐にわたっている。これらは、建築のみならず、庭園や内部装飾にいたるまでが、彼の手によって生みだされた。ジュリオ・ロマーノがマントヴァに呼ばれたのは、ゴンザーガ家の企画する建築の建設にたずさわるためだったが、何よりも、都市計画家としてであった。これらの建築は、街の総体に組みこまれるはずのものであった。

その雑多な仕事を通じて読みとれるのは、ひとりの芸術家の内部が鏡のようにうつしだされたに違いないと思わせるような、独特の連続感である。常にひとつの諧調をもっているのだが、奇妙にズレている。狂っているとしか表現できないものもある。しかし、こんな調子っぱずれかたのなかにもまたひとりの芸術家の存在が浮かびあがるという奇妙さなのだ。

構築することを義務づけられていながら、いつの間にか崩壊へと導かれてしまっているといった、常に遁走しているような非加担性。

きらびやかな装飾の背後からのぞいてくる冷淡なまでの無力感。

そして、どのように集中的な凝縮力を加えていても、ついに満ち足りた豊饒さには到達しきれないといった不充足性。

このように列挙してくると、いずれも、否定的な形容によってしか記述できないようなとりとめない性向なのだが、それだけに、これらの特性は、意図的な反措定として提出されたものではなく、芸術家の意識の裏がわにはりついて、どうしてもはらいのけることができないまま、すべての細部にまでその痕跡をとどめる。それが、いらだたしいまでの刺激を送りとどける原因ともなるのだが、いったんそれに巻きこまれると無視できないどころか、その毒までが、心地よい陶酔にさそいこむもととみえてくるのだ。

マントヴァには、ルネッサンスを代表するような作品が、一五世紀を通じて残されてい

ジュリオ・ロマーノ自邸、一五四〇年頃、マントヴァ

る。建築では、アルベルティのサン・セバスティアーノ聖堂とサンタンドレア聖堂という二つの完璧なモデルがある。絵画でも、マンテーニャの主要な仕事は全部この街で制作された。

たとえば、アルベルティの建築がみせる古典的な均整と、透明な空間が生みだす圧倒的な陶酔を、ジュリオ・ロマーノの建築にさがしても、その片鱗さえ見あたらない。ましてや、ゴンザーガ家の居城、パラッツォ・ドゥカーレのなかにある、マンテーニャによるルドヴィーコ・ゴンザーガの生涯を描いた大壁画のもつ、陰影に溢れた明晰な実在感が生みだす感動と同質のものをこの館の壁画に期待しても無駄である。

むしろ、ジュリオ・ロマーノの仕事では、いっさいの高揚がおさえられ、全身体的な不能感があらわにされる。

一五世紀の芸術家たちがえらびとった透明で古典的な均斉感や、事物の存在を明晰な方法によって解剖学的に描写しつくそうとする企図ともきっぱり絶縁している。精神的な歓喜よりも、通俗的で現世的な快楽があらわれている。整合化した構成のもたらす緊迫感にかわって、ルーズで不安定な崩壊感覚が支配する。

にもかかわらず、パラッツォ・デル・テを訪れたときに、最後にからめとられていく奇妙な魅力の起点は、確実なシステムとして完備していたはずの構成の原理さえ、次々に裏切りながら、いまだに見定めていない、いずこかの彼岸へのがれでようとする、とめどもない身振りの生みだす色紙模様に起因するとはいえないか。

それは、諧謔にみちた遊びである。荒唐無稽な策略でもある。いずれも、中心であった「ローマ」が腐食し、崩壊したことと裏はらの関係にある。

レオン・バッティスタ・アルベルティ、サンタンドレア聖堂正面、一四七〇年着手、マントヴァ

中心が消え、次の中心が見つからないという時代の間隙にあっては、あらゆる作業は宙吊りにならざるを得ない。そして、この作業を支えるのは、すべての瞬間を埋めつくそうとする途切れることのできぬ身振りである。当然のこととして、不充足感も無力感もが立ちあらわれるのだが、芸術家は、それを自らの身振りによってのみ埋めねばならない。明快な古典的形成は、中心のみが所有できる。そのような中心への吸引によって、ひとつの形式は醸成されていく。手にした手法が、そんな形式に所属していなくとも、すでに中心が腐蝕しその存立さえあやふやにみえるならば、手法はひたすら宙吊りの形式の生産にかかわることになる。とだえることのできない身振りだけがこれを支える。

ジュリオ・ロマーノが、この館のなかにはりめぐらした奸計は、中心からはたしかにのがれていても、いっこうに停泊地の定まらないまま、とめどもなく襲いつづける不安を、そのまま視覚化することであった。具体的には、透明な空間のなかに、たえまなく影を生みつづけるような仕掛けを仕込むこととなってあらわれている。

ジュリオ・ロマーノ、パラッツォ・ドゥカーレ「騎士の中庭」南側壁面

反復

鏡面の生みだす対称性は、むしろ先験的に要請されていた形式であったというべきである。おそらく、ジュリオ・ロマーノは、いっさいの間隙をふくめ、可視的な全領域を、無限に反転しながら連続する鏡像だけで埋めようとしていたのではなかったか。

無限反射、それは自動律による増幅であるが、強制された反復のなかに観客の身体をまきこむことによって、ひとつの律動を感じさせるものだといっていい。

たとえばパラッツォ・デル・テがマニエリスム建築の特性をもっともよく表現したとしてひき合いにだされる立面についても、自動律による増幅作用が、その基本形をなしている。

北棟の外側ファサード、それが街から接近する最初の側であるが、この部分はかつてのヴィッラの構造体の残像である。館の建設は緊急を要した。既存のものを使って、一部分でも早々と完成せねばならなかった。そこで、重要と見なされる諸室は、すべてここに収められている。中央の三連のアーチのあるミューズのロッジアの西側に、ラ・ボスケッタの居室を、それと対称的にレセプション・ルームとしての馬の間。そして、当初の最大の眼目であったプシケの間が東側につづく。

中央のロッジアの両側は、一見して対称形の扱いがなされている。付け柱によって柱間が分節される。当然その柱間には一個の窓またはニッチが収められる。

ところが、ここで偶然が微妙に作用をおこす。柱間の基準になる窓は、内側の部屋との関連において位置が定められているわけだが異なった大きさの部屋が左右に控えるために、必ずしも正確に対称の位置に窓がおかれなかった。それよりも、ミューズのロッジアの三連アーチは、必ずしも全体の中心ではなかった。全体に左手が間延びし、右手が圧縮されたような実長をもっているのだが、それを見かけのうえで、対称形にみせるべく調停に努力した痕跡がみえる。偶然に与えられた条件を統御することは建築の設計が特定の位置におかれるかぎり避けられない作業だが、ジュリオ・ロマーノは、それを対称という形式に押しこむことによって解決しようと試みた。その結果生まれたスケールの奇妙な圧縮が、この館について、後代に数多くの議論を呼ぶことになった。

偶然というより、地形的、部分的、または既設との関係などとの悪戦苦闘のなかから、思いがけない解決が生みだされることもある。バルダッサーレ・ペルッツィによるパラッツォ・マッシモも同様である。それは道路ぞいの湾曲したファサードによって特徴づけられているのだが、ペルッツィは、肩をいからせずに道路にそって、ゆるい円弧を描かせ、薄い上部の面を下部の列柱をもつロッジアと対立させたのだが、まさに状況にしなやかに対応する機知に溢れた解決だった。

付け柱による柱間の分節は、中心から左右にひとつの波動を伝える。この北棟にきざまれたリズムは、すべての立面に波及する。西棟は中央に玄関のロッジアをもつが、そのファサードの構成の形式は、北側のそれを整序して、完全な対称性を与えている。東棟の庭園側だけは異なった、独立したファサードをみせる。しかし、ここでもダヴィデのロッジアに三連アーチが繰り返されているのは、北側のそれと呼応したからであろう。

特徴的なのは中庭で、それぞれの外部のモチーフが繰り返される。付け柱が半円柱に変わり、いっそう奇異な窓飾りが出現するが、付け柱により分節のリズムを基調にするところは変わらない。その相互は、対面のものをうつし合ってはいるが、若干の変調が加えられる。ひずんで鏡にうつされているとみてもいい。こうして、ひとつの分節によるリズムが、全ファサードに、反射し合いながら波及する。そして、微妙な変調がなされる。

その変調は、荒唐無稽ともいうほどに、写実的な規範から逸脱している。その点においてこの館がひとつの時代の変換の兆しとして記録されるのだが、それにしても、あらゆる変調は、全面に反復しながら波及しているリズムにたいして案出されたものばかりである。

中庭、西側立面全景。「玄関のロッジア」へ通ずるアーチ状の開口部の上部のキー・ストーンが異常に肥大化し、持ち送りで不安定に支えられたペディメントを突きやぶっている。

photo: K. Shinoyama

逸脱

外部、中庭を通じて共通な構成要素として浮かびあがるのは、粗石積みである。これは本来は町家の地上階に用いられ、その上部に主階をのせるという、すぐれて都市的な館の構成形式で、ブラマンテのラファエロ邸において、典型化され、この時期にはすでに承認されようとしていた。ところが、ここでは、主階と地上階における、オーダーをもつ付け柱の構成と粗石積みが重層させられている。上下に配されるべきそれぞれの形式が重ね合わされてしまった。それ故、このファサードがまず裏切るのは、ブラマンテの生みだした基本形である。この古典的基準にならされた同時代の眼にとって、トスカナ式のジャイアント・オーダーは、ずり落ちて粗石積み壁にめりこんだとみえたにちがいない。意図的な違反である。と同時に、通念を裏切る悪意をもった奸計でもあった。

そこで、付け柱の生みだす柱間は、全面的に粗石積みのまま残され、それがさらに枠組みに用いられたペディメントやニッチに異様な変形を強いている。

まず最初に眼にはいるのは、明らかに桁はずれに大きいキー・ストーンである。組積造の壁に開口部をつくるとき、その上方がアーチにせよ水平のまぐさで架構されるにせよ、石造であるかぎりにおいて、左右から送りだすようにはねだしをつくっていく。そして最後にその両側の迫りだしが出逢う中央の一点に埋められるのがキー・ストーンである。それが桁はずれに大きい。あるものは、上部にかたどられたペディメントを突きやぶっている。またあるものは、くさび状にけずられたキー・ストーンが、あらかじめ地上で製作さ

中庭、東側立面。東西を貫く主軸上の眺め。開口部の奥に、庭園の突き当たりにエクセドラが見える。
photo: K. Shinoyama

れるときに寸法がちがい、おさまり悪く下端にすき間があいている。また、あるものは、細目であったかのように、アーチの上部に下端がずり落ちかけている。

キー・ストーンは、それ故に一瞬、崩れ落ちるのではないか、という錯覚を容易に生む。それは、トリグリフの脱落によってさらに強調される。柱頭の上部に水平に走るリボン状の欄間にはめこまれたトリグリフと呼ばれる縦縞の小さい断片が、その下のアーキトレーヴとともに、やはりずり落ちている。

これらの脱落しそうなまでに位置をずらされた構成の断片は、一歩ひいて全体のファサードを眺めわたしてみると、用意周到に配されて、ふたたびリズムの形成に役立っていることが知られよう。東西側のファサードにおいては、格子間の中央にトリグリフが規則的にずり落ちている。それは水平の単調なひろがりに、上下する波動を与える。全面的に埋められた粗石積みの壁のうえに、別種の波状のリズムが重なり合う。しかも、キー・ストーンは肥大化して、そのアーチをくぐるものの頭上にいまにも落下しそうな有様なのだ。リズミカルなファサードを生みだすためにジュリオ・ロマーノがここに仕掛けた奸計は全体の構成要素間の緊結をゆるめることが生みだすブレであり、同時にマッシヴで重量感のあるかにみえる石材（実は大部分はスタッコでかたどられ塗りかためられたもので、壁体の表相部に貼りつけられたにすぎないのだ）が瓦解するのではないかとみせる不安感を産出するためだったろう。

しかも、扉や開口部の上部飾りのペディメントは、常軌を逸している。両端を持ち送りで支えられただけの三角破風。しかも内側に、キー・ストーンだけをだきこむ。それは、いかにも、貼りつけられただけの破風である。しかも、偽の、見せかけだけのためにつけ

パラッツォ・ドゥカーレ中庭側立面
（右上より左下へ）
コーニス下部の　欄間の壁画。
「玄関のロッジア」への開口部。異常に大きいキー・ストーンが用いられている。
柱間のトリグリフがすべり落ちそうにみえる。
ペディメントの頂部が、故意にすき間があけられている。

られていることがたやすく見破られるような容易さである。この常軌の逸しかたは、ただごとならぬ圧倒感をもって観るものの眼にうつる。透明で正確であり得たはずのこれらの古典的な建築要素が、その外形だけは充分に保持されながら、配される場所や関係をめためたに崩されている。崩壊の一瞬手前に、危ない崖っぷちにそっと置かれたようなスリルが感じられるのだ。

ここで生みだされた奸計は、たとえばブラマンテが組み立てた清冽な秩序をもった古典的な形式から、可能なかぎりの逸脱をこそめざしたものだったというべきだろう。もし、透明で整合性をもった盛期ルネッサンスの形式を是とするならば、ジュリオ・ロマーノがここで組み立てたのは、悪趣味としかいいようがない。あらゆる種類の不整合、不安定、瓦解だけがクローズアップする。何故そのような奸計がたくらまれねばならないのか、という問いには、おそらくジュリオ・ロマーノは答えまい。そして次のように問いかえすに決まっている。

あれほど完璧に学ばれた古典的な様式が、中心たるべき「ローマ」で、求心的な集中式聖堂として実現しようというとき、遠くはなれたマントヴァにおいては、「ローマ」そのものからの逸脱しか表現の手がかりはないだろう。かたくるしい厳密さにはあきてしまっているのだよ。それよりも、「ローマ」はもはや中心としての役割さえはたしていないではないか。そこでのぞまれた求心的な整合する秩序は、もはや崩壊している。その事実だけが、手がかりになる。私だって、青春時代をあの壮大なローマの建設に加わりながら学んできたのだから、すべてを知りつくしている。だからこそ、瓦解していく不安な有様だけが、私の表現するもののリアリティを支えてくれるのだよ。

中庭、東側立面。
photo: K. Shinoyama

二重うつし

もしや、この館のファサードの構成が、ブラマンテのラファエロ邸にみられたような、粗石積み《ルスティコ》と主階《ピアノ・ノービレ》の組み合わせからなる館《パラッツォ》の原型の、上下階を重ね合わせたパロディーではないか、という思いつきは、この館のなかに、二重うつしの手法が使われていることからひきだされた。たとえば、秘園の庭園側のファサード、というより、壁面である。前にもふれたように、ここは、対称的に、本物の扉と偽の扉が、鏡像の原理に基づいて並んでいる。その壁面にも壁画が構成されていた。本物の扉と偽ものの扉で囲われた壁面は、ちょうどロッジアのような開口部がとられたかのように、内側にある庭園を暗示するような、壁画が描かれることになっていた。二列の対になった振り柱で支えられたロッジアである。そのむこう側では、描かれた秘園がみえる。しかし、現実につくりだされたような、グロッタのある秘園ではない。

ここに、奇妙な二重うつしの秘法、をみることができる。実物の小さく囲われて、どろどろにとけた溶岩のなかにくり抜かれたような入口をもつグロッタと、噴水を中央にもった振り柱のロッジアの面する庭園とが、ひとつの壁の裏おもてに、実像と虚像として、はり合わされているのである。

その壁面は、勿論、透視図法によって描かれている。二次元的な平面のうえに三次元的な空間の奥行を表現する手法として生みだされたものである。視覚的に、平面のなかに奥行をもった非在の空間を出現させるために、この手法は発明された。実在するひとつの壁

グロッタの入口。モルタルをたたきつけるようにして、溶解した雰囲気をつくっている。

photo: K. Shinoyama

面が、そこに視覚的に奥行を感じるような手法によって、変形させせられているのである。実像（二次元的空間）のうえに虚像（三次元的空間）が重ね合わされる。とりわけ、建築的空間は、本来三次元的な存在であることに注目しておく必要があろう。そこに偶然あらわれる空間的な壁のうえに、実在しない、想像上の三次元的な空間が描かれる。二重うつしの方法によって、実像のなかに虚像がまぎれこまされることになる。ここでもまた、実像と虚像の関係が、鏡像ではなく、具体的には重層の手法として生みだされているのである。現実の空間のなかにあっては、観る人間は否応なしにそのなかに導かれ、空間を所有させられるのだが、視覚上の錯覚を生ませるような虚像をまぎれこませる。まさに、鏡像の原理によって生みだされた実像と虚像の共存の関係を、三次元と二次元、建築と絵画という異なった表現メディアの複合によって再度成立させているのである。

奥行を表現するために透視図法を用いることは、一五世紀を通じて殆ど決定的といっていいほどの理論的、手法的な完成をみたわけだが、ジュリオ・ロマーノがここで用いた透視図法は、このような原理を理解したうえで、それが人間の錯覚に作用する効果を同時に考慮して、三次元空間にいる人間の日常的な感覚を裏切るために用いられた点に注意すべきである。イリュージョンを生む技法が、いっそう複雑な効果をもたらすために、奸計のなかに組みいれられた、というべきである。

ジュリオ・ロマーノがこのような二重うつしの効果を目撃したのは、彼がラファエロとともに装画を手伝った、バルダッサーレ・ペルッツィが設計し、かつ自ら内部装飾をしたヴィッラ・ファルネジーナ（一五一六年）においてであっただろうと思われる。この館の「柱の間」と呼ばれる階上の広間は、通常の位置に配された窓の残部の壁面がすべて壁画で

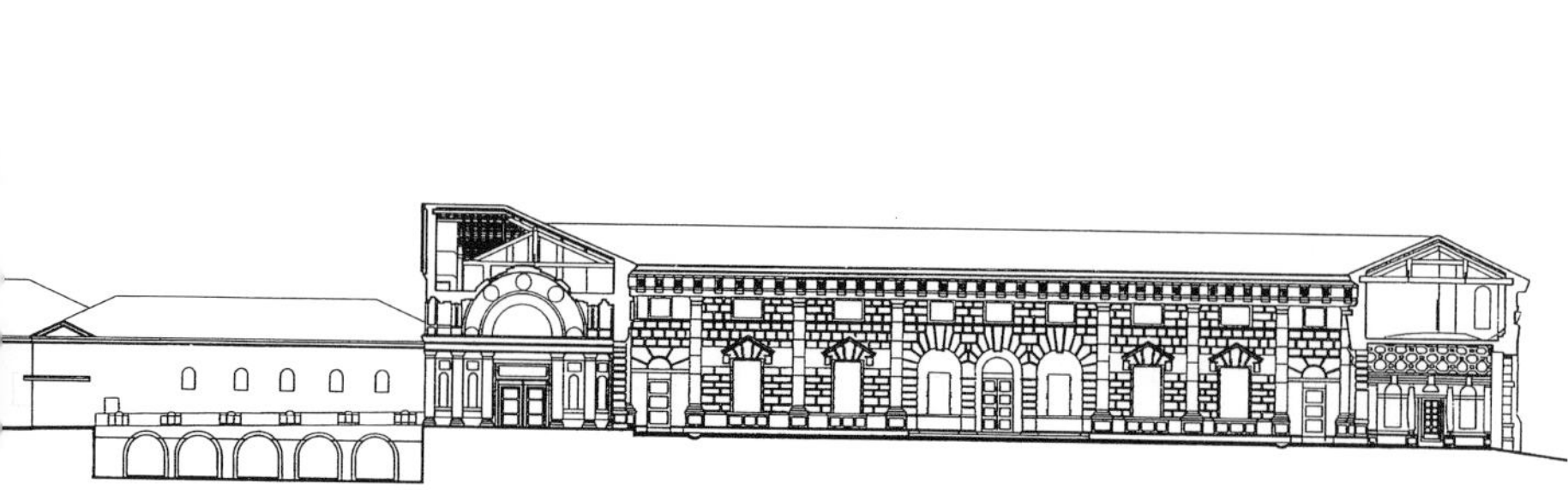

埋められている。それは窓の外をみた光景で、壁画をみたかぎりにおいては、本物の窓枠が連続したパノラマのなかにまぎれこんだようにみえる。しかしいったん窓をひらくと、そこには現実の光景があらわれる。現実が描かれた虚像に混じるわけだ。しかもこの壁面に直交する壁には、透視図法を利用して、その外部の光景がこちら側にも続いているかに描かれている。両側に配された扉の内側は、通常の大きさのロッジアのように描かれ、ここに透視図法によってややズレた四本の円柱が描かれている。これが「柱の間」の由来であろうが、この円柱のあるロッジアの図は、直角でつくられた部屋を、イリュージョンを発生させることによって、展開し、ひき伸ばそうとさえしている。しかも、円柱の両側の扉は本物で、これをひらくと、単に次の間があらわれるにすぎない。ここでは圧倒的なイリュージョンのなかに、現実の空間がひそかに割りこまされているというわけだ。

本物と偽物、実在と非在、実像と虚像、このような対立した事物が、ここでは二重に重ね合わされている。異なったシステムを重複させることによって、そのどちらだけでも表現不可能であった、複合した非現実性が獲得される。それはかぎりなく事物を両義的な存在の果てに押しやることでもある。明晰なものとしての実在、あるいは整合したシステムとしての秩序は、破壊される。そしてここに発生するのは、二つの対立したイメージの間をたえまなく往復させることから生まれる不安定な感情である。

壁画は、そのようなイリュージョンを発生させるもっとも手っとりばやい表現手段と見なされた。元来、平面上に理想の奥行を発生させるために案出された透視図法がイリュージョンを生む。まさにその点が着目され、拡張されていった。あるものを実在感をもって描出するために生まれた技法が、逆にあらぬものを見させることに用いられるという用法

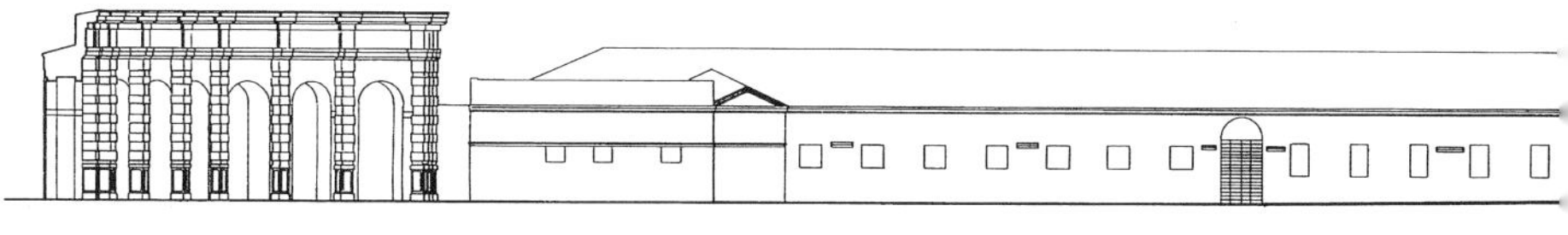

パラッツォ・デル・テ、断面図

上の逆転がおこったのである。したがって、壁画はイリュージョンを現実の空間のなかに発生させるという、別種の意味が生まれた。パラッツォ・デル・テは、まさにそういう転換をドラマティックに表示した初期の実例となったわけだが、その後この手法はパラディオの作品の内部の基調にもなる。ヴィッラ・バルバロ（一五六〇年）の広間にヴェロネーゼが描いた装画は、絵画のイリュージョン発生機構が現実の建築物を組み立てている扉や窓や柱などの諸要素の実在性さえ不明確になるほどに対立的に駆使されている。

　パラッツォ・デル・テを訪れて、おそらく最初にふみこむ「馬の間」と呼ばれる大広間も別種なイリュージョンをもった絵画によって埋められている。それは部屋の名称にあるように、馬の絵である。ただ奇妙にみえるのは、その馬の姿が実寸大に、扉のまぐさの上部とか暖炉の上部といった、一段高い場所にリアルに描かれていることである。その結果観客は、部屋の床のレベルが、急に深く掘り下げられているのではないか、という錯覚をおこす。壁面に描かれたニッチや格子間に頭身大で人間の姿がつくりこまれていても、さほど不思議に思わないのに、この「馬の間」では、馬という意表をついた像が空中に浮かんでいるために奇妙な効果がおきている。一種のトロンプ・ルイユである。描かれた付け柱と重なり合っていることが、その実在感をより迫真化しているし、このあたりはマンテーニャのロドヴィーコ・ゴンザーガの生涯の壁画にみられる技法を反映しているといってもいい。

「馬の間」東壁上部、壁画。天井の組み物のパターンが、そのまま床に投影されて、床のペイブのパターンになる。
photo: K. Shinoyama

醒めた狂気

私はひたすらこのパラッツォ・デル・テのなかに仕込まれた奇妙な感覚の発生源だけをたどろうとしてきたようだ。これを手法の系だと呼んでもいいが、いずれもが古典的な整合性に裏づけられたルネッサンスの技法の系を、意図的にか無意識的にか、崩し、ズラして、ついに似ても似つかぬ不安定な状況が生みだされているのだ。

そのような達成がジュリオ・ロマーノという個人の資質によるのか、彼が呼ばれたマントヴァの宮廷にみられた機知と奇想に溢れた人文主義者たちの会話から生まれたものか、あるいは館の主人公フェデリーコ・ゴンザーガ二世の屈折し矛盾した生に由来するのか、また『ローマの掠奪《サッコ・ディ・ローマ》』という崩壊を目のあたりにみせる歴史的事件に逢遇したためか。いずれもひとつの理由としてとりあげることのできる要因である。

しかし何よりも建築家として興味のあることは、古典的な諸要素が充分に駆使されていながら、その配列や結合の細部が微震動しながら、いまにも崩れ落ちそうにみえることである。設計という作業を推量してみると、これが単なる狂気や偶然の集積が生んだものではなく、意識化した手法の系に統御されていると考えるべきだろう。こんな作業は醒めた狂気としか呼べない。バロックの時代のようにあらゆる感覚を動員して、人間に全身体的な刺激の信号を送りとどける統合された系が作動していたわけではない。古典主義的な諸原理にたいする知識は充分に駆使されていたであろう。しかし誰もがその古典主義をアルベルティやブラマンテのように徹底して駆使することで完璧な体系に到達できるなど信じなくなっていたのだ。ローマ法王の絶対権力も危機に陥っていた。それはひいては旧教会のもった教養の有効性が疑われはじめていたことなのだ。宗教改革の波は一六世紀の初頭にすでにおこっていた。反宗教改革としてイグナチウス・ロヨラたちが一種の体制内改革を苦労して勝ちとることもまだなされていなかった。時代の移行期である。危機のはざまというべきかも知れない。この時代の知識人たちはそんな危機を現実に眼前に眺めていただろう。未来に何がひらけるか予測はつかなかった。終末が語られ、最後の審判が視覚化されようとしていた。

ジュリオ・ロマーノが生きた時代は、推定するに私たちがいま生きているこの時代そっくりの相貌を呈していたのではないか。時代の状況を語る必要はない。たとえば近代建築という産業社会に基盤を置きテクノロジーを表現手段とした建築の様式がその古典主義的に透明な整合性の故に疑われている。無機的で中性化した表現手段がもはや魅力あるものを生みだし得ないことは建築家だけの議論でなく衆知の事実になった。

近代建築の完成してしまった原理を教条のように学ぶことで建築をはじめた私にとって、過去二〇年ほどの仕事はすべてその基本原理からの離脱をはかる作業の過程だったといっていい。それは同時にこのパラッツォ・デル・テという四五〇年前につくられたひとつの建築の解釈を重ねてきた過程でもあった。

建築史や美術史の歴史において必ずふれられるが、ほんの一枚か二枚の写真とわずかなコメントしか与えられていないこのパラッツォ・デル・テを最初に訪れたとき、正直いって私はおおいに戸惑ったというべきだろう。そのときは今日ほどに修復や整備がなされていなかったせいもあって、廃墟に近いような寒々しさであった。盛期ルネッサンスを代表

庭園側ファサード全景。この面がファサードとしてもっとも手のこんだ処理がなされた。

photo: K. Shinoyama

する画家マンテーニャの仕事やアルベルティの二つの教会堂を訪れた眼にとって、この館はあまりに乱雑で統一感がなく、通俗的でさえある。とりわけその細部の悪趣味というべき処理は拒絶反応を起こすほどのものだった。マニエリスムに関心をいだき、自らの方法をそれとの関係において組み立てようと考えていたのだが、もしマニエリスムがこのような作品を生むのならば根底から考えなおさねばならぬのではないかという不安に襲われたほどだった。

だからかなり長い期間にわたってパラッツォ・デル・テは私の古典参照リストのなかでペンディング状態におかれていた。だが奇妙な記憶が幾度となくよみがえるのだ。あのグロテスクにまで変形された細部、不格好な構成がその不安定さ故にかえって脳裡から消えなくなる。そのときの私自身の精神状態が強い影響をもっていたのかも知れない。七〇年代のはじめにひとつの美術館の設計が終わったとき、私ははじめて古典的な建築を参照していたのだと自覚した。それがこのパラッツォ・デル・テだった。

このときの仕事は近代建築の硬直した原理から離脱したことをかなり明確に言えそうだと感じていたのだが、これは一九六八年体験にたいする私なりの解答を用意することでもあった。一九六八年の学生たちによる文化革命は産業社会の原理の全否定であった。いいかえると産業社会をセレブレーションするために生まれた近代建築の存立を全面的に疑いつくすことと同義であった。すくなくとも私にとっては、一九六八年という日付けは、一六世紀初頭のイタリア建築家たちにとっての一五二七年の『ローマの掠奪《サッコ・ディ・ローマ》』と同等の意味をもっているように*思うようになった。

いいかえると具体的な建築の設計をすすめるなかから、やっとジュリオ・ロマーノのこ

* ピーター・アイゼンマンは、一九七九年に来日したときの講演のなかで、『ローマの掠奪』（一五二七年）を『ヒロシマ』（一九四五年）に比較している。しかし私は、『文化革命』（一九六八年）のほうが知的領域において決定的な意味をもつように思う。とくに産業社会の概念の崩壊において。

の仕事を支えている数々の手法が読みとれるようになってきたというべきかも知れない。彼は一〇年前の私と同じく、絶望にうちひしがれていたのかも知れない。確実なたよるべき原理は崩壊している。だけど何ひとつ見えてこないのだ。見えるのは崩壊する眼前の現実だ。とすればその崩壊の有様だけが浮かびあがればいいではないか。古典主義建築を構成する諸言語は開発しつくされている。とすればそれにシンタクティックな操作を加えることによって、とりとめなくすべっていく不安定状態を生みだすことしかない。彼がここでとりだしてきた数々の手法はそんな気分を現実化するために開発したものばかりであろうと私は想像する。それを建築の細部だけでなく、ひとつの室の内部全体にわたって展開したのが「巨人の間」である。それは崩壊そのものが主題である。巨人族の崩壊は、実は現実の崩壊であり、ルネッサンスの崩壊なのだ。そのドラマはいま私たちがこの現実のなかで共有しているものでさえある。

カタストローフ

ジュリオ・ロマーノの同時代人で、『美術家列伝』を著したヴァザーリは、次のように叙述している。

「――この部屋にふみこむと、窓だけはちゃんとしているのだが、他のものすべてが、あわや崩壊して廃墟と化しつつあり、山や建物までが落下して、何もかもが頭上にふりかかってくるといった恐怖感にとらわれざるをえない。」

「巨人の間」入口。床のモザイクのパターンは天井の中心の図と呼応して、渦状をなしている。
photo: K. Shinoyama

荒唐無稽をそのまま絵にしたというべきか。イリュージョンが極限までひろげられていったあげくに、人間の平衡感覚までをも侵してしまった、というべきか。事実、あなたは、この部屋にいったんふみこむと、ヴァザーリの叙述は決して誇張ではないことをさとるだろう。

いま、この館を訪れたとき、最後にたどりつく「巨人の間」と呼ばれる部屋は、それまでの諸室と天井の構成がまったく異なっている。天井は細かい格子間に分割され、ときに格子が綾織りのように組まれ、小さい壁画で埋められるものばかりであったが、ここでは壁から天井まで、なめらかで、ひとつづきの曲面にならされてしまっている。分節がなされていない。ちょうど、半分に割られた卵の殻の内部を想像するといい。そこに二つの窓と二つの扉がついている。だから、ヴァザーリのいうように、通常の感覚において実在しているのは、窓と扉だけなのだ。残部がすき間のない壁画で完全に覆われている。しかも、もっともイリュージョニスティックな技法によって描かれている。

それは巨人族の壊滅の物語、である。オリュンポスの神々と長期にわたって戦った巨人族は、最後に稲妻によって彼らの築いた神殿の下敷きになる。その崩壊の光景がそのまま描かれる。垂直に立っていた柱が倒れる。煉瓦の壁がばらばらになる。巨人族は、まさに巨人的なスケールに拡張されて、その巨岩を支え、あるいは下敷きとなり、断末魔の状態を示している。

天井面は、中央にクーポラが浮きあがり、そのなかに落下傘のようにみえる天蓋が浮き、王の座たる椅子がある。そしてゼウスが無数の神々に囲まれて、その座へとむかって昇りつつある。

「巨人の間」　神殿の崩壊。
photo: K. Shinoyama

上部にあるオリュンポスの神々の光景と、下部の壁に描かれる巨人族の崩壊の光景は、うねるように連続する雲によって区切られている。描かれた雲であるから、不定形で、幾重にも重層して、空間に上方にむかう深さを与えている。

渦巻くようなパターンは、ジュリオ・ロマーノが、たえず執着していた。中庭の迷路もそのひとつだが、大皿のデザインのために残したデッサンのひとつにも、数々の海の動物たちが、渦状に、中央の男の口に吸いこまれていく有様を描いたものがある。* そして、巨人の間の雲の渦まくパターンもまた、明らかに、この渦状の運動感覚をよびさます。それが、人間の視界を超えるようなひろがりをもち、人間を四周から立体的に包囲してしまうので、人間は逆に雲のさなかに浮きあがるような印象を与えられる。

そして、巨石の神殿が、石垣が、壁体が、崩壊する光景が、四周をとり囲むから、もはや人間は、渦巻き瓦解する激流のようなるつぼのなかにほうりこまれてしまうのである。

建築の内部の部屋は、垂直に立ちあがる壁と、それを水平に覆う天井とによって構成されるのが通念である。ところが、イリュージョニスティックな技法によって、その平衡感覚がかき乱されている。ひとつの虚構が組み立てられているわけだ。視覚の裏切りである。建築的空間の知覚作用の基本をなしている重力感覚が、事物の表面だけと応答する視覚によって乱され、裏切られる。それは、イリュージョンだけによって、生みだされているから、仕掛けさえ理解できれば、たわいない子供だましだ、といっていえないこともないが、それにしても、この部屋は、ふみこんだ瞬間に頭上にばらばらと岩石がふりかかってくる恐怖感を与えるだけの奇妙さをもってつくられている。

中庭のファサードでは、建築的構成要素が、一瞬崩壊するのではないかとみえるような

＊ "Infinite Jest" 前出書 1-1

「巨人の間」。壁から天井へと区切りのない連続面にこの壁画は描かれている。天井側がギリシャの神々、四周の壁が巨人族の崩壊のドラマ。
photo: K. Shinoyama

結合状態をかたちづくっていた。それにしても堅固に組み立てられて建っていたはずの外壁が、不安定な巨人の間では、すでに崩壊を開始している。壁の表面だけが、劇場的な手法によって埋められているにすぎないのだ。この二重うつしの意図は、まぎれもなく観客を、崩壊の不安のなかへ、強制的にひきこもうとする。何故、かくも崩壊のイメージに固執するのか。

　要素間の結合がゆるんでしまった。そして正確に自然の像を平面的に再現するはずであった透視図法が逆手にとられて、錯視の効果だけが強調して用いられはじめた。いわば、ルネッサンス的な透明で、秩序をもった三次元的な空間が、何の理由でか必要とされなくなったのだ。明晰で、整合した、自然の正確な描写を試みていた空間概念が、意図的に解体させられ、ひたすら想像的な空間が、変形や重層や錯視や鏡像といった手法を介して、虚構として組み立てられている。

　ジュリオ・ロマーノは、マニエリスムと呼ばれる時代のほとんど初期に生きた。この時代がたとえばイグナチウス・ロヨラらのイエズス会による体制内革新を手がかりにして、いずれは旧教会がローマ法王を中心に再び新しいよそおいをもちはじめることなど、考えもしなかっただろう。彼らがみたのは、『ローマの掠奪《サッコ・ディ・ローマ》』としての、旧世界の解体である。そして、ひたすら、中心の「ローマ」から、距離をとりつづけること、すなわち遁走をつづけることだけを、主要な表現の手がかりにせざるをえなかったからであろう。そこにあらわれる、崩壊は、まさに「ローマ」の崩壊である。そして、この地点から、いずこにか、いまだ見定めることのできない目的地にむかって、泳ぎでざるを得ないと感じたときに、崩壊の遁走曲《フーガ》を生みだすことだけが、リアリティをもって自らの内部に立ちあらわれ

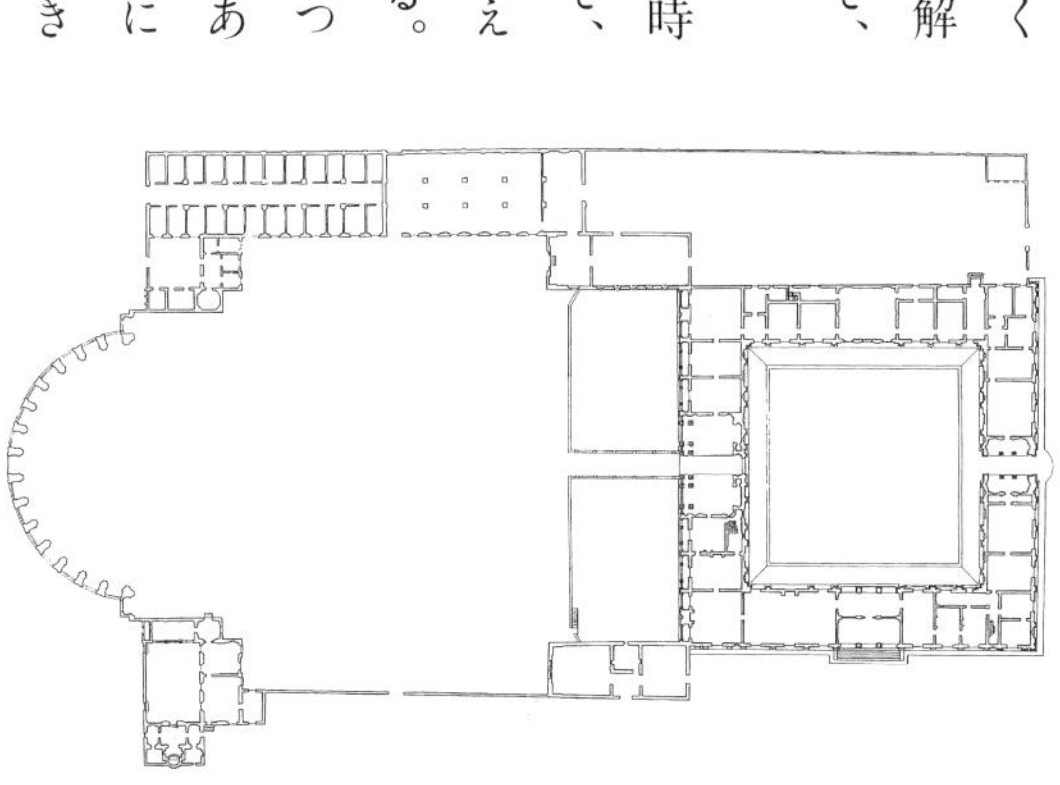

パラッツォ・デル・テ、平面図

たのではなかったか。

パラッツォ・デル・テが私を惹きつけてやまない部分は、その通俗性、非洗練性、悪趣味、鈍重さ、空間的な緊張感のなさといった、不透明な曖昧さのなかで、ただひとつ崩壊の遁走曲《フーガ》が構想から細部にいたるまで浸透しつくしているところにある。それは危機の深淵をのぞいた記憶をもつものだけが、強迫作用と化すまでにとりつかれてしまう、のがれることのできない身振りから生みだされている。しかし、歴史上の記録からすれば、この中心の崩壊という危機は、数年以内に回復させられていく。そのなかから生まれるものは遁走曲《フーガ》ではあるが、もはや崩壊の兆しはない。もっと乱雑に、巧妙に、そして秩序された方法で醒めたデザインがなされているが、ついに崩壊だけを主題に据え、あらゆる手法が求心化をのがれでる、という一点にしぼられた例は、見あたらない。ジュリオ・ロマーノは、その後も痙攣するようなパラッツォ・ドゥカーレの中庭のデザインをする。グロテスクで微震動をつづけてはいるが、もはや崩壊の兆候はどこにもない。彼の内部でも、危機の時代は終了したのであろう。

第5章

中心の構図

ショーの製塩工場

幻想の理想都市——ショーの製塩工場

一八世紀の中期から一九世紀の中期までの約一〇〇年間の西欧の建築様式を、新古典主義と定義することが通説になっている。一八世紀初頭は多くの国々は後期バロックで、視覚的には複雑で軽快なものが好まれていた。それにたいして、ギリシャにたいする考古学的関心が高まったことが、この時期の啓蒙主義による「理性」reasonの全思想領域への浸透とあいまって、徹底的な古典建築のリヴァイヴァルがはかられるようになった。

新古典主義の建築は、厳格な構成と「崇高sublimeなるもの」を求める美意識に基づくグランド・スタイルであったために、旧体制から共和制への転換期であったヨーロッパ諸国の、国家的威信を表現するために、もっとも適切な様式とみられた。

フランスにおいては、古典主義から新古典主義への移行過程に数多くの建築家が活躍したが、ウィーン派の美術史家エミール・カウフマンが『三人の革命的建築家——ブレー、ルドゥー、ルクー』（一九五二年）を出版して以来、この三人の仕事を、その移行期の革命様式とでもいうべき独自の様式で近代建築の出発とする見方が強まってきている。すなわち彼らの建築はバロックの異和性hétéronomieにたいして、自律比autonomieをもち、いちじるしく純粋な幾何学的形式に支えられると同時に、幻想的とでもいうべき質を共有している。政治的な変革に並行して、建築のデザインにもその現実的な制約を超えて、想像のかなたまで飛翔するようなラディカリズムがあった。

この三人のうち、比較的具体的作品をつくる機会にめぐまれたのはルドゥーで、アルケ・スナンの王立製塩所は、一七七三年に設計開始、一七七九年、彼が四三歳のときに完成している。ただし、一七八九年のフランス革命以後は、王室との関係を問われて、いっさいの現実的な活動から身をひかざるをえなかった。その時期にいたって、彼はアルケ・スナンの建物の周辺に空想のうえで多くの建物を加えることによって、ひとつの都市を構想する作業を開始し、最晩年、死の二年前に『芸術・習俗・法制との関係から考察された建築』としてこれを出版した。これが、いわゆる「ショーの理想都市」である。

アルケ・スナンは、日付けからすれば革命の一〇年以上も前ではあるが、すでにここで革命様式といえるような諸特性を完全に成立させているとみられる。中心に監督官の館をおき、両側に工場棟をひかえ、前面に太陽の運行に従って半円形の中庭をはさんで五つの労働者の家や付属倉庫や正門棟が並ぶ。ここにみられる純粋幾何学と、宇宙の運行法則とを一致させる自然観は、明らかに「理性」の時代の思想的産物である。

配置とともに、建物のデザインにも他にみられない処理を生みだした。基本的には、この地方にみられる土着の建物と、石壁や屋根は連続しているが、それに付加された装飾はまったく独自のものである。監督官の館の前面には、ルスティケーションされた鋸状の列柱のあるポルティコがつけられ、配置上の中心であるとともに、ヒエラルキーの頂点であることを示すような象徴性があらわれている。その中心軸上にある正門棟は、外部にむかって巨大なトスカナ式の列柱がつき、工場施設という通念をはるかに超え、鋸状列柱とともに、「崇高なるもの」の普遍的な表現が意図されたといっていいだろう。

この施設群の殆ど全部の壁に、壷から水が流れ落ちる有様をモチーフとした装飾がとりつけられている。円型の穴から、どろりとした液体が流れ落ちる瞬間を固形化したもので、塩水を蒸発させて塩を採るという工場の内部でなされている物質の変貌の有様が、そのままメタフォリカルに示されている。そのような変質を正門のグロットもまた感じさせる。天井にとどくまでの高さのアルコーヴに自然石が乱積みされているが、いまにも溶解して落下してくるような不安な圧迫感を与える。正門の扉をグロットの中央につくることは、とりもなおさず、内部における物質の変貌をふたたび象徴化しているわけで、奇妙な、別の世界への入口、と思わせるに充分である。革命期の建築家たちの仕事が、「かたりかける建築」narrative architectureと呼ばれるようになった事例をこんなところに発見できよう。

ルドゥーは、アルケ・スナンに実在する施設を核にして、ときに夢想の域にまで到達しているような数々の建物を設計して、その周辺に配置した。実在物が、全体の配置のなかに、あたかも象嵌されたようになったため、私たちは、実在と夢想の区別をうしなって、全体がいり乱れた、ひとつの虚構をここから感じとる。「ショーの理想都市」は、半円形の配置をしたアルケ・スナンを鏡像の原理によって拡張したために、後年に加えられたものまでが当初からの計画と見まちがうほどである。

ルドゥーたちの仕事が近代建築の出発点とみられていたことは、逆に今日、近代建築そのものが危機に陥っているときに、新しい照射があびせられる原因のひとつであろう。すなわち、近代建築は、機械だけを主要なメタフォアとし、目的的な空間だけを生むことに専念していたために、かつて、革命期の建築家たちが生みだした純粋形態と宇宙的思考の合体や、建築の内部の活動をメタフォリカルな表現を介して象徴化することも、さらには部分を徹底的に自律させ、独自の形式の系に組みこむこともが、忘れ去られていたのだ。そんな状況がいま繰りひろげられているときに、「ショーの理想都市」の全計画は近代建築が排除した部分だけでなく、さらに新しい読みとり作業を通じて、多様な意味が産出されるような貯蔵庫たりえている。

アルケ・スナンは、フランシュ・コンテ地方、ブザンソンの西南約三〇キロにある。元来、ここからさらに一六キロはなれたサラン Salin に湧出する塩水をその地で製塩していたのだが、燃料に不足をきたしたために、背後にショーの森をひかえるこの場所に、新設の工場を計画したものである。湧出地点からここまでは、木製の塩水パイプラインがつくられていた。

この工場は一九世紀末に稼動を停止し、その後倉庫などに転用されたが、今世紀になって、監督官の館は落雷の被害をうけ危険になったという理由で、ダイナマイトで破壊されたことがある。一九二六年にフランス政府が歴史的建造物に指定し、修復を行ったが、近年さらに大改修され、未来学研究センターのセミナーハウスとなっている。

王と王の建築家

一七七三年、ルドゥー三八歳の年に、彼はルイ一五世の愛妾デュ・バリー夫人の推挙によって、フランス・アカデミーの第二部会員となっている。と同時に「王室建築家」"L'architecte du roi"に任命された。二年前から、フランシュ・コンテ地方の製塩所監督官になっていた彼は、そのときから、アルケ・スナンの製塩所の設計にとりかかったのだが、その設計は必ずしも思いどおりにはいかなかった。いまその経過をベルナール・ストロフの作成した年譜により追ってみると、次のようになっている。*

一七七三年四月　フランシュ・コンテ地方製塩所監督官ルドゥーは、シャトー・サランの製塩所の塩水不足のための、新製塩所建設の決定通知を受ける。第一案の作成開始。

一七七三年四月二九日　国王評議会で裁定された契約決定の確認。

一七七三年四月、五月　ルドゥーは、彼のところに製塩所の計画内容を通知してきた、契約の下請代理人に問い合わせをする。

一七七三年秋　請負師による製塩所の建設と運用の予算案が提出され、契約が発効する。

一七七三年冬　ルドゥーは、モンクラと最初の接触をする過程で、プログラムの改訂を行う。計画変更。

一七七四年二月　ルイ一五世に第二案を提出。

* Bernard Stloff "L'affaire Claude-Nicolas Ledoux" p.78, 1978.

三月または四月　監督官の館の前面列柱についての議論、計画案への賛同をうる。
一七七四年五月一〇日　ルイ一五世の死去。
一七七四年九月一四日　モンクラの協力者ペルスヴァル・デュシャン。現地に移動、仕事の監督にあたる。
一七七五年一月二六日　ブザンソン市評議員、フランソワ・マリー・マーシャルはショーの森の付近におもむき、地質調査の資料に基づいて、敷地の境界を確定する。
一七七五年二月一四日　作業開始の認可が登録される。
一七七五年二月〜四月　水準測量と作業準備。
一七七五年四月一五日　最初の礎石、定礎式。
一七七九年　製塩所の作業開始。

このような記録は私たちにいくつかの興味ある事実を伝える。そのひとつは、計画が開始されてから着工まで二年しかないという、かなりな速度で設計と建設の段取りがなされていることで、とりわけ一七七四年の暮から翌年の春のわずかな期間に、設計が改訂されて、最終案が生まれたこと。そして、相も変わらず煩瑣な手続きのみ多く、建築家は設計にまつわる雑事に追われることは今日といっこうに変わらない、という点などである。

ルドゥーは「王室建築家」の称号をえているのだから、さぞかし自由な設計ができただろうと考えるのは早合点で、だからこそ、最終的に王の裁決を経ねばならず、ルイ一五世の計画案にたいする短いコメントに最後までこだわりつづけるはめにも陥っている。

この経過でもわかるように、ルドゥーは設計の開始とともに、すぐに第一案と呼ばれている正方形の案をつくった。それは一〇〇メートル角ほどの中庭を囲んで、完全にシンメトリカルに施設が配列され、その周辺は菜園と庭園がとりまき、同じく正方形の塀と並木によって囲われている。どの角度からみてもひたすら正方形の配置のみがみえ、四隅、および各辺の中央にある建物の平面図も同じく正方形である。この案の特徴は、中庭に面しているポーチまたはロッジアを対角線状に結びつけるコロネードで、それもふたたび正方形をかたちづくっている。

この徹底して形式的整合性だけを追いもとめた案には、いくつかの技術的な欠陥があった。それはこの全体の工事の元請人である、ジャン＝ルウ・モンクラと彼の技術陣たちの指摘で、結局のところ全面的な設計変更が行われることになる。とりわけ、全体の施設量の三分の一を占める製塩工場が、この城館のような平面に押し込められたため、貯塩槽の配置などに無理が起こっていた。それは、対角線状に結びつけるコロネードといった合理的な解決でも救えないほどのものである。

しかし、この第一案にみるかぎり、この製塩工場の全体構成のプログラムは最終案まで充分に受け継がれている。それは今日的にいうと職住近接。つまり工場に接近して修理工場まであり、その労働者たちが集合住宅に住まい、しかも塀で囲まれた敷地内に菜園までつくられた、完全な自給自足体制である。

工場をひとつの完結した自給自足の生活システムとして計画することは、一八世紀以来、とくにフランスにおいては意図的に試みられていたもので、いずれは空想的社会主義者たちのコミューンの原型になっていく。そして、ルドゥーにとっては、最後に理想都市を構築するための、もっとも重要な素材となるプログラムであった。

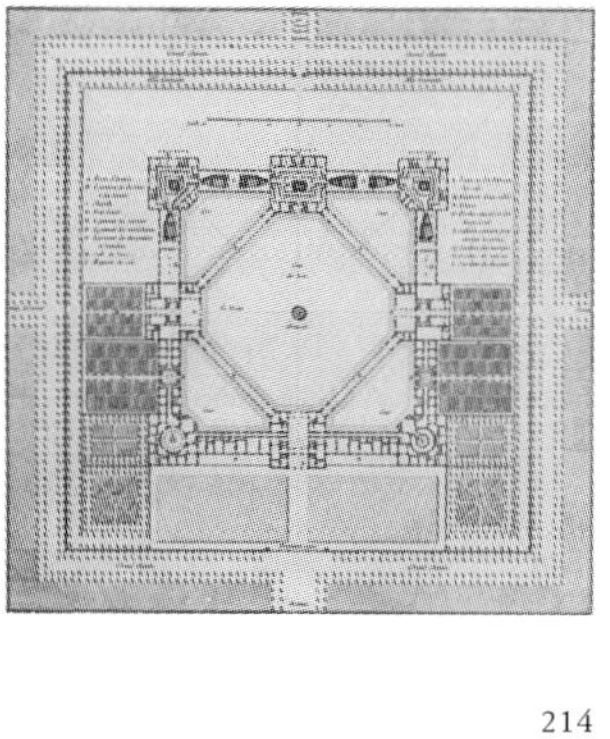
監督官の館、第一案平面図

監督官の館、第二案立面図

が、ここではまずルドゥーのつくった案の行方を追ってみねばならない。請負師モンクラの指示に従って第一案は廃案となるが、それがルイ一五世に直接示されたか否か明らかではない。エミール・カウフマンは、第一案が王の決裁を得なかったので、改造案がつくられたという記述をしている。[*1] ベルナール・ストロフは、第一案は友人とくにモンクラたちだけで検討したと考えている。[*2]

そして、一七七三年の暮から翌春にかけて、第二案がつくられた。これは確実に最終的実施案となったもののはずである。監督官の館を中心において、左右に製塩工場を配し、労働者の家や修理工場、それに玄関となる管理棟を半円弧状に配するもので、監督官の館に達する中心軸の軸線を正確に南北にとることによって、全体の配置が「太陽がその軌道を旋回するような純粋なかたち[*3]」となっている。

この第二案がルイ一五世に示されたことは、ルドゥー自身が王によって批評された言葉を書き記していることによって明らかになる。すなわち、王はこの案をみて、「これは壮大すぎる。あまりに多くの列柱が用いられている。そんなものは、寺院や王館にしか適さぬのではないか[*4]」と語ったという。

列柱については、第一案だったならば、ポーチと低い通路としての回廊に用いられていただけだから、さほど問題にされなかったかも知れない。

いま実現されているアルケ・スナンの建物群のなかにあって、前面に列柱をもつのは、玄関棟と監督官の館である。そのうち王の発言は、監督官の館にむかってなされたことは確かである。その理由は、ルドゥーが後年になって発表した作品集とでもいうべき『芸術・習俗・法制との関係から考察された建築』において、監督官の館だけは、実現された

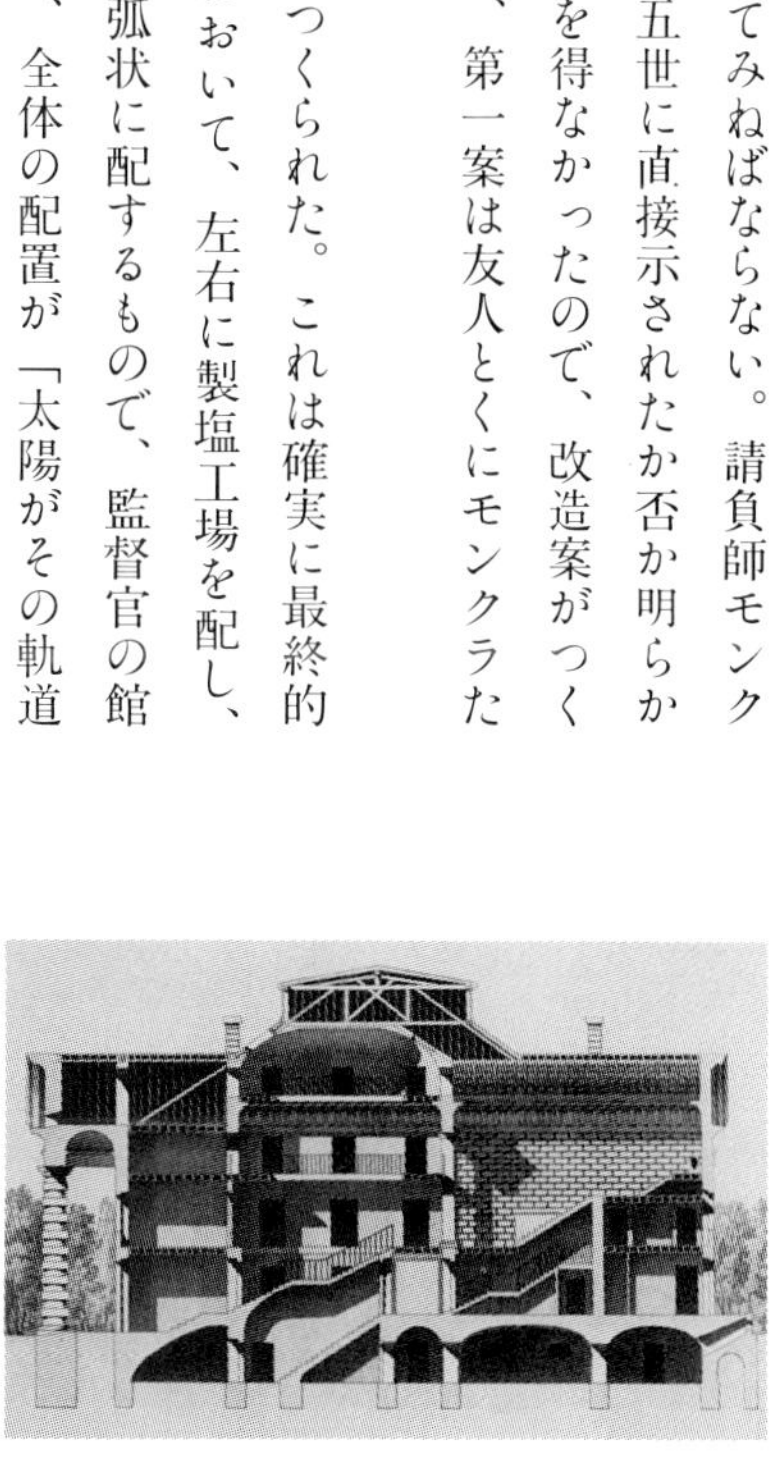
監督官の館、第二案断面図

＊1 "Emile Kaufmann", "Trois Architectes Révolutionnaires" p.160, 1952
＊2 Bernard Stloff 前出書 p.55
＊3 Cl＝N・ルドゥー『芸術・習俗・法制との関係から考察された建築』七七頁
＊4 Cl＝N・ルドゥー 前出書 四〇頁

ものほかに、もう一案、細部にわたって示されているからである。玄関棟については、こんな二重の図面化はなされていない。

現況においても、監督官の館の正面は、角柱と円柱を交互に積んだ、巨大な列柱によって圧倒的な威容を示しているのだが、前出の『芸術・習俗・法制……』にあらわれるもうひとつの案では、同じ列柱が四面ともにまわっている。そして、下階、上階ともにルスティケーションが徹底され、水平のコーニスが強い線をもってまわされている。これがおそらくは、第二案がルイ一五世に提示されたときの案の原型になったものだろう（ルドゥーは、『芸術・習俗・法制……』を編むにあたって、全部の図面に手を加えている。それ故に、原型が改訂されていることは充分に予想できる）。

ルドゥーにとって、監督官の館は実施案よりも、改訂を余儀なくされたこの案の方が、より執着したいものだっただろう。王の意見に基づいて、かなりの程度のコストダウンをはかり、そのあげくに実現した現在の建物は、やはり各部に妥協の跡を残したとみえていたのだろう。そこで、彼は何としてでも最初の案を記録に残そうとしたのではないか。それ故に配置図として『芸術・習俗・法制……』に載せられているものにも、監督官の館は全面的に列柱をつけている。第二案の原型をそのまま復原したことになっているのだから当然のことだが、最終的な実施案の配置図は別につくられていない。

裁下をあおいでから旬日後に、ルイ一五世その人は死去している。ルドゥーにとって、この監督官の館は、計画の中心に置かれているもっとも重要な意味を担うべき建物であった。第一案の、全体がひとつに連なり、形式的な相称性にこだわった、より城館風の案を分解して、絶対的な中心の位置を明瞭にみせるような円弧状の配列に転換した際に、その

監督官の館、最終案立面図

監督官の館、最終案断面図

中心に置かれるべき建物は、意味的にも表現的にも、中心を徹底してシンボライズするものでなければならなかった。それを、病におかされ、死期を待つだけの有様であった王の意向に従って、再度変更せねばならなかったことは、心残りだったにちがいない。妥協のあげくに、ルドゥーはそれでも正面一列の列柱だけは残して実現できた。この部分は、アルケ・スナン全体の建物のなかにあって、もっとも圧倒的な迫力をもっている部分である。

しかし、一方では、ルイ一五世の列柱にたいする意見は充分に理由がある。このとき、ルイ王朝の財政は殆ど壊滅的な状態にあった。たかが工場の建物に過剰の投資をする余裕などまったくなかった。それでも、塩の専売を経営することによって国庫にはいる塩税を確保せねばならないので、製塩工場の設備更新は、何としてでも実行されねばならなかった。そんな状況を背景として、ルイ一五世が、列柱は寺院や王館にしか適さぬのではないか、と否定的な意見をはいたとみれば、まことに理づめの説明のつくことである。面白いことに、ルイ一五世は、寺院や王館といった建築上のタイポロジイを引き合いにだしている。タイポロジイからするならば、たしかに工場は、ひたすら生産の効率をあげるためのシェルターでありさえすればいい。列柱のように建築物に独自の意味を付加するような要素は必要ないかも知れない。しかし、ルドゥーは第二案の全体配置計画を構想したと同時に、中心にある建物がもつべき性格を決定していたはずである。それはあくまで形態的な統合の要点にあるから、象徴的な外観を保持している必要があったろう。列柱という形式を採用したことによって、そのような意味づけをこれに与えることができるとみただろう。

監督官の館、前面ファサード
photo: K. Shinoyama

このような形式の採用は、すでに通念としての工場というタイポロジイの枠をはみだしている。ルイ一五世は、むしろ統治者としての平衡感覚に基づいて裁定をくだしただろう。しかし、ルドゥーはあからさまに、その通念としてのタイポロジイを排除しようとしていた。彼は、単なる工場ではなく、むしろ、工場という労働の場を、ひとつの自給自足の共同体空間として構想することに重心を移していたといっていいかも知れない。それ故に、中心の施設は、独自の顔をもたねばならない。象徴的な特性が顕現されていなければならなかったのだ。いうならば、現実主義者としてのルイ一五世の裁定に、ルドゥーはあくまであらがおうとしたのである。それを推進したのはルドゥーその人の夢想だが、具体的な解として、中心をもち、放射状にひろがる配置の形式そのものが生みだされたことによって、この夢想は、凝固し、自動的に存在を継続させることになったといえよう。が、何故、王までが必ずしものぞまなかった中心をもった構造がここで求められたのか。

ともあれ、一七七四年、アルケ・スナンの製塩所の計画の裁下がおり、一七七五年の春に定礎がなされ、四年後から工場が動きはじめている。しかし、ルイ王朝は一〇年後にはフランス革命によって倒された。ルドゥーその人もデュ・バリー夫人との関係を問われ、牢獄にとらわれ、ギロチンにかかる寸前にテルミドールの反動によって、危うく一命を助かっている。その後は、彼は若い実務家の時代には萌芽的でしかなかった夢想だけに生きる。ショーは『芸術・習俗・法制……』のなかで、ひとつの理想都市につくりかえられているのだが、その夢想を溢れさせたのは、現実につくられた、「太陽がその軌道を施回するような純粋なかたち」をもった半円型の配置からである。そして、ふたたび、その中心の存在をジェネレイトさせて、幾重にも環状に施設を重ね合わせていく。

中心へむかう視線

ミシェル・フーコーは、『監獄の誕生』において、監視することと処罰することを通じて、国家権力が生みだしてきた制度およびその可視的機構を解剖しているが、そのなかで、ショーの製塩所にも当然ながらふれている。

「――規律・訓練の装置が完璧であれば、唯一の視線だけ何もかもをいつまでも見ることを可能にするだろう。一つの中心点があらゆる物事を照明する光源ともなろうし、同時に知らねばならない事柄のすべてにかんする集約地点ともなるだろう。つまり、何ものをも見落とさぬ完璧な眼であり、すべての視線がその方へ向けられる中心である。アルケ・スナンを建造するにあたり、ルドゥーが構想したのもそれである。つまり、円形に配置され、すべて内側にむかってひらかれているいくつもの建物をまとめる中心では、高い建物が、管理は行政的な、監視は治安維持的な、取締りと検査は経済的な、服従および労働の奨励は宗教的な、こうした諸機能を累積させて持つはずになっていた。そうした中心部からすべての命令が発せられ、そこではすべての活動が記録され、すべての過失が判明して裁かれるだろう。しかもそれらは即座におこなわれるだろう。よしんば正確な幾何学的配置のほかにはほとんどいかなる支えがなくてもという次第である。一八世紀後半には、こうした円形建造物には魔術的魅力がみとめられたが、そういう魅力のすべての根拠には多分つぎのものを加えなければなるまい。すなわち円形建造物は一種の政治的理想界を表現していた、という点を。」*

「すべての命令が発せられ」かつ「すべての過失を裁く」中心部のありかたを、アルケ・スナンの配置計画に読みとったミシェル・フーコーは、確実にこの時代に形成されていった、権力による監視機構と重ね合わせてみている点に注目しておく必要がある。この記述は、ベンサムの「一望監視施設《パノプティコン》」の一九世紀以来の全世界的な伝播の分析を通じて、自由の概念を発見した啓蒙主義の時代が、同時に規律・訓練の方式をも考案したという、二重の構造を読みとろうとする文脈において読まれるべきなのだが、いかにも、ルドゥーがあえて第二案において半円形の配置を採用したときに、ひとつの飛躍にも似た転換を行ったといっていい。

　正方形の中庭をかこんだ第一案と、半円形状の配置をもつ第二案の空間の性格には、実は決定的な相違があるといっていい。とりわけ「中心性」の概念において、明瞭にみえてくる。すなわち、第一案の中庭は、たしかに幾何学的には、求心的な形式をもち、より完全に点対称となっている。しかし、その中庭は、形式のうえでの中心であるのだが、実質的には単なる空間であるといっていい。それ故に、水飼い場 Apreuvoir とだけ記入されていても、第二案のそれのように塔を建てることを予想したような痕跡はない。幾何学的な中心点を指示するためにのみ、水飼い場が記入されたと考えられる。その中心に置かれた中庭は回廊を渡り歩きながら、眺められるためにだけあった。ギリシャ・ローマの住居において一般化されていたアトリウムや、中世の修道院の回廊に囲まれた中庭は、それぞれに固有の意味が賦与されていた。まずは、内部にひらかれた光のそそぐ庭であり、ときには

* ミシェル・フーコー　田村俶訳『監獄の誕生――監視と処罰』一七八頁　新潮社　一九七七年

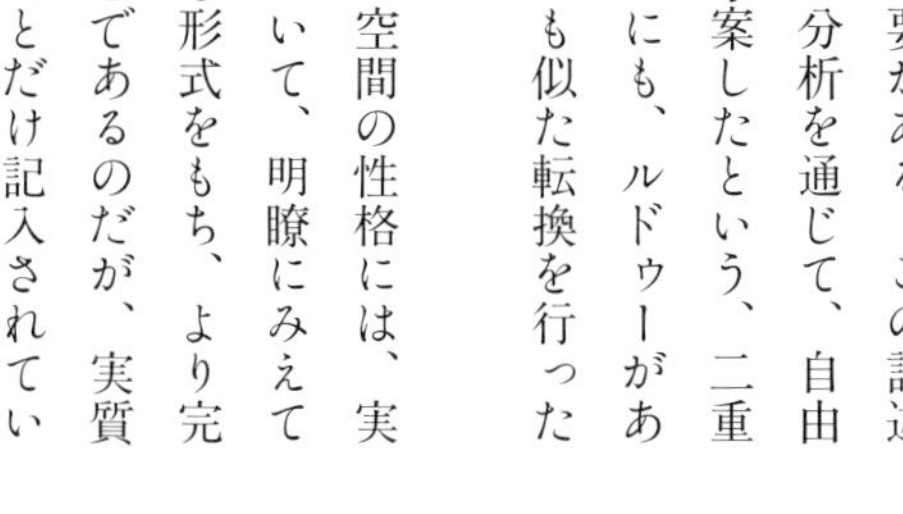

アルケ・スナンの王立製塩所（製塩工場）の全景が姿をあらわす。円弧の中心は、完全に南面している。そこで、半円形状に配された建物は、太陽の運行につれて、必ず正面が相対する時間があるはずだ。いまは午前中、太陽は東南から射している。
photo: K. Shinoyama

戸外生活の大部分のいとなまれる、今日風にいえば居間やサロンの役割をしたものだし、ときには、瞑想のために、静かに眼をむけられる空間であった。

ところが、この第一案からうかがえるのは、フランスにおいて、一七世紀以来いくつもつくられた都市の広場や、広大な城館の中庭の性格で、四周が囲われ、ネガティブな空洞としてのみつくられていることである。ここでは視線はあらゆる面から、そそがれる。都市においては、それは広場として、無方向性であってもかまわないが、城館のように内部にヒエラルキーをもつ施設でさえ、強引なまでに、均質な無方向性によって中庭を組み立てていったところに、古典主義的な幾何学的整合性を人間の理性と同一視しようとした啓蒙主義の時代の思考の反映をみることができる。製塩工場では、そこに含まれる施設は、工場部門や労働者住宅や管理部門といった具合に当然のことながら序列をかたちづくり、したがって建築的なタイプも異なっていい施設の集合体である。ところが、ここでは純粋形態としての正方形の配置のなかに、完璧の対称性を組み立てようとしたわけだから、異なった性格の施設が、同一形式の建物に収容される。管理部門と工場部門が対称の位置にあるため、両者はまったく等価にみられねばならない。労働者の家と工場のひとつの翼についても同様である。徹底した等価性、または平等性が対称性をかたちづくるというたったひとつの手法のもとに統御される。中庭の空洞は、このような無方向的等価性を周辺に成立させるための仕掛けである。それは理性の産出物として建築を構想するなかから、一八世紀の初頭以来その原理をして古典主義建築の形成が愛好されてきたことの結実である。形式の整合性を優先させることは、現実の序列を超えて、形式それ自体が表示する構成的緊張感に人間の理性の反映をみることにほかならない。つまり、ここでは、徹底して正方形を押し通すことによって、工場部門、管理部門、住居といった、現実的な工場の構成要素の生みだす建築的なタイプの差異や、それがかたちづくるべき、社会的重要度に基づく序列などを、まったく切り捨てて、ひたすら、古典的な配列の生みだす形式観だけがえらびとられたのである。

元請人モンクラおよび彼の技術者たちによって指摘された欠陥の原因は、ルドゥーがこの製塩工場において、形式的完結性を優先したことに派生するおさまりの悪さに由来することは明らかで、それを受け容れた第二案が作成されたときに、半円形の形式を採用すると同時に、建築のタイプにおいても第一案からまったく別の位相へと飛躍した。

半円形の中庭を囲って、総計一一個の独立した建物がつくられた。第一案で城館的に連続していたものが、用途ごとに分割され、それぞれ異なった大きさと形式が与えられている。使用目的ごとに独立させたわけである。

すなわち、半円形の中心の位置に監督官の館を置き、背後に厩舎をひかえさせる。両側に製塩工場と塩税所（徴税吏員の家）。監督官の館は正確に南面し、ルー河へむかう直線道路が走り、中心軸を形成するが、その軸線上に正門の建物があり、このなかには番所や牢獄がはいる。その東側に装蹄工の建物と鍛冶場、西側に塩の倉庫、工場に近い東西の二棟は労働者の家である。

この配置の中心軸は正面の正門と監督官の館を結ぶものであるため、この両者には、それぞれ列柱がとりつけられている。ルイ一五世の指示にもかかわらず、ルドゥーはこの列柱だけは確保した。この列柱だけが製塩工場全体にわたって、殆ど唯一の彼らしい意図を反映した部分になった。その他にみられる装飾とすれば壷から水が流れ落ちる状態をモチ

正門のある棟の上階から、円弧状に湾曲する道路をのぞむ。中央の半円形の庭は、芝生が植えられている。計画案では「茂みのある大きい中庭」と書きこまれている。
photo: K. Shinoyama

ーフとした、腰壁にとりつけられた彫刻で、大部分の建物に繰り返しとりつけられている。

いま、監督官の館の列柱の前にたって、拍手をしてみると、静かな中庭のあらゆる方向からエコーが戻ってくる。中庭の空間が突然増幅された拍手の音に満たされる。それはこの列柱が、完全な中心の位置にあると同時に、周辺の建物の壁が、すべて中心にむかっていることを示す。正門の番所のある建物の東西に配された作業所と労働者の家は、いずれも同一の形式をもっている、同じ大きさの平面形で、ただ収められた内容に応じて、若干の変化が玄関ポーチまわりにみられるだけである。中庭に面した壁は、円周の曲率にそって、わずかに湾曲している。勿論、その側面の壁は放射状をなしているので、配置全体からみると、これらの建物は円弧状の帯を分断したように、明確に作図されている。だからひとつの建物をとりだすと、微妙に、いびつな平面をしている。しかし、その曲率は、半径が一〇〇メートル以上の大きいものであるため、近づいたときには殆ど感じられないほどである。その腰壁に彫りつけられたあの覆水壷のモチーフの装飾は、内側からみると小さい半円の丸窓になっている。

その窓からは常に監督官の館の列柱だけがみえるのだ。中心からの放射線上にうがたれ、その中心にむかって窓の軸が配されているから、たったひとつの点しかみえないのは、幾何学的に当然の関係である。監督官の館は、そこからすべて労働者の家や作業場を見わたすために中心に置かれたわけだが、逆に、労働者の側からも、窓や玄関ポーチからは、常に正面にこの建物がみえることになる。視ると同時に視られる。中心性をもった空間においては、中心を占めた視線と周辺にある視線との相対する関係は、相互に一対一の

監督官の館を、東南側からみる。中央に方形の屋根をもち、前後にペディメントをもった張り出しがある。全体が立方体の組み合わせで構成され、ヴォリューム感が溢れている。 *photo: K. Shinoyama*

関係の浸透を生みだす。しかし、その相互に交わる視線は、力の関係において、支配／被支配の関係を象徴する。中間に何も在存させずに、ひたすら、一対一の対応だけの簡明さが生みだされる。

中心からの視線

ミシェル・フーコーが、アルケ・スナンの半円形の平面のなかに読みとろうとしたのは、中心から放射される視線が、権力の支配構造を空間的に反映することだったが、彼はその典型をベンサムのとなえた「一望監視施設《パノプティコン》」にみる。

「――ベンサムの考えついた「一望監視施設《パノプティコン》」は、こうした組み合わせの建築学的な形象である。その原理はよく知られる通りであって、周囲には円環状の建物、中心に塔を配して、塔には円周状にそれをとりまく建物の内側に面して大きい窓がいくつもつけられる（塔から内庭ごしに、周囲の建物のなかを監視するわけである）。周囲の建物は独房に区分けされ、そのひとつひとつが建物の奥行をそっくり占める。独房には窓が二つ、塔の窓は対応する位置に、内側へむかってひとつあり、外側に面するもうひとつの窓から光が独房を貫くようにさし込む。それゆえ、中央の塔のなかに監視人を一名配置して、各独房内には、狂人なり病者なり受刑者なり労働者なり生徒なりをひとりずつ閉じ込めるだけで充分である。周囲の独房内に捕えられている人間の小さい影が、はっきり光のなかに浮かびあがる姿を、逆光線の効果で塔から把握できるからである。*」

正門。この棟は、半円弧状に並ぶ他の棟と平面形は同じだが、中央に正門のしるしとして、トスカナ式の列柱のあるポルティコがとりつけられている。列柱の背後がグロットのある正面扉。
photo: K. Shinoyama

＊　ミシェル・フーコー　前出書　二〇二頁

ここで注目しておきたいのは、幽閉された相手が、あの暗い牢獄のイメージではなく、むしろ明るい光線のさなかにさらされていることである。すべてが見透かされている。空間は光線のなかで透明である。にもかかわらずそれは一望のもとに監視される。

アルケ・スナンにおいては、視る＝視られるという関係は、ここまで明瞭に分析されていない。むしろ監督官の館は、そこから相手を監視する機能をもつというよりも、より多数の瞬間にそれ自体が視られるような位置に置かれているというべきかも知れない。だから、監督官の館はより象徴的な性格が賦与されねばならない。ひたすら視られることによって、それ自体の存在を認知させること。何故ならば、監督官とは、王の代理人だったからである。

王または王権の存在を空間的に明示する手段を組み立てることは、バロックの時代を通じて重要な課題であった。それは城館のような王の居城の計画において明らかになる。王は空間的に演出されたかなたにあらわれねばならない。それは、王の居室へ到達するための道筋を組み立てることになるが、もはや王は古代のように、中心軸の奥に坐する必要はない。軸線にそって、壮大な階段が生みだされ、儀礼的な祭典の催されるホールがその中心に置かれた。バロックの聖堂が生みだした空間の抑揚が、ついには天空における神の存在を暗示するにいたる演出方式が、城館に姿を変えて再現される。そこでは、王は必ずしも自ら相手を視ることはない。しかし視られる必要がある。王の存在が、教会堂において神があらわれるように、空間の奥から感知されねばならないのだ。

アルケ・スナンにおいて、王の代理者たる監督官の館が、あらゆる方向からの視線を集める位置に置かれたことは、ベンサムの「一望監視施設《パノプティコン》」とまったく同様の構造をもっていながら、むしろ内容においては、バロックの時代以来の王権の中心性の表現の方に重心が置かれていたとみるべきだろう。ルドゥーが視る＝視られるという関係の構造を意識的に把握していたか否かは問う必要もない。半円形の第二案が生まれたときに、その形式自体が、視られるためだった中心が、逆に視るための位置、いわば空間を支配する座に転換させられうるような空間の構造を自動的に生みだしていたのである。

中心の類型学

かつては中心は神のみが占めていた。それを王が簒奪した。その初期的な事例を、シャルルマーニュ大帝が、自ら即位の玉座をアーヘンの宮廷礼拝堂においたその位置にみることができる。この礼拝堂は、ラヴェンナのサン・ヴィターレ聖堂を模してか、八角形の求心的な構造をもつ集中式である。中央高くにポールをいただいている。

そのような場合、神の座たるべき至聖所は、東方にむかうひとつの隅につくりあげられる（この礼拝堂は後世のゴシック時代に回廊が延長されて、至聖所はその先端に移されている）。玉座は、その軸に対面する二階の高所にもうけられている。その位置からは、全建築の中央を貫く軸線にのって、最深部までを見透かすことができるのだ。いいかえると、この玉座は、神の虚焦点に置かれた。神とまっこうから対峙すること、王権と神権の両者を兼ねることになった。シャルルマーニュにとって、神の虚焦点に坐するのは当然の解決法であっただろう。しかしながら、その玉座は、建築的な中心にはない。求心的な形式をもった単一のクーポラをもつ建築であるからには、その中心はまったく裸になって不安定

中央ホール。中間に独立してたっている壁柱は、かつては手前と奥を空間的に区切っていた。奥は現在では平坦な床になっているが、当初の計画では礼拝堂で、手前の階段が同じ勾配で部屋いっぱいにひろがって、さらに奥まで続いていた。

photo: K. Shinoyama

な場所である。至聖所でさえ片隅に押しやられたのだ。空白に残された中心を介して、王座が神の座と対面する。建築の形態的な中心にその座をすすめるまでにはいたっていない。

そして、絶対王制の時代につくられた城館では、このような礼拝堂がヴェルサイユやエル・エスコリアルのように最初は軸線の中心に置かれたりしたが、それさえ徐々に片隅に追いやられ、たとえば、バルタザール・ノイマンによるヴュルツブルクの司教邸のように、ついにはホールや階段室のような非聖所的な部屋が重要視され、聖堂の内部とは異なった劇的な性格が与えられるようになったと考えられる。王は日常生活を隣接した場所でいとなみながら、この中心の軸上にある焦点へ、儀式的な出現をする。謁見であり、夜会である。王はむしろ、彼が支配する者たちの視線にさらされねばならない。建築空間は、求心的で、象徴性をもつように組み立てられていなければならなかったろう。そのような王の占めた位置を「一望監視施設《パノプティコン》」では、監視者の立つ場所に置き換えた。王が神の座を占めたように、こんどは、王の座にひとつの国家権力がいれかわった。

「――「一望監視施設《パノプティコン》」は、視る＝視られるという一対の事態を切りはなす機械仕掛けであって、その円周状の建物の内部では、人は完全に視られるが、けっして視るわけにいかず、中央部の塔のなかからは人はいっさいを視るが、けっして視られはしないのである。

これは重要な装置だ、なぜならそれは権力を自動的なものにし、権力を没個人化するからである。その権力の本源は、或る人格のなかには存せず、身体・表面・光・視線などの慎重な配置のなかに、そして個々人が掌握される関係をその内的機構が生み出すそうした仕掛けのなかに存している。*」

神から王へ、その王の代理人から無名の監理する権力へと、中心を占めるものたちが移行したのである。「一望監視施設《パノプティコン》」は、制度化された監理機構が、最初に視覚化され、実体化された類例としてここにとりだされているわけだが、その中心を形成する形式は、昔ながらの単純な幾何学的図形としての円形が生みだす究極の一点にすぎないことは、逆に、ひとつの建築形式が、時代や状況を超えて、意味を変えながらも生きのびていくという事実を私たちに告げている。とりわけ古典主義の時代の建築が生みだした明快な幾何学図形が生みだす形式は、幾たびも新しい意味合いを帯びては登場する。ルドゥーのアルケ・スナンの計画は、半円形図形が幾重にも読みかえられ、意味づけられる、という実例としてみることができる。それは、時代の転換期に出逢ったために、よりその多義的な読みとりの振幅を大きくした。王権の代理者の視角から、共同体的コミューンの交錯する視線まで、ブルジョア的な管理者の支配システムから、宇宙論的自然観の生みだす象徴形式にいたるまで、いずれにもかかわり合えるような解釈を可能にする。そのような解釈の推移は、ルドゥー自身のなかにも起こっているとみていい。ルイ一五世の裁定を受けるためにつくりあげた原案と、フランス革命ののちに、理想都市の核へとその工場全体を転換させていったときとでは、まったく同じ建築物でありながら、対蹠的な意味が与えられている。これは作者自身の後代における改竄といったものではなく、本来ひとつの幾何学的形態が所有する多義性に基づいてなされた再解釈というべきなのだ。

* ミシェル・フーコー　前出書　二〇四頁

軸と視線——「天子南面」

ひとつの中心のそこからの放射、ひとつの軸とそれが生む相称性のような、空間内に描かれた幾何学的な線の延長に、人間の視線を合体させることを試みはじめたのは、西欧でもやっと一六世紀頃からである。これは都市の計画のなかに、広場と街路が重要な位置を占めはじめてからでもあるが、実体的な形態をつくりだすにあたって、人間が遠くを透視すること、その視線を装飾するための形式が組み立てられていったのである。バロック時代の遠くひろがる、放射性をもったパターンがそこから生みだされたわけだが、アルケ・スナンの空間構造も、その系列でとらえることもできる。事実、中心軸として、監督官の館と正門のある棟を貫く軸は、遠くまでのびて、ルー河の橋にまでいたっている。そして、製塩工場の半円形のパターンに鏡像のようなもうひとつの半円形のパターンを加えてつくりあげたショーの理想都市計画において、その道路はやはり逆の方向に一直線にのびて、ショーの森に到達する。円形と、それを貫通する軸という、道具だてとしては原型的な純粋性をもった計画が生まれたのである。それはいずれも中心の一点を定めることによって産出される形態であるからには、ここで、中心の類型学とでもいうべきものにもう少しこだわってみていいだろう。

古代的な計画であればあるほど、明快な幾何学的形態が要求されていたことは、エジプトやバビロンを想起すれば充分であるが、東洋においても例外ではない。たとえば中国の都城、すなわち首都の計画にそんな概念が明瞭に反映している。ただちに想い浮かべう

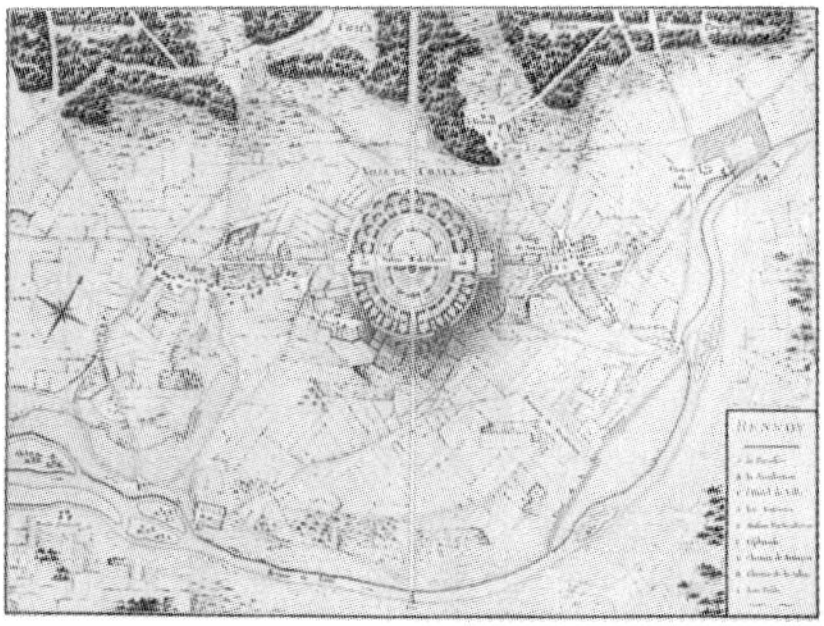

ショーの周辺図

るのは平城京が模倣した長安だが、これにはもっとさかのぼった原型がある。

それは完全な正方形で、あの東寺などのマンダラの分割に近く、中心に天子の居城があった。その周辺を幾重にか囲い込んでひとつの都城が生まれている。この発生的な純粋形態は、マンダラが宇宙観の具体化の手段として生みだされたのと同じく、その時代の社会構造の図式化といっていい。天子すなわち王は、あくまでその中心になければならない。天を円形に、地を方形に表現するのが中国人の生みだしたもっとも基本的な宇宙模型である。都城はその意味においても方形でなければならず、その統治者としての天子が中央に居住した。

ところが、北魏の洛陽以来、長安、西安、そして北京城にいたる変遷のなかで、都城のなかにある王の居城は徐々に位置的に北に押しあげられていく。おそらくこの移行を実現させた契機は北極星にたいする信仰である。砂漠や草原を移動する民族にとって、北極星の発見は、彼らのいまいる地点を観測するうえで、もっとも重要な定点だったのだが、中国は道教のなかにその北極星へむかうひとつの軸線が、地軸の回転と一致していることから、それを宇宙の極点であると考えはじめた。北へむかう軸線が、あらゆる生活感覚を統御する根幹に置かれたわけだ。

そして、天子を北へむかう軸線上に出現するような位置に置くという発想が生まれた。「天子南面」とは、天子が北極星を背にして坐すことによって、地上のみならず、天上の運行をも代理者として支配することを象徴するために生まれた形式である。

都市軸は、それ故に確実に南北に走り、天子はその中央の先端、つまりもっとも北極星に近い位置に置かれ、北極星と重なり合った。結果として、完全な同心の方形の中央を占

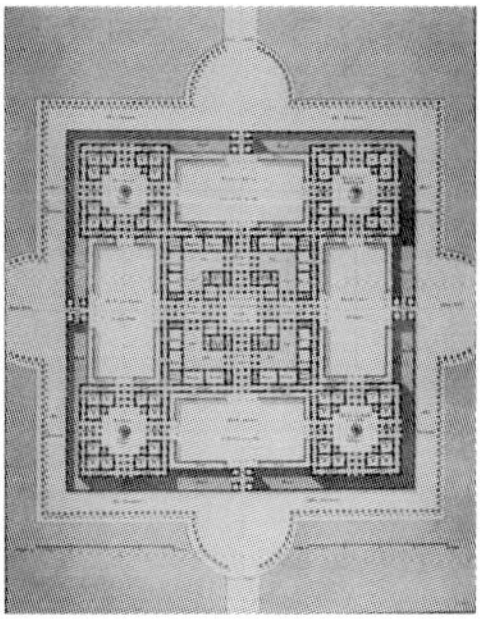
市場、平面図

市場

めるという幾何学的整合性は崩れていく。軸がのびて、その軸ぞいに対称的配置が展開する。この推移は、シャルルマーニュのアーヘン宮廷礼拝堂のなかの玉座の位置が、ひとつの虚焦点を生んだために、逆に後世になってその視線の方向に建物を延長していくことになった事実と対応している。王の座が空間内の焦点を定め、その向き、すなわち視線の方向に、明瞭な軸線がかたちづくられた。「天子南面」の構造は、奇妙なことにアルケ・スナンにもうかがえるのだ。

中心の位置を実体的に設定し、それに具体的な意味をもたせるという手法は、西欧や中国においては共通するところがある。この際中心はあくまで密実で可触的であり、抽象的な存在であったとしても、明らかに何らかの権力の意志とでもいうべきもので埋められている。中心を奪取することは、まさに権力闘争の際の終局の目標になることは、今日においても変わりあるまい。それ故に中心たるべき王城は、あくまで堅固に築かれる。私は北京で紫禁城をみたとき、あの広大な中国を統括するためには、あくまで堅固な中心が可視化されている必要が長い年月かかって必要とされつづけていることを感じた。中国共産党でさえ、権力を奪取する際には、この紫禁城が最終的な目標とされていたにちがいないという気持ちは、あくまで物理的に、量感そのもののような表現として城壁をめぐらした有様をみて、ますます確実なものになっていった。長征が、中国という国土の辺境を苦難に遭遇しながらなされていった。その軌跡を描いた図をみたとき、それはあたかも、北京を焦点として、最終的にこの一点に収斂するような螺旋形をかたちづくっていることに私は気づいた。すなわち、中心を正確にめざしていたのだ。

中心を密実なものによって充たそうとする権力意志は日本においても認めることができ

る。すくなくとも中国から「天子南面」の形式を直輸入してつくられた平城京においては、同様の意図を忠実に模していたのであろうが、ある時期から、その中心の処理に微妙な変化があらわれる。すくなくとも具体的には平安京において、その居城が火災などの事故のあと、中心軸から東側にズレることになった。現在の京都御所は、それ故にかつての朱雀大路にはない。これはすでに天子の存在が奈良朝のように絶対的な宇宙観的支配と合体する必要がないほどに、機関化されてきたためとみていいが、それ以上に中心にたいして異なった概念を生んだこともからんでいる。

中心の闇

ひとくちにいえば、日本においては、中心は可視的実体で占有されるべきものではなく、むしろ、空白として、またひとつの残余として、放置されてあるべきものなのだ。その空白にむかい合うという意識が生みだす緊張関係だけで、かえって虚の空間的焦点としての中心が浮かびあがる。その中心の空白は闇そのものでもあった。

渡辺保氏は、『女形の運命』のなかで、日本におけるそのような中心の概念の具体化の軌跡を歌舞伎の深層にひそむ構造として読みとろうとしている。氏は、舞台のうえで常にかたちづくられる物理的な中心には、それ以上の意味が隠されている、という。

「――「三番叟」で翁になった一座の統率者（座頭）は、この「中心」である舞台正面に来て平伏する。この礼は、そそっかしい現代の観客が自分たちにたいして礼をされたと思って拍手するようなものではない。観客席の屋根の上にある櫓に対して行われる礼である。櫓は政治が興行を官許した表示であると同時に神の降臨する場所を示すものであり、この礼はいわば降臨する神への拝礼である。神がもしこの拝礼に応えられるとすれば、そのまなざしの不可視な巨大な線の舞台へ落ちる場所がすなわち「中心」である[*]。」

＊渡辺保『女形の運命』二一一頁 紀伊国屋書店 一九七四年

私たちはこの座頭のいる舞台の位置をふたたびシャルルマーニュの玉座に比較していいだろう。それは現実の世界を統治するべきものが、宇宙をつかさどる神と対峙するときに生まれる一対一の関係である。歌舞伎の場合に、拝礼する対象が、観客には内側から直接みることのできない櫓であることは、日本における神の降臨の場のしつらいとも関連していよう。神が一定の時によび戻されるためにしつらえるひもろぎは、日本においては常に仮設のものであった。四本のポールで囲い込まれた場の中央に立てられたさかき、そこに神は降臨するのだが、その神の出現する場所は、必ずしも現実世界を構成する都市や城館の図形上の中心とは無縁である。たとえば、ひとつの村落の精神的結合のきずなとなっている氏神も、実は村落の位置する場所からはなれた神体山に宿っており、お祭りの際に下山して、多くは村落のはずれに位置する氏神の社に仮泊するのである。芸能はそのような祭事に神にささげられた舞踏から発生したということになっているが、彼らの表現したのは、自らに憑依《ひょうい》した神の似姿を観衆の前にみせることであった。

歌舞伎はこのような芸能の発生的な構造を勿論充分に受け継いでいる。それ故にひとつの座が生みだされたときに、その座頭は、神の代理人たる役割をはたすことになる。現実

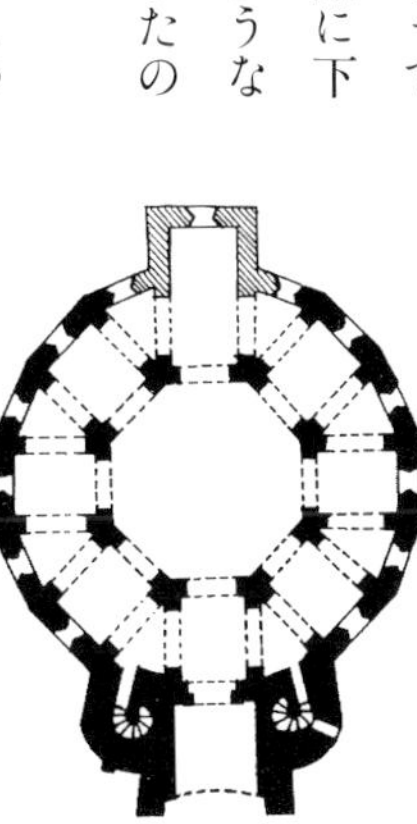

シャルルマーニュのアーヘン宮廷礼拝堂、平面図

の中心がそこにも発生するのだが、しかしその座頭たる役者はあくまで憑依する媒体であるから、彼はもうひとつの中心たるべくふるまわねばならない。

さらに推論するならば、天皇こそは、中心の闇を最初に発見し、祭祀としてその中心を統御したことによって支配者たりえたわけだから、役者は、神の代理者であると同時に、天皇と同質の関係を同時に生きねばならない宿命にあったのだ。

「歌舞伎は祭祀的だ。かれらは演技し、うたい、伴奏し、奉仕する司祭だ。だが、これを宗教劇と混同してはならない。われわれは歌舞伎において、宗教劇ではない宗教と、その祭祀に接するのだ。菊五郎はひとりの司祭だ。」

というジャン・コクトーの言葉を引用して、渡辺保氏は、

「――コクトーは、「宗教劇ではない宗教」といううまい表現を使ったが、司祭が自分の奉仕する祭壇の向うにどういう空間をみているのか、その視線をたどってみて、コクトーはそこにおそらく、一種の空無化された無気味な深淵のようなものをみたに違いない。それはあきらかに美的な論理に翻訳されてはいるけれども、本質的には、キリスト教や仏教とも違う空間であり、偶像を立てることのできぬ暗闇であったろう。

おそらくこの暗闇は、京都の神社や天皇制そのものの背後にある空無化された深淵に似ている。これは決して西欧流にいえば宗教ではない。この空白――物神的なものが空

白の椅子になっていて、それが全体を支えているという構造は、コクトーにとっては宗教とは思えなかったであろう。*」

と結論づけている。

この暗闇、または空白、または深淵は、それ自身が空洞であることによって、かえって無制限の事物をさえのみ込むことを可能にしたのだが、もうひとつの中心であるべき役者は、その神聖なる中心と相対することによって自らの世界を構築せねばならないこともまた事実なのだ。

「――二代目団十郎は、ある意味で純粋に宗教的な問題であるはずの、あの櫓からの巨大な神のまなざしを舞台の上で、純粋に技術的にとらえた最初の芸術家の一人である。たとえば彼は次のようにいう。

「真直ぐに正面を向けば弱く見え、三角に踊り居れば強く見ゆ。兎角荒事は足を投出すがよし」(伊原青々園『日本演劇史』)

これは純粋に技術的な芸談であって、宗教的な問題などなにも含んでいないようにみえる。しかし実は二代目団十郎がこういうことをいったときに、はじめて舞台の「真直ぐ」な「正面」というものが、おかすことのできない神域として成立したのである。なるほど彼はその位置に入ることが「弱く見える」から、それに対するようにしろといった。問題は荒事は物神的なものであり、いわば本来舞台の正面にあるべきものである。ところがそれが技術的に洗練されて来るとそれ自体の宗教性ではなく、見た目の力が弱

＊　渡辺保　前出書　五二頁

く見えるか強く見えるかという問題が出て来た。団十郎はそのとき、それ自体が舞台の正面にいるよりも、ある特定の空間（舞台の正面）に対して位置し、その空間との関係によって強く見えることを考えたのである*」

正面から対峙するという関係が、ここでは斜にかまえることによって、横にズラされている。そこから、ダイナミックな均衡とでもいうべき三角形の構成が生まれてくる。軸線の貫通を受けとめずに、それをそらしてやる。それは、あの「天子南面」の厳格な都市的構成でさえ気安く放棄してしまった、日本における中心の概念のありかたとかかわる、同質の手法のあらわれではないか、と私にはみえる。

天王寺の直線的配置を法隆寺が非対称配置に変換したことは、日本的特性の発見として多くの例に使用されるのだが、それも含めて、中心の軸を実体的に埋めると、その視線はたやすくさえぎられて、かえって動的な均衡を生みにくいという一貫した姿勢が、舞台の構図にまで及んでいる例証とみてもいいだろう。

その根源には、中心を空洞として、すなわちひとつの不可視の観念の支配する場として、触らず、踏み込まず、保存しつづけることによって、それを起動力の場に仕立てあげることにした観念があり、それをあらゆる領域において具体的な手法が支えてきたという事実を私たちは知っている。その根源には闇、あるいは空洞という中心を、自らの祭祀の場として埋めることによって成立した天皇制の構造とも接続していることも認めねばなるまい。こんな事実をロラン・バルトはその日本記『表徴の帝国』において記している。これまで多くの東京論のあったなかで、この短い一節は、核心を衝いているとさえ私にはみ

＊渡辺保　前出書　四六頁

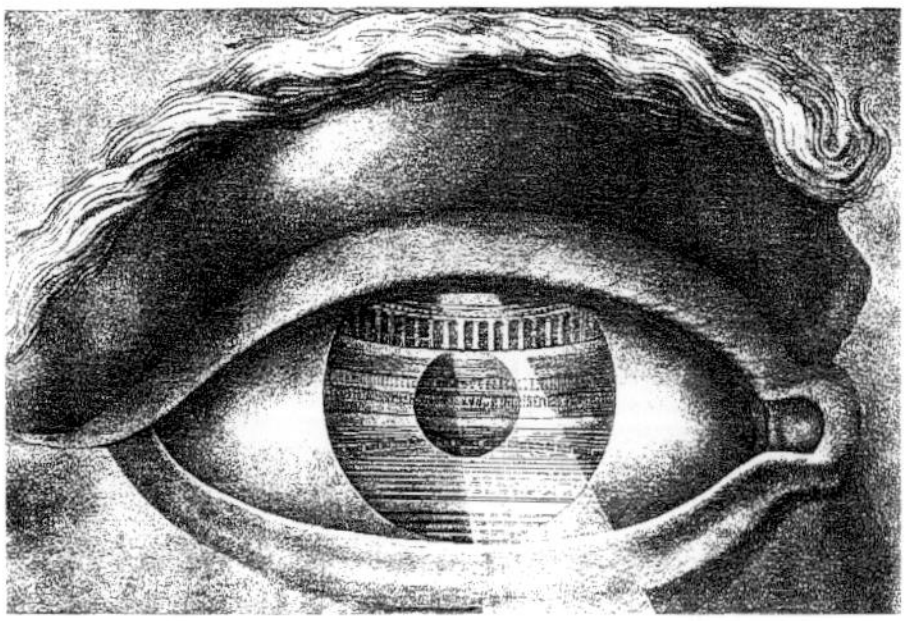
ブザンソンの劇場／内部／眼

える。

「──わたしの語ろうとする都市（東京）は、次のような貴重な逆説、《いかにもこの都市は中心をもっている。だが、その中心は空虚である》という逆説を示してくれる。禁城であって、しかも同時にどうでもいい場所、緑に蔽われ、お濠によって防禦されていて、文字通り誰からも見られることのない皇帝の住む御所、そのまわりをこの都市の全体がめぐっている。毎日毎日、鉄砲玉のように急速に精力的ですばやい運転で、タクシーはこの円環を迂回している。この円の低い頂点、不可視性の可視的な形、これは神聖なる《無》をかくしている。現代の最も強大な二大都市の一つであるこの首都は、城壁と濠水と屋根と樹木との不透明な環のまわりに造られているのだが、しかしその中心そのものは、なんらかの力を放射するためにそこにあるのではなく、都市のいっさいの動きに空虚な中心点を与えて、動きの循環に永遠の迂回を強制するために、そこにあるのである。このようにして、空虚な主体にそって、［非現実的］で想像的な世界が迂回してはまた方向を変えながら、循環しつつ広がっているわけなのである。*」

バルトが、天皇が中心の闇を簒奪することによって、天皇みずからの支配を確立し、それが可視的な制度でなかったし、宗教でもなく、日常的な儀式としてだけ保持されたが故に、今日においても象徴的な支配を保ちつづけているという事実の分析を知っていたとも思えないが、彼が以上のような東京の印象を書きつけると、日本が生んだ独自の観念を、まさに直観していたとさえ考えられるではないか。この中心の闇は、今日的な比喩を用い

＊ ロラン・バルト 宗左近訳『表徴の帝国』四五頁 新潮社 一九七四年

鋸状柱の列。円柱と角柱の断片が交互に積まれているので、光線の具合で強い影をおとす。列柱になっているので、その影はリズミカルなパターンをうみだす。

photo: K. Shinoyama

れば、宇宙空間内に点在するブラックホールともいえるだろう。それはすべてを吸い込むと同時に、渦動を発生させる根源でもあるからだ。

今日、私たちの前にみえる中心の概念は、ちょうど、ベンサムの「一望監視施設《パノプティコン》」のような全体を細部にわたって分割し統治するような機構に連なるような可視的なものと、いっぽうで、依然として闇のままにひたされている空虚としての不可視なものとの、二重の構造をもって立ちあらわれることが多いようにみえる。それは、日本が、空白の周辺に事態を編成するという作法に親しんで来た構造をいまだに捨てないままに、西欧の近代が生みだした可視的な支配の制度を殆どそっくり受け容れてもいるからである。この両者を調停することは基本的には不可能だが、それでも奇妙なことにあらゆる機会に私たちはその対立した手法を矛盾したまま受け容れさせられている。そんなとき、アルケ・スナンの半円形の生みだす構造はとくに、その両義的な解読の可能性において、ひとつの示唆を与えてくれるのだ。

監督官の館、断面図

上昇する視線

中心の類型学をこれ以上展開することはひかえねばなるまい。ここではアルケ・スナンの半円形のパターンが生みだしている中心の機構とその形成の手法が、いかに私たちに親近感をもっている空虚な空白をかかえ込む中心という類型とへだたっているかを指摘するのにとどめておこう。そして、ロラン・バルトがこのような空虚の存在が、硬直化した西欧の伝統的な思考（アルケ・スナンもまた、その核心に置いていいだけの典型性をそなえているのだ）の解毒作用に役立つかも知れないと考えることも、それは別の物語である。＊いまはもういちどアルケ・スナンにもどって、再度、その中心をかたちづくった手法をさぐらねばならない。

『芸術・習俗・法制……』に監督官の館第一案としてのせられているものは、その立面全体が列柱でとりまかれている点において、実施案と異なっていることは前にふれた。しかし、その平面と内部の空間構成はかなり近似している。

正面の列柱のあるポーチを通ってなかにはいると、そこは玄関ホールになっているが、のっけから大きい階段がはじまる。いまみられる状態は図面に描かれたものとは、かなり異なっている。余計な仕切りや天井などをとりはらって、両側の石壁とそのうえに架けられた木造の小屋組みと中央の上部の高窓、そんな殆ど裸の状態である。それだけに架構された空間の緊張感はかえって伝わってくる。すぐれた改訂がなされたといっていい。

実現案を『芸術・習俗・法制……』でみると、この中央のホールは、大きく二つに仕切られている。階段ホールと、その奥につくられた礼拝堂である。

いまはこの礼拝堂との区切りが独立した壁柱だけにされて、奥はひらたい床式ロビーのような扱いがなされているが、実はこの礼拝堂は、殆ど全部が階段だけで埋められていたことが、断面図より読みとることができる。玄関ホールでのっけからはじまる広い階段が、さらに部屋いっぱいにひろがり、ついには最深部の背面の壁に突きあたっている。言葉をかえると、この監督官の館は、中央に巨大な階段をかかえ込んでおり、それがたまたま二分割されて、階段ホールと礼拝堂にされたにすぎない。この関係は第一案からつづいている。実現案で頂部からの高窓にされている部分は、第一案ではもっと高く、二層の上

＊ロラン・バルト　花輪光訳『物語の構造分析』一四四頁　みすず書房　一九七九年

階のような構成になっているので、礼拝堂の部分はもっと天井が高く、大きい容量をもっていた。その突きあたりには、パラディアン・モチーフの開口があり、奥が至聖所のようなつくりになっている。

この中央ホールの階段は、全体の配置とからませてみるべきである。監督官の館の中央軸が正確に配置の際の中央軸と一致しているわけだから、たとえばルー河の橋を渡って一直線に近づく道路は、正門の玄関をくぐり、この列柱のファサードに突きあたり、さらにそれを通りぬけると、今度は大階段となり、しかも階段がそのまま礼拝堂をぶちぬいて、ついに至聖所に到達するというわけだ。階段でありながら礼拝堂であり、配置全体を貫通する軸線の到達点であると同時に、それが神の存在を暗示するためにしつらえられたニッチとなる。通常の礼拝堂の空間では、水平方向の視線を、至聖所の位置またはその手前で垂直方向に変換するのだが、ここでは斜め上方に昇っていくという階段の勾配をそのままもち込んで、一気に斜線を引きながら、最高所にしつらえた至聖所へと視線を導こうとする。

礼拝堂は断面でみるかぎりにおいては、ひとつの完結した空間になっている。しかしその直方体の空間を斜線がよぎるのだ。圧倒的な階段の存在感は、ローマの古典時代の集会堂における座席のつくりにおいても、あるいはパラディオのテアトロ・オリンピコのような半円形劇場においても感じることができる。しかしそこでは観客の視線は、高みにあって、下方の舞台にむかうのが普通である。ここではその視線の方向が逆転している。拝礼者たちは、下方の大階段を昇りつめ礼拝堂にはいっても、さらに部屋いっぱいにひろがった階段を昇り、あるいは段上に立ちどまり、そして、最高所にある至聖所をあおぎみるわけである。この至聖所の前に立つのは司祭であろうか。むしろ王そのものであっていい。ルドゥーは宮廷建築家に任命されたばかりの時である。彼はこの時期までに、デュ・バリー夫人の館や幾つかの貴族の館をたくみに設計して世俗的な成功を収めていた。その過程で彼の意識は、建築家としての最高の栄誉である宮廷建築家へむかって昇りつめていったにちがいない。とすれば、この礼拝堂における、至高所にむかって斜めに昇りつめていく過程を、彼の社会的な栄達と重ね合わせて考えてみてもいいのではないか。王でも、神でも、もしかしたら神としての理性でもいい。その至高の存在へとむかって走らせる視線、それは中心の一点へと集約されていくような、空間的な配置であった。

至高存在

アルケ・スナンの建築が完成し作動を開始した一七七九年から、わずか一〇年後に、バスチーユの牢獄の襲撃が起こり、フランス革命がはじまっている。この革命は王制を倒して共和制に転換しただけでなく、宗教的にも決定的な変革を試みようとした。修道院や教会の多くが破壊されている。そしてあの啓蒙主義の時代にはぐくまれた、理性に圧倒的な支配を許そうとする思想は、自然教あるいは理神教とでもいうべき、新しい宗教を生んだといわれる。革命期の最後の段階で政治的な対立の抑制がまったくきかなくなったあげく、いわゆる恐怖政治がしかれた。ここではテロルに近い権力の行使によって、徹底的な反対派の弾圧がなされたわけだが、その頭目ロベスピエールは、このような殺戮のない変革過程を思い描いていたルソーの崇拝者であったことは、歴史の生みだす皮肉ともみられている。その彼が、テルミドールの反動によって失脚するほんの一カ月前に、ひとつのフェスティバルを組み立てた記録があるが、それはまさに理神教そのものの祭典であった。

ロベスピエールに政治的立場がもっとも近かった、画家ダヴィッドがそれを演出した。彼のプランは、チュイルリイ公園に巨大な舞台をつくり、ひとつのページェントを繰りひろげるものだった。革命期を通じてこの種の祭典は各地で何度も催されたが、いずれも街中にページェントの舞台を大がかりにつくっている。その舞台はいずれも丘のように盛りあげられた高みに神殿がつくられ、女神が立つ。そしてこの至高点にむかって隊列が繰りだされた。ダヴィッドの演出も同様のもので、このときはひとつの丘で、その頂上にたいまつをもった女神に扮した女優が立つ。そしてカシの枝をもった男の列と、バラを抱いた女の列が行進する。ロベスピエールは、この舞台で「至高存在《エートル・シュプレーム》」にささげる演説を行った。このページェントは絶大な演出効果があったらしく、革命の混乱もここで収拾されるのではないかと思わせるほどだったという。* しかし、もう手おくれの断末魔であった。ロベスピエール自身がその一カ月後にはギロチンにかかっている。

歴史的な順序よりも、ここでふれておきたいのは、「至高存在《エートル・シュプレーム》」というまさに啓蒙主義が拡張させた理性の産物を、至高の位置に押しあげるという演出が、この時期に殆ど一般化できるほどにひろがっていたことである。そして、これがダヴィッドによって描きだされたことにも注目せねばなるまい。革命の精神と古典主義的な表現を完全に一体化させたのが、ほかならぬダヴィッドだったからである。あのページェントの演出は、アクロポリスの丘のうえに立っていた女神像の構図を、そのまま再現するものであった。ダヴィッドの演出した舞台の版画をみると、自然のままの丘だが、ほかの類似のページェントの記

＊ 河野健二 世界の歴史一五『フランス革命』一九〇頁 河出書房新社 一九六九年

録には、しばしばアクロポリスの丘のうえに立つパルテノンのような神殿が、項部にのせられている。

「至高存在《エートル・シュプレーム》」とは、理性を発見した一八世紀の人間が、理性の支配をすべてに優先させることによって生みだした、究極の存在である。神の位置に人間が住み込むために生みだされた代替概念といってもよかろう。「神が存在しなかったら、それを発明する必要がある」といったのはロベスピエールその人である。彼は、恐怖の弾圧のみで人心を収攬することに絶望していたのであろう。そのために、この「至高存在《エートル・シュプレーム》」が、あえてとりだされた。

それは不可視の神にかわって、古典主義のイメージのなかからさえ、容易に女神の像を借用できた。革命を導く女神、自由の女神、それ以来、キッチュ化するまでに増幅されることになる女神の像は、あの危機的な革命の変動のさなかに徐々に姿を明瞭にしはじめたのだ。王がすでに神の座を簒奪していたわけだから、その王を普遍化された人間という概念によって置換することはたやすい。人間が「中心」に坐ることになる。

そして、確実に近代というものがはじまるわけだが、そのような「中心」に坐るべき人間を象徴するイメージが、古典主義がもたらした古代の女神であったことに注目しておいていい。啓蒙主義の時代が、あらゆる領域において古典主義的な形式を回復しようとしたことが、政治的な変動までを生むことになったのか、あるいは、バロックやロココのあとに、それに批判的な姿勢をとりつづけることから古典主義が導入され、偶然にそれが革命期に逢遇したのか、いずれにせよ、革命期のイメージが、古典主義的なもののなかから拾い集められ、抽出されていったことだけは確実である。

だから、私はこの監督官の館の中心部に位置する礼拝堂の空間の扱いが、革命期のページェントの丘や、丘のうえの神殿をあらわす舞台背景の構成と、まったく類似していることに興味をもつ。「至高存在《エートル・シュプレーム》」を祭りあげるという理性の祭典の構成方式に、高みにむかって昇りつめるような礼拝堂の階段は、完全に類縁性をもつとみていいだろう。古典主義という、古代ギリシャのイメージの復原と両者ともにかかわっていることを示している。ローマの神殿の形式をキリスト教が借用して以来、教会堂はこのかつて異教として排された古代の神殿の形式をあきることなく更新させながら使用してきたのだ。その神殿もしくは聖堂のなかから神は消えた。監督官の館が、王の代理人のものであり、王という存在にむけてそれを祭りあげる意図をルドゥーが強く抱いていたと仮定したとしても、その結果としてつくられた斜め上方へ上昇していく視線の構図は、ひたすら「至高存在《エートル・シュプレーム》」という抽象的な理性の産物だけを祀ったのではないかと読んでもいい。王党派か革命派か、キリスト教の神か「至高存在《エートル・シュプレーム》」か、こんな二分法がまったく役に立たないことは明瞭だろう。むしろ、再解釈が、幾度となく繰り返されることが可能な形式が生みだされることこそが賞讃されるべきなのだ。

自然科学

堅固な中心をもつ形式のなかで、神が、王が、理性が、そして無までが通過する。すくなくともかつての監督官の館の中心のホールと礼拝堂は、いまは解体され、修復され、変更されて、二つ三つの椅子のころがる、がらんどうの空間である。それは、何ひとつ語ろうとしない。粗い石積みの壁と小屋組みだけが、裸の架構をみせている。私たちは、そのなかを、長い残響を残して歩きまわる。そのうちにふっと気づくのだ。がらんどうこそが、ブロンデルからブレーを経てデュランにいたる古典主義者たちが、無限とみえる狡知を働かせて張りめぐらした策略がつくりだした、たったひとつの空間だったのではないか。中心の位置を、さまざまな支配者が通過したのと同じく、ここで生みだされた空間は、単一の目標を賛美し、賞讃し、荘厳するために。特殊にしつらえられたのではなく、人間の普遍の理性が、その理性の存在を証明するためだったとはいえないか。そこで投企されることになった建築は、純粋幾何学の生みだす立体そのものであった。古典主義がギリシャ・ローマから学んだのは、その特徴的な装飾体系だけでなく、建築の空間的構成の背後に純粋幾何学的な立方体や球体がひそんでいたことである。建築の輪郭が幾何学によって決められ、それに古典主義的な装飾的な要素が付加されたとみてもいいだろう。ルドゥー、ブレーたちのフランスにおける一八世紀後半の建築家たちは、装飾的要素にたいする純粋立体の比重を増大させ、ついには視覚的には純粋立体の圧倒的な支配をつくりあげた。

ブレーの「ニュートン記念堂」(一七八三年以降)の一連の計画案がその過程を特徴的に示している。ニュートン力学の法則の徹底的な適用によって、宇宙の構造が全面的に解明できるという信仰にも近い信念が啓蒙主義の時代を通じて受け容れられたことが、この記念堂の背景となる概念となっている。これは、完全な球体のなかに身を置いて、球体の表面にうがたれた無数の穴から星座の光の分布を感知する一種のプラネタリウムであった。ニュートンの理論は、宇宙の発生と展開を単純な力学法則によって説明しつくすものだが、

E-L・ブレー、ニュートン記念堂

一八世紀を通じて、彼の理論は、すでに自然神学というべき域に達していた。たとえばカントは彼の思考の出発となった著作『天界の一般自然史と理論』(一七五五年)において、宇宙論の解明を行っているが、そこでは、

「――人間に許された宇宙への展望の有限性をみとめつつ、なお、世界のいたるところにみられる無限の不可測性を、神的秩序として、神の豊饒性のあらわれとして読み解くためには、その有限な展望にとどまっての推理をもってしては足りず、仮に、「全自然の中心点」としての無限者すなわち神の視点に身をおき、「最高存在体とのより密接な結合」の状態を想定して、そこから宇宙の秩序と美を観想することをあえてすることなしにはありえない。*」

という視点を提出している。すなわち「ニュートン記念堂」は、このような「全自然の中心点」に人間みずからが身を置いて、「最高存在体とのより密接な結合」を感知させる装置であった。それ故に、理性の時代において、理性自体を神と合体させようとした理神教の神殿であり、立体的なマンダラであったといっていい。

その神殿はひとつの空洞の球体である。装飾的付加物がはぎとられて、純粋立体が露出する。形態がそれ自体として完全に自立させられている。

ここでもまたして「全自然の中心点」が浮かびあがる。神がその精密な設計図によって構築した宇宙という解釈はあったとしても、その中心は人間にとって可視的な存在として構築できると考えられた。「至高存在《エートル・シュプレーム》」はページェントにおいては女神であったが、こ

* 坂部恵　人類の知的遺産『カント』六五頁　講談社　一九七九年

ショーの墓地、平面図

こでは球体の内部を一気に感知できるような、純粋球体の中心点からの眺めであり、それを通じて合体可能な宇宙的感覚だった。

逆説の球体

ルドゥーのショーの計画においても球体は発見できる。彼は「共同墓地」の中心にそれを置いた。ただブレーのように下から中にはいり込むものではなく、周囲からのぞき込むようにいくつもの窓があけられている。共同墓地の廊下を歩いていくと、突然この球体の中心に出逢うという、車輪のようなプランをしている。この球体の内部には何もない。ローマのパンテオンのように、頂部に穴があき、天空がのぞくだけである。この球体の内部のがらんどうは、星座の並ぶ天球ではなく、おそらく深淵そのものであろう。中心としての空虚、というメタフォアがあるいはここから浮かびあがるかも知れない。しかし、ここでも、日本という場所で私たちが感じるようにしつけられた空虚な中心とは程遠いだろう。日本においてはそのような中心は空虚であるために、いたるところに、不確定で不可視なままでしつらえうるのだ。可視的な中心のみに集中的に出現するものではなく、自在で、いつでも、よび起こしうるといったかげろうのようなものが中心なのだ。

あの「畑番の家」があまりに有名になったのは、球体自体がシンボリックな意味作用を生みだしている記念堂のような神殿や、墓地のような、瞑想を強要させるものと異なって、住居という、いたって日常的な生活の容器に転用されたのが原因である。

そこでは幾何学的な球体という形態がそれ自体として所有する象徴的性格と、畑番とい

ショーの墓地、断面図

うまったく日常的な空間との、異常とみえる合体が惹起させた、違和感をよぶ驚き故であろう。単なる住居でさえ記念碑のようにデザインしうるという、逆説的な処理が効果を発揮したというべきでもある。

監督官の館の断面と平面を詳細にみると、それは大小いくつかの立方体の連結されたものであることも容易に理解できるだろう。先程がらんどうの空間がみえるといったのは、この連続する立方体の一部分をみていたわけで、あの球体の内部においても実は同様な空間の性格がみえるのだ。立方体や球体という純粋立体の包含する空間をひたすらつくりつづけてきたことは、実はルネッサンス以来変わることはなかった。しかし、いまここでは、その純粋立体自体を自律的に存在させることが目的化されたのだ。そして付加的な要素がはぎとられ、ついに純粋立体のみに還元されたのだ。明らかに王党派として計画したショーの製塩工場を、革命後にその精神を表現するのにふさわしいとさえ読みとらせることができたのは、すでにここにおいて、純粋立体の露出が、かなりな速度で進行していたためであった。

変容のメタフォア

球体の断片はアルケ・スナンにおいても使用されている。全体配置の中央の軸線上に正門がある。ここでは外部に面して、トスカナ式の列柱が並ぶ、それをくぐると、自然石がそのまま積まれた、巨大なアルコーヴをなしたグロットがあらわれる。正門の扉はその中央にうがたれている。

モーペルチュイの畑番の家

このグロットの形もまた球体の一部である。自然石をドーム状に積みあげて、それをすっぽり半分に切り落とす。ごつごつした乱石のままの肌が、覆いかぶさるように迫って来る。トスカナ式の列柱それ自体が、石の量塊を素朴に表現するものだが、それにもましてこのグロットは、溶融した岩塊が、崩れ落ちてくるような、心理的な圧迫感を与える。球面という純粋立体の表面が、独特のマチエールで覆い尽くされることによって、それは変質をはじめる。そして、私たちの身体に殆ど触覚的な圧力を加えるのだ。

にがりを思わせるような粘性の高い液体が、くつがえった壷から流れ落ちる有様をモチーフにした装飾も、その壷の輪郭までほとんど溶融したようにみえる。

崇高なるもの

異様なまでに変形を加え、グロテスクなまでに量感をかきたてるという手法が、実はアルケ・スナンの全体を貫く主調音をかなでているといってもいい。鋸状をした、円柱と角柱を相互に積んだルスティケーションされた列柱、あえてトスカナ式の量塊そのままに還元されたような素朴なオーダー、それにパラディアン・モチーフをもった徴税吏員の家や厩舎のファサードも、オーバースケールとみえるまでのルスティケーションがなされている。それに、正面正門のグロットの自然石積みや、覆水壷のモチーフ。これらのアルケ・スナンにみられる特徴的な性格は、すべて通常のスケール感覚を超え、違和感がうまれるほどにまで暴力的に強調されている。

この怪奇とさえみえる逸脱は、マニエリスムの時代のそれとも、バロックの時代のもの

正門のグロット。四分の一球のニッチ。内側に自然石が積みあげられている。普通グロットは、庭園の一部などにつくられる。だが、正門にいきなり用いることによって、意味の逆転がはかられている。庭の片隅から、奇怪な別世界へ導かれる、というのではなく、工場そのものがすべて異次元の世界となるというシンボリズム。 *photo: K. Shinoyama*

とも異なっている。いずれの時代にあっても、逸脱を介してのみ新しい表現が、深層部から浮かびあがってくるのだが、ルドゥーがここに示したような逸脱の特性は、一八世紀的で新古典主義とも、革命的様式とも呼ばれているものに近いとみていいだろう。その逸脱のひとつが純粋立体への異常なまでの固執であり、そのために常識的なスケールやバランスをもった序列の感覚がかき乱されるものであった。その次に指摘されるのが、グロテスクなまでの細部の肥大化であり、暴力的なまでの量感の強調であり、さらには奇怪なメタフォアを生む風変わりなイメージである。これらの特性は建築の全体に統合的にあらわれることをせずに、殆ど、部分が自律的に成長し、自己の存在を強調するのだ。

おそらくこの種の感覚の表現を、エドマンド・バークの『美と崇高について』(一七五七年)やエマニュエル・カントの『美と崇高の感情に関する観察』(一七六四年)において主題化された「崇高《サブライム》なるもの」という概念に結びつけるのがカウフマン以来、いまでは通説になりつつある。それは同時に、ヴィンケルマンが古典ギリシャを礼讃する際に用いた「貴い統一と静けき偉大さ」(一七五五年)という表現とも通じているだろう。

啓蒙主義の時代を通じて、その美学の主要な関心は、バークの分類した「美なるもの」と「崇高《サブライム》なるもの」という二つの対立的な美意識を解き明かすことであったともいえる。カントは先の著作の思索をすすめて、その第三番目の批判書『判断力批判』(一七九〇年)において、「美なるもの」と「崇高《サブライム》なるもの」とを個別のカテゴリイに属する美的判断の対象であると考え、それぞれに対して考察を加えているほどである。ここでいわれる「崇高《サブライム》なるもの」は「美なるもの」が人間が把握しうる小さい心をなごやかにするものとみられているのにたいして、巨大であり暴力的でさえあり恐ろしいものでさえある。それにもかかわらず、自然がその内側に秘めている独特の秩序であり、人間の手のとどかぬひろがりさえもっている。それをひっくるめて「崇高《サブライム》なるもの」と呼んでいるわけで、ブレーやルドゥーが人間的スケールをはるかに超えた、圧倒的な建築をひたすら試みたことも、フレデリック・ギリー（一七七二年–一八〇〇年）が、フリードリッヒ大王の記念碑において描きだしたことも、圧倒的なスケールをもった単純な古典主義的な形式が、ひたすら「崇高《サブライム》なるもの」を意図したことによって、はじめて成立しえたイメージであったといっていいだろう。

　アルケ・スナンの最初のデザインが、ルイ一五世をして、「これは壮大にすぎる。あまりに多くの列柱が用いられている。そんなものは、寺院や王館にしか適さぬのではないか」といわせたのは、タイポロジイとして、「崇高《サブライム》なるもの」を王がむしろ権威の表現を必要とする建築の種類として限定的にとらえていたのにたいして、ルドゥーはそれを普遍的な建築の理念として受けとり、あえて工場建築にまで適用することを企てたといっていいだろう。

　列柱の量は減少したが、それでも鋸状柱という異様な圧迫感を生みだすポルティコが生まれた。そして、このフランシュ・コンテ地方に産出する石灰岩系の石材を用いて、単純な、やはりこの地方に一般的な屋根をもった、土着的とでもいえる形式の建物を配した。その配列が生む圧倒的なスケール感は、やはり「崇高《サブライム》なるもの」を感知させるに充分である。暴力的な逸脱ともみえる種々な付加的な装飾物が、いっそう強調する。そして、デザインにおいて、当初、かなり現実的な条件と妥協し、土着の建築形式や技術をもっぱら採用せざるをえなかった部分が、後年の「ショーの理想都市」計画において飛躍的に突破さ

アルケ・スナンの建物のうち、監督官の館および徴税吏員の家をのぞく全部にとりつけられている基本的な装飾モチーフ。 *photo: K. Shinoyama*

れる。

あの「崇高なるもの《サブライム》」に近づくために生みだされた諸手法が、強化され拡張されていったものだが、現実の枠が超えられただけでなく、もはや夢想の域にまで到達する。単に巨大なものだけではなく、建築に独自のメタフォアを産出させるようなユニークな手法が多数開発されることになる。

虚構と罠

制作の中断が、ときに、ひとつの作品に新しい構想を加えることを可能にする。システィーナ礼拝堂の壁画は、ミケランジェロの手によってまず天井の「創世記」が描かれ、その三〇年後に「最後の審判」が完成した。それは中断ではなく、一定の期間をおいて、新しい構想がつけ加えられたものである。ボッロミーニのサン・カルロ・アッレ・クワトロ・フォンターネ聖堂も同じような意味において、ひとりの建築家の生涯が、最初と最後にかかわっている。内部がまず完成され、ファサードは彼の最晩年にやっと一部分ができるという状態で、これは明らかに中断のままであった。

「ショーの理想都市」は、アルケ・スナンが一七七九年に稼動を開始した二五年後の一八〇四年に、はじめて『芸術・習俗・法制……』として印刷され出版されているが、この長期間をおいて構想された理想都市の計画は、中断でも補完でもなく、最初の案がとりこまれるまったく異なった位相に拡張されている。ここで、私たちは二つの罠にかかる。すなわち、アルケ・スナンという実在し稼動している工場が、中央にそのまま描きだされているわけだから、あるいはこの理想都市は、あの工場が設計されたときに同時に構想されていたのだろうと思わせることである。それは、二五年の日付けを逆行させる。次には、現実的なプログラムのない夢想から生まれた理想都市が、すでにその一部が実在しているようにみせることによって、その全体もまた存在可能なのだという類推をたやすく起こさせることである。

理想都市という、現実にはありえない都市を描きだすときに、このような罠は、確実に虚構を生産する手段となりうる。『芸術・習俗・法制……』のような紙に描かれた構想は、その虚構性を介してしかリアリティをもちえないのだが、ルドゥーはこの仕組みを、現存するアルケ・スナンをはめ込むという罠をかけることによって成立させた。

だから、このアルケ・スナンの施設群の前にたつと、あのショーの理想都市として知られる数々の奇妙な建築が、続々と連なっているのではないか、という幻想にさえとらえられるのだ。そして、私たちにはあの理想都市の案を、彼が『芸術・習俗・法制……』において提出したように、眼前のアルケ・スナンの延長上に想像する。空想でも夢想でもなく、ひとつの論理的な帰結として組み立てられた架空の都市のその完成しなかった断片をいま視ているのではないか。

虚構が組み立てられていった過程を具体的に追跡する資料を私たちはあまり所有していない。しかし、ロベスピエールの恐怖政治がルドゥーの人生にもたらした災禍が、この虚構を生む契機となったであろうことは充分に予想がつくのだ。

アルケ・スナンを完成させたとき、ルドゥーは四三歳であった。その後の約一〇年間、あまりにも構想が桁をはずしていくために、数々の非難をこうむりながらも、着実にいくつかの仕事を完成させている。ブザンソンの劇場がその代表的な仕事となったのだが、パリの市門（ラ・ヴィレット）の一連の計画こそが、ルドゥーの特性をもっともよく示した。小さい建物でありながら、それは殆ど石塊そのもののように厚く固められ、幾何学的な単純形態が露出している。市門は、パリ市が財政的な重要なよりどころとする関税の取立てをするための施設である。当然防御的な構えが要請されただろう。そして市門としてのシンボリズムをそなえねばならない。ルドゥーのデザインは、この条件を満たすだけでなく、むしろ圧倒的とみえるまでに強調した。当然ながら建設費はふくれあがった。

ルドゥーがのろわれた建築家とよばれる理由はいくつもあげられるだろうが、パリの市門の建築家であったこともそのひとつだろう。これは財政の圧迫を解決するための徴税施設であったために、一般市民からは怨嗟の的になっていた。一七八九年、バスチーユ襲撃のあと、攻撃の目標になったのがこの市門であった。同じ月のうちに五〇余りの市門のうち約四〇が焼きうちにあっている。ルドゥーの仕事は革命に際して民衆の攻撃を最初に受けるに値する、支配権力の象徴だったのだ。自らの血肉から生みだされた建物が、そのまま怨嗟の的になるとしたら、のろわれているとしかいいようがない。

アルケ・スナンもまた奇妙な運命をたどった。一九二六年、フランス政府がこの施設を歴史的文化財に指定する直前、そのときの所有者M・モブシェの手によってダイナマイトで破壊された。落雷のために構造体が危険になったという理由であるが[*]、文化財指定をのがれるために、列柱を破壊したのだともいわれている。一九二六年当時の写真をみると、監督官の館の列柱は完全に姿を消している。そして他の施設の屋根も、木骨があばら骨のように露出している。市門についで、同じく人為的な焼きうちにあったのだ。たしかに、

ラ・ヴィレット

* "The Architectural Review" p.268, May 1972

ルドゥーのデザインは、敵意を抱かせ、憎悪の対象になるのに充分な堅固さをもち、威圧的でさえある。

ともあれ、五三歳で革命に逢遇して以来、いっさいの具体的な仕事の注文がとだえた。そして晩年の一五年間を、彼は『芸術・習俗・法制……』の出版の準備のみに費やした。それ故に、理想都市を構想したのはこの期間であるとみていい。現実とのかかわりを絶たれたが故に、虚構がただひとつの内的な現実となる。若い時代の実務的な仕事のなかで萌芽的にすぎなかった夢想が、拡張される。そのあげく、生涯の仕事の集大成である『芸術・習俗・法制……』をひもとくと、実現しているものまでが、単に夢想だけのなかのものではないかとさえ思われてくる。宮廷建築家としての華々しい成功と数々の業績でさえ、夢のなかの一部に閉じ込めて、ついには実現することのなかった計画の一部に化してしまう。いいかえれば、生涯の最後において、ルドゥーは自らの人生を虚構として組み立てなおしたのだ。王党派の仕事が革命的な様式と見なされ、支配的な権力の表現がそのまま共同体の象徴たりうると考えられ、王室が専売するための製塩工場が、理性によって構築された理想的な都市の中心施設となる。

こんな両義的な解釈が引き起こされる。あえて具体的な事実を韜晦し、現実と夢想を交錯させる。ショーの理想都市の図面が私たちに伝えるこんな矛盾した情報は、逆転するような操作によって、虚の構図に生涯の全仕事をぬり込めてしまったことに起因するといえるだろう。この虚構化の手がかりは、アルケ・スナンの「太陽がその軌道を旋回するような純粋なかたち」の鏡像から「ショーの理想都市」を生みだしたことである。

消点としての中心

実在のアルケ・スナンを鏡のひとつの側の像として、もうひとつの像がつくられたことは、ふたたび、あの中心の概念に私たちを連れもどす。中心そのものであった監督官の館が、こんどは鏡の表面となる。表であると同時に裏であるという、その厚みのないひとつの線のうえに、実在の中心が置かれる。とすると、そこは実在の世界から、虚の世界へ移行する、あのはざま。いっさいの具体性をもった線や壁体が、その地点でふっと途切れて、眼にみえない、背後の世界へと導いてくれる入口となる。

ここを訪れるまえに「ショーの理想都市」の全体図だけを脳裏にきざみつけていたとするならば、この中心の一点において、現実が非現実へ、可視が不可視へ、実在が夢想へと切りかわるその一瞬を体験することだろう。パラディアン・モチーフをもっともたくみに適用したと思われる厩舎の建物がぽつんと建っている監督官の館の背後の空間は、一直線上で不意の切断がなされているが故に、もうひとつの虚像を浮かばせるに充分なほどのあっけなさがある。中心はたったひとつの点であり、ヒエラルキーの頂点として視線が集中化しなければならないのだが、突然その中心点が陥没したかの印象を、ここの空間は与える。それほどの単純さ。ひたすら一直線に並んだ壁があるだけなのだ。

「中心」が至高点であると構想されていながら、現実にたいする挫折が、それをついには虚の世界へと導くための構図につくりかえさせたのだ。あらゆる視線は、この仮想の線によってはね返される。視線のバニシングポイント。

ショーの実現案、平面図
ショーの鳥瞰図

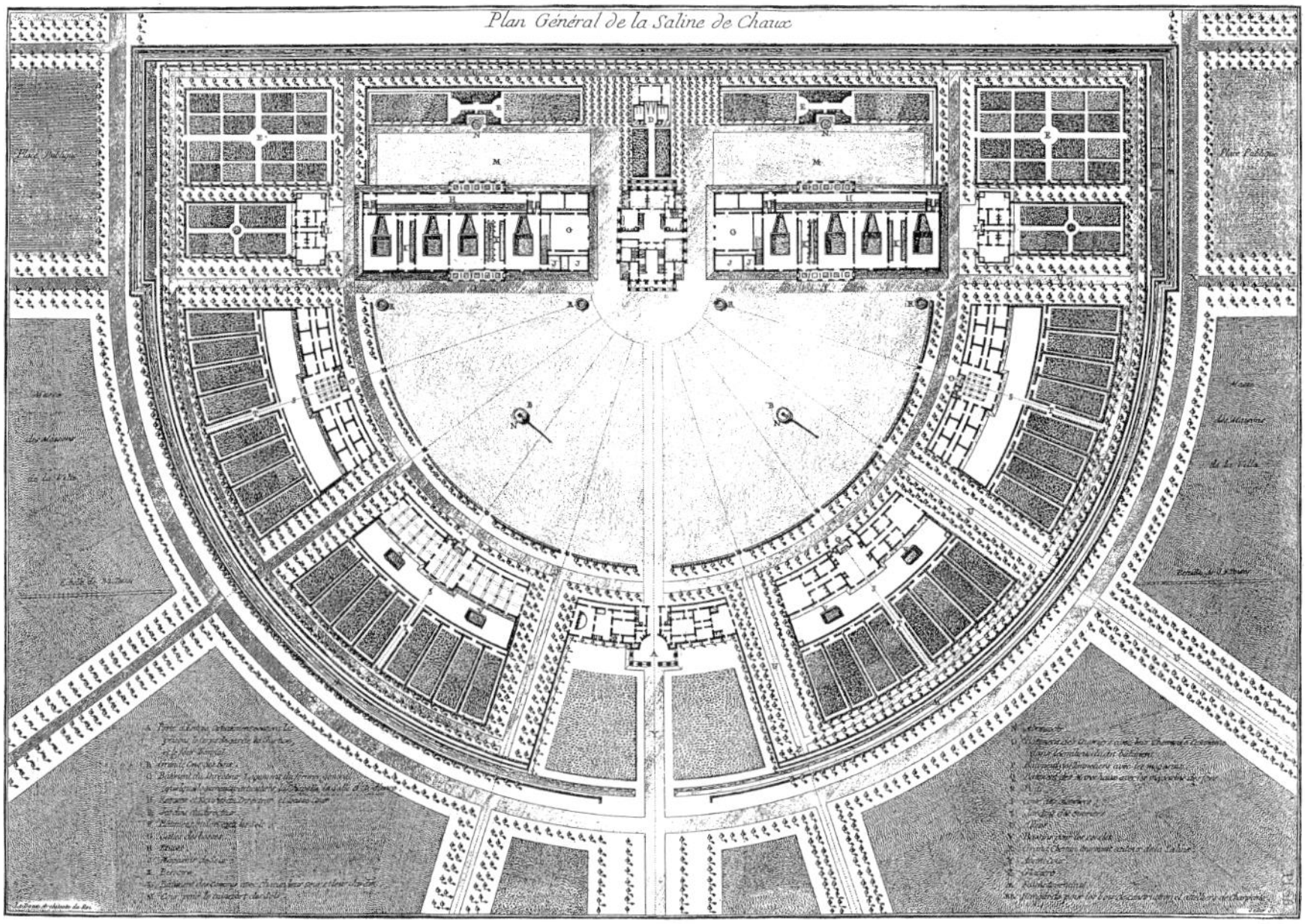
Plan Général de la Saline de Chaux

ルドゥーの建築が、ごく通常の規範に従い、常識的な技術だけを用いて建てられていながら、あるレベルから突然、幻想の世界へと飛翔していくようにみえるのは、殆ど狂気に近いまでの論理的な合理性が徹底的に追求されているためだと思われる。同様の資質が、逆に、「中心」の概念までをも、虚構と化して、無化してしまった。私たちの眼のまえにルドゥーの仕事がはてしなく大きいものとしてあらわれてくるのは、一個一個のデザインもさることながら、こんな一瞬の逆転を実現するような構想力が、いま求められているからにほかなるまい。

「至高存在《エートル・シュプレーム》」のかわりに「空洞の闇」を、「かたりかける建築」のかわりに「沈黙の建築」を、「崇高《サブライム》なるもの」のかわりに「通俗のきわみ」を語る時代に私たちがいたとしても、現実から夢想への飛翔が、その反転を支えてくれることだけは、変わることはないだろう。

第6章

建築と逸脱

サー・ジョン・ソーン美術館

貴族の邸宅——サー・ジョン・ソーン美術館

一七五三年に生まれたジョン・ソーンは、一八世紀の中期から一九世紀の中期まで、西欧で支配的となった新古典主義の建築家、と位置づけられている。だが、その勃興期を担った一七二〇年代生まれの第一世代と、最盛期に活躍した一七八〇年代生まれの第三世代の建築家のちょうど中間の第二世代であるため、過渡的な性格をその仕事で多く示している。

一八世紀の中期に、それまで連続的に展開していた古典主義的建築言語に亀裂がはいり始めた。近代がその出発の地点であらゆる「知」を構成する言語にたいして突きつけた一般的課題とも連動しているが、それは、危機に陥っている建築的言語にたいして、プロブレマティックを提示することによって、事態を再編しながら先送りを続けることであった。第一世代の建築家たちは、〝原始の小屋〟〝考古学的遡及〟〝ピクチャレスク〟〝崇高〟〝廃墟〟〝幻想〟〝自然という理性〟〝合理主義としての幾何学的形式〟といった数々のプロブレマティックを案出し、それによる古典主義的言語の再編を目論んだ。なかでも、ロージェ神父の原始状態への〝還元〟、エドマンド・バークの崇高なるものへの〝拡張〟は、多大な影響を与えている。

ジョン・ソーンは第二世代として、これらのプロブレマティックをまとめて引き受ける立場を選択したと思われる。古典主義的言語を殆ど発明的に操作しながら、それをいちじるしく私的な語り口へと結びつけた。そのひとつが、初期のイングランド銀行にみられるようなドーム、ペンデンティヴ、支柱がなめらかに連続してしまった吊り天井であり、後期においてはダリッチ・ギャラリーに特徴的にみられる線刻のついた煉瓦の付け柱のうえに消滅したキャピタルがのった〝田舎《ボイオ》者《ティア》〟式オーダーと椰楡されていた第六（?）のオーダーである。これらのソーン風と呼ばれている手法は、古典主義的言語を軽やかに操作するところに特徴があるが、普遍化とは程遠いものだった。

　時代が幾何学的量塊性と形式的整合性を優先させる純正な新古典主義へと移行し、それが、あらたに国家意識と結びつく記念碑的な作品を要請しはじめたのをジョン・ソーンは知悉していたであろうが、彼は敢えて、この第三世代の新古典主義の示す特性からの〝逸脱〟をはかった。それは大げさな様式的リヴァイヴァルとその雑多で混淆なプロブレマティックを処理しつづけた一九世紀の諸傾向からの脱落を意味するが、そのかわり、この私的な語り口は彼よりやや先行する世代であったフランスの幻視の建築家たちの仕事ともども、二〇世紀になってから、再評価され、あらためて注目をあびることになった。

　サー・ジョン・ソーン美術館は彼が四〇歳の頃から住居と仕事場にしていたリンカーンズ・イン・フィールズナンバー12に隣接するナンバー13を中心に、六〇歳頃から美術と建築のコレクションを全面的にちりばめた部屋をデザインし、理想的な生活芸術空間に仕立ててこれを美術館としたもので、英国国会が一八八三年彼の八〇歳を記念して、国の指定美術館に認定した。古代ギリシャ、ローマの発掘断片、ホガース、カナレット、ターナー等の絵画、ピラネージ、クレリッソー、ダンス、アダム、チェンバーズらの建築的ドローイング、自作の模型、透視図、スケッチ、それに建築的参考品等がその収集品の主なるものである。ジョン・ソーン自身が、自らデザインした異なる雰囲気をもつ部屋にこれらを配置し、説明を加え、個人的な建築家の美術館として仕立てられた。

それは、ジョン・ソーン自身、一八〇〇年代の初頭に、ピッツハンガー・マナーの自邸において、夫人と二人の息子とともに美術品にとりまかれた中産階級の理想的芸術生活を夢みたが、家族の精神的きずなが切れて、その意図を放棄せざるを得なかった。今度は自らの建築家としての成果物を中心として生活の環境を細密に再編成したわけだが、これが完成したときにはもう同居する家族はなかった。いわばこの美術館そのものが、「家族のいないカンヴァセーション・ピース」となってしまった。

美術館室内は、ジョン・ソーンが後半生をその場所に住まいながら徐々に完成させていったものであるため、そのデザインはさしずめ彼のデザインの集大成である。殆どミニアチュアかと思うほどに濃密に、細部まで手が加えられ、多様な発明に満ち充ちている。彼自身の開発した独特の付け柱、宙に浮いた天井など二重三重に発明的な仕掛けが組みこまれている。

注目すべきは光線の扱いで、直射、間接、反射、透過、屈折などあらゆる手段を介して、光線を変質させ、それを部屋の上方、横方向などさまざまな位置に分散させている。加えて、凹凸面の鏡が平面鏡とともに多用されているが、それは、視線の移動につれて、イメージに思いがけない変形を与える。さらには、多くの色彩が想像以上にあざやかに用いられている。光、鏡像、色彩、これらが自由自在に扱われることによって、高さ、大きさが極端に異なる小さい部屋の連続のなかに、虚像と実像が入り乱れ、空間全体がリズミカルなうねりとなって感知される。そして、その空間のなかに、数々の収集品が展示されているわけで、美術館または博物館という私的なコレクションの社会化のシステムは、一九世紀の初頭から都市生活を編成するのに欠かせないインスティテューションとなったが、ジョン・ソーンは、それを建築という主題を通じて、まさに建築家的な発想のもとにユニークにまとめあげた。

とりわけ注目すべきは、この複雑にからみあった諸室のなかでは「朝食室」と「絵画室」である。数々の彫像や建築的断片が上空よりの採光で三層にわたって垂直性を強調された「ドーム」と、もっとも手のこんだ建築的装飾にとりまかれた「図書室」と「主食堂」の水平に伸展する空間の間に、「モニュメント・コート」と呼ばれる採光用の中庭に面した、殆ど通路または前室としかみえない狭い場所に「朝食室」はしつらえられている。ここはやや横長の空間だが、中央部に立方体が切りとられ、ソーンの独自性がもっとも顕著にみえるペンデンティヴ・ドームが吊られている。

その中央に小さいランタンがあって、ほのかな光がドームの表面を照らすが、両側の壁面は高く押しあげられ、ここにもうけられた採光室から、もっと強い外光がそそぐ。結果としてドーム天井がいかにも宙に浮いているようにみえる。朝食用の円形の卓がやっとひとつ置けるだけの狭い部屋でありながら、このきめの細かい光の分布と空間的分割によって、歴史的にも、もっとも頻繁に参照される内部空間へと仕立てあげられている。

地階に薄暗い「モンクのパーラー」を収めて、その上階に明るい上方からの光線のひろがる天井の高い「絵画室」の部分は、この美術館に最後に付加された部屋であるが、驚くべき仕掛けがある。額にいれられた絵画をかける四周の壁面はヒンジで回転し、絵画はその裏面や奥の壁にもかけられる。可変の壁、といっていいが、それが回転すると同時に表面を埋める絵画も変わり、イメージを完全に転換させる。とくに、南側の出窓との間に下方へ吹き抜ける空間がはさまれており、壁が開くと、空間が上下に伸び、さらに出窓を介して光庭の方へと連続する。異なった明度をもつ深い空間が重層させられており、これが可変の壁と組み合わされ、劇的なステージの転換に立ち合う気分にさせられる。

これらの、めくるめくような圧縮された幻想は、ジョン・ソーン自身の建築的な達成の証拠品として、現在に伝えられた。それが同時代の建築家の仕事の誰と比較してもとりわけユニークであるが、やはり同時代の刻印も押されている。それは彼が自らの主要な発生のよりどころにした古典主義的言語が選択的に用いられていることである。その枠組みのなかで、いかに自由に、軽やかに、そしてはてしなく〝逸脱〟しながら《建築》が語られ得たか、それをこの住居=美術館に見いだすことができる。そして〝逸脱〟こそが、時代の限界を超えて今日にまで多様な解読を要請する契機となっていることをも私たちに教えてくれる。

《建築》の危機——古典主義言語の〝還元〟と〝拡張〟

一八世紀の中期に《建築》は危機に陥っていた、と考えられる。勿論、こんな言い方が可能なのは、それ以後多数の言説が積み重ねられたあげくにやっと語り得ているのであって、その時期に《建築》などというメタ概念＝制度が成立していたわけではない。同類で、ときには上位に、そして問題の設定のしかたによっては下位に置かれている《芸術》でさえ、この危機の時代が収束した次の一九世紀の中期になってやっと社会化し、標準的な知識愛好者仲間の話題になり始めたぐらいだから、それより遅れてやってきた《建築》が、一八世紀中期に建築家、建築愛好家たちの間の会話に登場していたわけでもない。その時期に言葉にならなかったとしても、たしかに、それと同じ概念を想い浮かべながら、その概念の設立にむかって、建築家たちの思考が作動を始めたにちがいないことを、一二世紀半も後になって推定しているにすぎない。むしろ、その時期には単に建築と呼ばれ、具体的には古典主義的建築を指すことになっていた。これが危機に陥っていた、と言いきるのも、時代を断面にしてみると正確にはみえない。一八世紀の前半には、バロック後期の華麗な宮殿や教会堂が建設され、その内部はロココと呼ばれる過剰が溢れかえっており、危機どころか、見かけの隆盛の方が目立っていた。

その危機意識が建築家のなかに生まれたとするならば、古典主義的建築のなめらかな展開に信頼を置けなくなった、ということである。すなわち、その時期まで、あたかもラテン語のように自らの視覚言語体系を確立し、その継続的展開過程として、ルネッサンス、マニエリスム、バロック、ロココといったほぼ一世紀ごとに様式的特徴を判別できるような推移を経てきたが、その自律的な展開の見込みをたてにくくなってきた、そんなどんづまりの気分が、少数の建築家たちの間の意識にのぼってきたためであろう。その危機は、この世紀の初頭から始まった啓蒙主義による世界の解読が事物の結合関係の再編成を迫ってきたことにも間接的に由来するだろう。

そのさなか、一七五三年に、ジョン・ソーンは生誕している。だから彼がその危機に直接的な対応をしたわけではないが、生涯を通じてなした仕事は結局のところ、この生誕時の危機の解決の結末を引き受けるものだった、ということができる。

彼は八四歳の長寿を生き、その最後まで建築家としての活動をつづけたので、時代の状況は推移して、もう次の危機が訪れており、批判されることも多かった。一八世紀中期の危機は根深く、ほぼ根底的といえるような変動へ通ずるものの出発だったので、これに比較すると、散発する一九世紀の危機はその継続といった性格が強く、実は現在にまで至っているもので、それを〝近代〟という、社会的枠組みに由来するものだ、と呼んでおいていいだろう。

ジョン・ソーン生誕の同年に、フランスにおいて、マルク・アントワーヌ・ロージェ神父(一七一三-六九年)が『建築試論』(一七五三年)を発表した。その数年前に、ダブリンのトリニティ・カレッジの一九歳の学生であったエドマンド・バーク(一七二九-九七年)が学生クラブで発表した草稿が、『崇高と美の観念の起源をめぐる哲学的考察』(一七五五年)と題して出版された。この両著作は《建築》の危機がいったん収束する一七九〇年頃まで、一八世紀の後半の建築における論争を展開する両極の視点を提供しつづけた。ロージェの方法を〝還元〟というならば、バークのそれは〝拡張〟といっていい。それはいずれも建築における古典主義的言語の限界を突破することについての論議であった。それを受けて、ジョン・ソーンは、〝逸脱〟とでも呼べる方法を実践する。

危機を克服する具体的な指針として、〝還元〟と〝拡張〟は、《建築》を支えるモラリティの所在、いうなれば、建築的言語の成立する根拠を確認しようとする作業の一環であったし、〝逸脱〟は社会化されたあげくのモラリティが制度として作動する機構からのがれるために、批判という近代的な思考を実践することであった。〝還元〟〝拡張〟〝逸脱〟という限りにおいて、それは、何ものかからの、といわねばならず、とりあえず、それを建築における古典主義的言語、としておこう。

すなわち、一八世紀の中期に、それまでの三世紀にわたって、強固な統合体として作動しつづけてきた古典主義的言語は、その内的な連続性に亀裂が走り始めたわけで、それは同時多発的に、西欧のそれぞれの国に事情は異にしながらも起こっている。ローマがそのひとつの焦点になっていた。その時期フランスは、優秀な建築の学生にローマ大賞を与えて、ローマのフランス・アカデミーに派遣することにしていた。一方で、イギリスからも、グランド・ツアーと称される地中海への旅行を経ることが建築家の登竜門とされ、同じく各種のスカラーシップが提供されて、ローマへの旅行が企てられた。フランス・アカデミーに加えて、アカデミア・サン・ルカも彼らのたまりであったが、ここに集まった国際的な建築家たちによって、この建築における古典主義的言語の危機は明瞭に意識されるようになっていた。

一七五〇年前後にここに集まっていた建築家のなかには、フランスからジャン＝ローラン・ルジェ、エスモンド＝アレクサンドル・プティト、シャルル＝ルイ・クレリッソー、イギリスからサー・ウィリアム・チェンバーズ、ロバート・アダムらがおり、イタリア人では、一七四〇年にローマに移住したジョヴァンニ・バッティスタ・ピラネージ（一七二〇-七八年）などの名前が挙げられる。彼らは、それぞれの国に帰ってから、いずれ新古典主義と呼ばれるようになる言語体系の創出に手を貸すことになるのだが、この中にいたピラネージは、バロック的な建築の素養をもち、ロココの気分に溢れた〝カプリッチオ〟で版画家として出発しながら、ローマに残存する廃墟を描くことによって、〝ピクチャレスク〟へ、古代ローマの偉大さを想像的に復原することによって、ヴィジョナリイ・アーキテクトと呼ばれるようになるブレーやルドゥーの幾何学的な原型への還元へと通底し、さらには「牢獄シリーズ」によって、〈崇高〉の美学を具体的に示すといった具合に、多彩な活動を繰りひろげることによって、これらのグループの触媒のような役割をはたした。いま流通しているピラネージの大量の建築的主題による版画は、建築家でありながら実作をつくる機会にめぐまれず、家具、内部装飾などを手がけながら、ローマを訪れる旅人たちへの一種のスーベニールの役割もした版画を制作することで、彼は生計を支えていたといわれる。

版画という大量の複製を可能にするメディアに取り組んでいたことは、彼の視覚的な提出物が、各地に流通し、建築家たちにローマより発信されたイメージを伝達し、彼らの実作の方向づけの保証となったわけで、その影響力はスケッチのようなドローイングや、実作に没頭させられていた建築家たちよりははるかに強大でもあった。それだけに、この危機の時代の問題意識を直接担っていた建築家、理論家からは、徐々にその古代的な復原にまぎれこんでいる過剰な想い入れが生みだす考古学的な非正確性に、しばしば疑問が発せられるようになる。とりわけ理性の時代と呼ばれるような啓蒙主義の生みだした古代への憧憬は、一方において、考古学的な正確性を要求することになる。ピラネージはごく断片的にしか手にできない考古学的発掘物の示す事実を手がかりに、想像を拡張して、〝偉大なる古代ローマ〟を現出させる。その壮大なイメージの創出が、時代を超えて、彼の作品を注視させることになるのだが、それは同時に、考古学的不正確性としての批判の対象ともなる。

事実、この時期にたとえばヴィンケルマンのような美術史家がローマの建築様式の起源はギリシャにあることをつきとめ、証明する考古学的手続きを開始して、事態は一気にギリシャ・リヴァイヴァルへとむかうことになった。ピラネージはこれらの考古学的批判に対抗して、エジプト、ギリシャ、ローマの数々の断片の折衷を企てた図集を出版したが、その過程でルネッサンスからバロックにいたる古典主義的建築の有機的一体性に、想像力を輻輳させることによって、亀裂を走らせ、あらためて断片化をすすめ、そのあげく折衷的構成を提示することになり、その複合された奇怪さの内側から崇高性へと接続する。

マンフレード・タフーリは、『建築のテオリア』のなかで、ピラネージのかかえこんだ矛盾にふれて次のように記している。

「――不思議なことには、これまでその点に気づいた人は少ないようだが、サンタ・マリア・デル・プラオラート・スル・アヴェンティーノの祭壇はこのことを、その二面性によって、建築的に明らかにしている。それは公衆の方を向いている面においては説明的かつ教化的で、後期バロックの名残りをとどめているが、背後に回ると抽象的かつ非説明的であり、啓蒙期風の幻覚的な象徴性を呈したものとなっている。ここでは裸形の球が幾何学的なソリッドの部分に抱きかかえられる形で呈示され、今や現実のものになろうとしている神聖なるものの蝕という現象を寓意化しているのである。*」

サー・ジョン・ソーン美術館のコレクションのなかにカナレットやホガース等の絵画作品とともに、多数のピラネージが含まれていることに留意しておくべきだろう。プーサンの描くアルカディアをそっくり眼前に展開する都市の光景に置換し、それを正確にカメラ・オブスキュラの手法によって透視図法空間として表現しながらも、ピクチャレスクな田園に点在していたパラディオ風の建物を、パロディーのごとくヴェネツィアに出現させたりしたカナレットは、第一次産業革命の開始される以前のヴェネツィアやロンドンの都市の光景を静謐で透明な空間として記録している。一方ホガースはといえば、ロンドンの相も変わらず猥雑な民衆の生活の断片を、同じくジョン・ソーン美術館の階段踊り場にしつらえられたニッチにウィリアム・シェークスピアの肖像彫刻が収められていることによってソーンの関心の深さが知り得るのだが、そのシェークスピアの劇の光景かと見まがうようなダイナミズムでホガースはその民衆の生活を生き生きとしたタッチで描きだす。八枚組の「放蕩者のなりゆき」(一七三二―三三年)、四枚組の「投票」(一七五四年)の二つのシリーズはそれぞれソーン夫人およびソーン自身がオークションで入手したホガースの代表作である。

カナレットとホガースの静止画的と動画的の両側面をピラネージはその建築領域の仕事

* Manfredo Tafuri, "Teorie e storia dell'architettura", Roma, 1976. 八束はじめ訳『建築のテオリア』朝日出版社 一九八五年

のなかに兼ね備えていたが、それはいずれジョン・ソーンが古典主義的、ゴシック的のいずれにもくくりこめないような両義的な仕事を展開する部分に強い影を落とすことになる。殆ど分裂症的兆候をピラネージが示していたことにより、その異なった側面が時代の変化に応じて注目をあびているわけである。さしあたって一八世紀の中期のローマにまで戻ってみると、フランス・アカデミーに集まっていた建築家のなかに、イギリスからロバート・アダムとウィリアム・チェンバーズの名がある。後者は、ジョン・ソーンがイタリア旅行に出発する際に相談にのり、数々の助言を与えた建築家である。

　このロバート・アダムとウィリアム・チェンバーズは、イギリス帰国後、イタリア留学、そしてフランスにおける啓蒙主義が生みだした古典主義の再検討などの影響を受けながら、独自の古典主義的建築の開発にむかう。彼らは、一七六〇年から約三〇年間のロンドンの建築界を二分して支配したといわれるが、当初はいずれもジョージ三世にたいする王室御用の建築家のポジションを分け合っていた。チェンバーズは、王の直接的な建築的教師となって、キュー・ガーデンズをはじめとする王室の建築を手がけつづける。一方ロバート・アダムは何故かジョージ三世の不興をかったとされ、民間の建築に主力を注ぐことになる。このライヴァル関係は、一世代後のジョン・ソーンとジョン・ナッシュの関係に引き継がれているようで興味深い。ジョン・ソーンはイングランド銀行はじめ、多くの国家的な施設を手がけているが、王室関係に目立ったものはない。その部分はむしろ、ジョン・ナッシュが、ジョージ四世に引き立てられ、彼のかかわる殆どのプロジェクトにかかわっていく。

　さて、一八世紀中期にローマでの会合に出席したフランス人の建築家のなかに、シャルル＝ルイ・クレリッソーの名前があった。彼のドローイング四点が、やはりサー・ジョン・ソーン美術館のコレクションに含まれている。彼は一八世紀の中期、ローマに行き、ピラネージと同様に主として、廃墟のスケッチや、古代遺跡の実測にたずさわっていた。ロバート・アダムは、一七五七年にこのクレリッソーの製図工としてダルマチア地方に旅行し、スパラトのディオクレチアヌスの遺跡の実測にたずさわっている。その成果は一七六四年、アダム自身の手によって、『ディオクレチアヌス宮殿』（一七六四年）の大冊としてロンドンで出版され、その版の第一番の番号はジョージ三世へ献呈されている。ロバート・アダムは、このようにグランド・ツアーの目標を古代遺跡の研究、すなわち古典主義的建築の考古学的再確認に充当したのだが、古代研究は、すでにスチュアートとレベットのアテネの古代遺跡の実測書（一七六二年）の出版にみられるように、殆ど恣意的な濫用の域に達していた古典主義的言語を古代的規範に基づく正確さへと矯正する運動が一般化しようとしていたと考えられる。

時代の変化の兆候を的確に示す作品は、このロバート・アダムのライヴァルであるウィリアム・チェンバーズによって先に示された。それは一七五一年に英国皇太子が死去した際に、ローマにいた彼が製作した「プリンス・オブ・ウェールズの廟」（一七五二年）である。これは古典主義的な壮大さ、記念碑的な完璧性に満ちて、おそらくチェンバーズの作品中の屈指のものだが、その一枚の断面に、廃墟と化したその廟の光景が描かれている。廃墟の光景を計画されたものとして描きだすことには、おそらく二つの一八世紀前半の流れが重なり合っている。ひとつは、イギリスの〝ピクチャレスク〟であり、もうひとつはローマのフランス・アカデミーの周辺に生みだされていた過激な古典主義である。すなわちチェンバーズ自身は、インド、中国への航海の後に、パリに渡って学んだブロンデルの「芸術学院」を中心とする啓蒙主義的な合理主義に根ざした古典主義的建築を学んでいる。ブロンデル門下のルジェ、ル・ロラン、ジャルダン、デュモンたちが、ローマ大賞を得てイタリアで制作した殆ど幻想的な記念碑群とその設計の意図は同質のもので、それが古代ローマの廃墟と結合している。クレリッソーもそのひとりで、彼ともチェンバーズは接触があり、同時にピラネージと同じ屋根の下で過ごしたりもしているので、確実にその参照源があるわけではないが、一七五〇年代のローマの気分を彼がいち早くつかみとっていたことは間違いない。そして、この廃墟への関心は、一八世紀の後半を通じて増大していく。イギリス経由の〝ピクチャレスク〟のなかにとりわけ組み込まれていく。そして、この廃墟趣味は、古典主義的言語が保持してきたその有機的総体を支えきれなくして、ただ断片に解体させ、絵画に似せて劇場のセットのように自然の光景のなかに溶解させ、あげくに虚構を組み立てることによって、建築を非実体化させる契機を提供することになる。

〝ピクチャレスク〟は一七世紀の末期から、イギリスにおいてはおそらく古典主義的言語をそのバロック的な硬直から救出するもっとも重要な概念であったともいえる。建築史家デヴィッド・ワトキンによれば、すでに盛期バロックの建築家ジョン・ヴァンブラが田園のなかに宮殿を配置する際に建築物を庭園と合体させることを説いており、この思想は今世紀初頭の、最後の古典主義建築家といわれるラッチェンスにまでイギリスの最良の建築家の思考を貫く概念にもなったといわれる。そのヴァンブラの意図を要約すれば、

①建物は、書かれた歴史以上に生き生きと過去を生活へ持ち込むことを可能にする。

②建物は庭園の一部となって統合される。

③正統的に〝ピクチャレスク〟であろうとすれば、建物と植樹を造園する際に混在させるにあたって、一七世紀の風景絵画をそのモデルに採用すべきである。*

すなわち、有機的に一体化した総体として、宇宙の中心としての結晶化を意図していたはずの古典主義的建築の構成原理からすれば、これは建築の造園への従属であり、格下げでもある。ルネッサンスからバロックにいたるまで、建築の延長として、庭園も都市も構想されてきた。その背後では、古典主義的建築が内包している空間的秩序は、人間の姿をした神をその宇宙の中心に置き、自然は演繹的に支配可能であると信じられていた。それにたいして、宇宙が無限であり、同時に人間でさえ自然の一部にすぎないと考えられ始めたのである。宇宙や自然が人間の延長ではなく、他者として出現し始めたわけである。啓蒙主義がめざしたのも、その人間主義の危機を世界のすべてにわたって再検討し再編成することであった。〝ピクチャレスク〟という一七世紀絵画のうち、とりわけプーサンのアルカディアの光景を描いた風景絵画をモデルにする方法がここで生みだされたのも、この広い意味での思想的変貌と平行しているといえるだろう。

バロック期の建築は、その平面から構造そして表面にみえる装飾にいたるまでを、連続させ境界を際立たせず、うねるような一体感を組み立てることに特徴をもっていた。そこにいたるまで信じられていたのは、古典主義的言語の有機的一体性だった。ジョン・ヴァンブラの建築作品はあくまでその特徴をそなえつづけていた。それにたいして、バーリントン卿やウィリアム・ケントは、パラディオの資料を正確にあたりなおし、そこから、単純で明快に組織された幾何学的な空間の秩序を導きだした。ネオ・パラディアニズムと呼ばれているこの方法は、とりあえず古典主義的言語をパラディオを規範にしながら再検討

*Robin Middleton and David Watkin, "Neoclassical and 19th Century Architecture", New York, 1980.

する契機をつくった。

この一八世紀の前半のイギリスにおける建築上の転換は、〝ピクチャレスク〟が環境への溶解という建築の格下げであったのに平行して、建築における古典主義的言語の洗い直しによる整序であって、ここでは、そのモデルを一六世紀のヴェネト地方の田園につくられたヴィッラに求めた。〝ピクチャレスク〟のアルカディア的な理想郷のモデルとこのネオ・パラディアニズムが同じく平行した現象であり連動していたことは明らかで、プーサンの絵画には、すでにパラディオの建物が点景として描きこまれていたのである。

「廃墟となったプリンス・オブ・ウェールズ廟」が一八世紀中期の《建築》の危機を明示するひとつの事例となりうるのは、この〝ピクチャレスク〟における《建築》の〝溶解〟とネオ・パラディアニズムにおける《建築》の〝整序〟の兆候を同時に引き受け、いずれ新古典主義と呼ばれるようになる特性に連なる兆候がみえ始めているからである。

勿論、一七三〇年代に、バッキンガムシャーのストウ庭園やオクスフォードシャーのローシャム庭園、そして、ウィルトシャーのストアヘッド庭園（一七四五年以降）などのいわゆる英国式庭園がその時期に造られ、自然の地形をそのまま生かし、人工の手を加えた痕跡を消して、あたかも風景絵画のような庭園が生まれるに際して、ウィリアム・ケントのようなネオ・パラディアニズムの建築家が多くの貢献をしてはいたが、そこには、自然を描写した絵画の光景を、もういちど眼前に人工的な立体的光景として造りあげるという逆転したレトリックが出現したわけで、これはもはや自然とは呼びえない。自然の模写、すなわち模造された自然であり、これを受容する時代の気分が生まれたことが理解できよう。

イギリスを中心として展開していたこの〝ピクチャレスク〟庭園はただちにフランスへと影響を与える。具体的にはこの国の今日にいたるまでの常道としてまず論理的な説明があり、それが理解された後に初めて視覚化されるという過程をここでも踏んでいるが、その論理化に貢献したのはジャン＝ジャック・ルソーであることは誰もが認めるところで、啓蒙主義にもっとも影響を与えた著作『告白録』二巻が一七五〇年と一七五四年に出版されている。そのなかでの〈自然へ還れ〉とする内面的なうめきが感動を多くの人々に伝えたわけだが、ここでもその出版の年代に注目しておきたい。一八世紀の中期、《建築》もまた同じ言説のなかにあったのである。そのルソーの友人であった、マルキ・ド・ジラルダンは、パリ近郊エルムノンヴィルに〝ピクチャレスク〟な庭園を造っている。その経験によって、彼は、『庭園の造型について』（一七七七年）を出版する。廃墟が点在する庭園がいかに人間の魂と感性を高揚するかを熱っぽく説いている。そこで組み立てられた趣味はマリー・アントワネットに及び、彼女はヴェルサイユに「アモウ」庭園を田園風のコッテージを加えて造る。イギリス、ドイツ、フランスと〝ピクチャレスク〟庭園は、意図的に数々の廃墟を設計し、擬似自然を組み立て、いかにも自然にみえるような虚構をいたるところに現出していったわけで、貴族の館、宮廷と時代を支配した階層の共通した趣向となったのである。

「廃墟となったプリンス・オブ・ウェールズ廟」はこの時代の趣向を殆ど先取りしたヴィジョンを示していたと考えられるのだが、その崩れていく未来の光景を完璧な造型に基づく記念碑のなかに幻視しようとする意図からエドマンド・バークが殆ど同時期に定式化した〈崇高〉のイメージを読みとることは容易であろう。古典主義が変質させられていくきっかけにもなった時代のキーワードはいずれあらためて論じなければならないのだが、サー・ジョン・ソーンの仕事にも深くその影を落としている。彼がその建築家としての生涯の後半に、自らの意図の視覚化に最適なレンダラーとして信頼したジョセフ・マイケル・ガンディーに、「廃墟として描かれたイングランド銀行」(一八三〇年)を描かせているのも、この一八世紀中期に共有されたあの廃墟趣味に連なる〈崇高〉への希求が彼自身の建築的企図の核心にあったことを示しているといってよかろう。ジョン・ソーンが再整備して、その大部分を設計しなおしたイングランド銀行を内部の空間が読みとれるようにカットアウトし、それをあたかも古代建築の発掘現場のように描いたものである。

建築の未来にたいしての予言のごとき図柄だが、それは必ずしもガンディーの発明ではなく、一八世紀中期以来数多く描かれた廃墟図の型に従ったものだったというべきだろう。そんな点にも、ジョン・ソーンがあの一八世紀中期における《建築》の危機をプロブレマティックとして継承した一群の建築家の最後に位置しているとも指摘可能なのだが、この廃墟図はひとつのクリシェとなって今日にまで及んでいる。シュペアーの回想録にしかなくて実際にどのような図が描かれたか知る手段がないのだが、彼が最初の仕事であるニュルンベルクの祭典場のプロポーザルをヒトラーにたいして行ったとき、千年王国の千年後を廃墟図として描いたといわれている。古典主義的な伝統のなかに、これがクリシェとして生き残っていたわけである。それがクリシェとは思い及ばず、もっぱら手ごたえのあるレトリックとして私は自分自身の建築家としての出発時からオブセッションとしていたこの廃墟図を「つくばセンタービル」が完成した頃にあらためて描くことになった。この建物の基本的コンセプトが先行する歴史的建造物の参照とその変形であったが故に、こ

ガンディー「廃墟として描かれたイングランド銀行」

のときはあらためてガンディーの構図をそっくり参照することにした（フランクフルト建築美術館蔵）。庭園を〈自然〉の虚構として構成した時代から始まって近代と呼ばれる知のひとつの形成が波紋のように世界を何度か襲ったあげくに、その虚構をあらためて虚構として描く他に採用する手段のない時代を私たちは生きさせられている。記号が実体から剥離して次元と位相を変えて操作可能になるべく再配列させられている。その記号の波のさなかに投企される新しい記号はあくまでも、ゆらぎを起こし、波紋を増幅するだけなのだが、それが、オーバーレイされたマルチスクリーン上の映像のように、際限のない振動をつづける。それ故にいまここに記述されている一八世紀中期に始まる《建築》の危機も、その危機の内容こそが実像であって、それを説明する諸事実は、スクリーン上の映像のように、流動し点滅せざるをえない。〝廃墟図〟というクリシェも異なる文脈のなかで意味を変え、しばしばレトリックとして政治的な作動をする。それがいまだに有効な手段にしようることにこそ実は注目すべきであって、この虚構を虚構として描く時代がやはり、あの一八世紀中期の〝危機〟に始まる近代の連続である証拠のひとつといえるのだろう。

　ともあれ、ここでもういちど、あの〝廃墟図〟が描かれた一七五〇年代初頭ローマのフランス・アカデミーに立ち戻ることにする。一七四〇年代に、ルジエ、ル・ロラン、シャルル、プティト、ジャルダン、デュモン、そして後れてベールらのローマ大賞を得てここに居住した建築家たちが古典主義的言語をその極限にまで拡張して、幻想性を帯びたドローイングを数多く生産していたわけだが、彼らがパリに帰還しても、必ずしも実務的な建築家として成功したわけではなかった。ルジエはいまでは新古典主義の初期的兆候を示すドローイングを残したことだけで知られている。彼はおそらくチェンバーズと接触して、

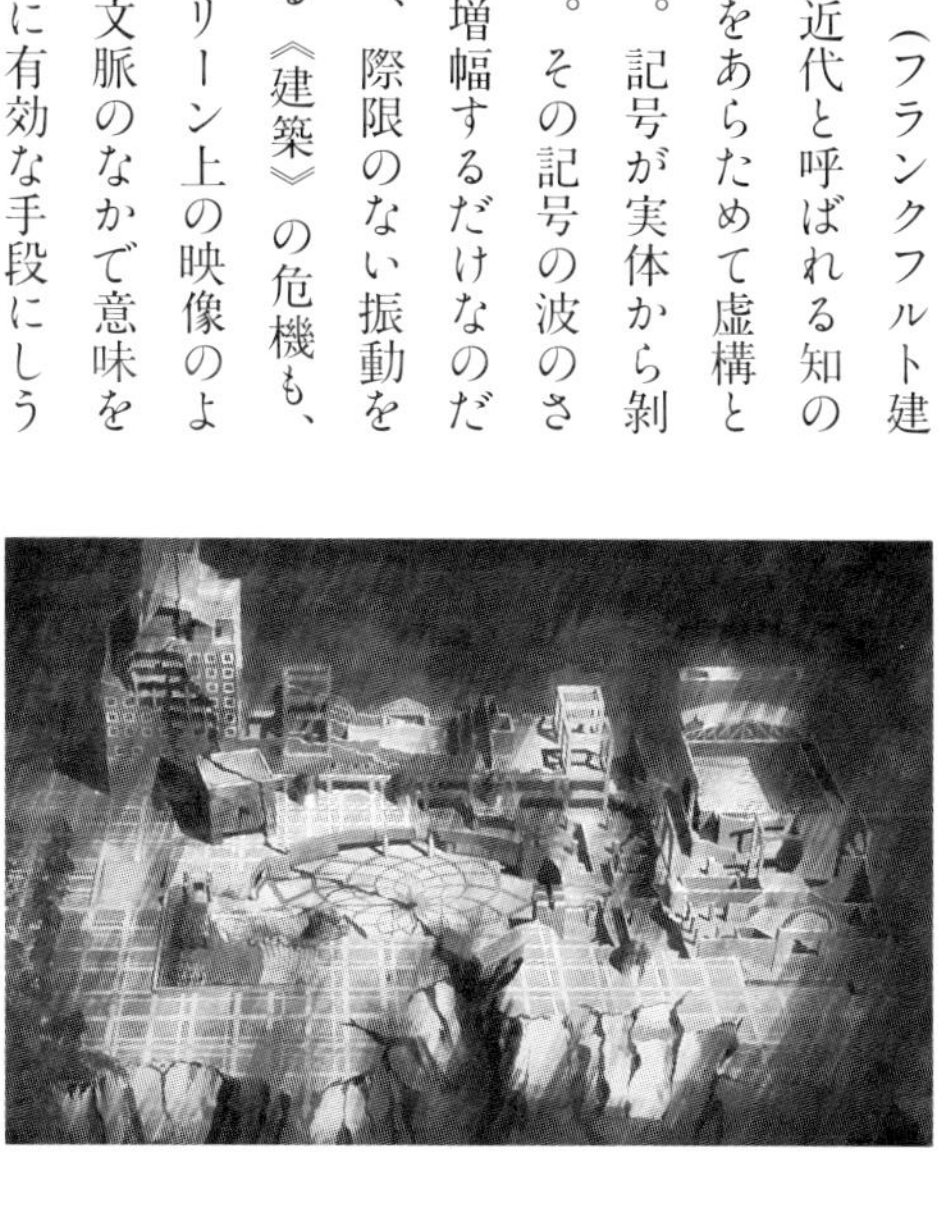

磯崎新「廃墟になったつくばセンタービル」

六〇年代の中期にロンドンを訪れるが、そこで実務に就けたわけではない。ル・ロランはパリからサンクトペテルブルグに移住し、そこで没している。プティトはパルマへ、ジャルダンはコペンハーゲンへとそれぞれ移住している。それぞれの国家がフランスより新しく生みだされつつあった古典主義的な建築家を招聘して仕事に就かせたわけだが、その多くは凡庸な古典主義的建築を残しただけで、必ずしもあのローマ時代ほどの高揚感はみられない。彼らより若干年長で、ローマ大賞とは縁がなかった建築家が、実はフランスのこの一八世紀中期の古典主義の変貌に大きい役割を担うことになる。ジャック＝ジェルマン・スフロ（一七一三–八〇年）である。彼は三〇年代にすでにローマを訪れ、七年余も滞在して、帰国後にフランスの古典主義の典型的な作品とも見なされているオテル・ディユ（一七四〇年）をリヨンで設計する。ルイ一五世の愛人であったポンパドゥール夫人は野心的でフランス政界を支配したといわれるが、その仕事のひとつに、四〇年代に王室のためにアカデミーを設立している。それにかかわって、自身の弟マリニイ侯爵に芸術的教育をほどこす目的で、リヨンのこの病院の設計で注目をあびたスフロに、ローマへ同行する依頼をした。スフロは再度ローマに行く機会を得たわけで、一七五〇年にここに到着している。そして前回の滞在のときにはまだみられなかった新しい建築にたいする解釈と幻想的な計画案に接する。彼はその足で南下して、南イタリアのパエストゥムへ行き、そこに残存する初期ドリス式神殿の実測を行った。一七六五年にデュモンの版画によって、神殿のドキュメントが出版されるが、それはこのときのスフロの製作した図面に基づいたといわれている。

パエストゥムのドリス式の神殿はＢＣ六世紀（ハラＩ号神殿またはバシリカ）からＢＣ

五世紀（ハラI号神殿、ポセイドン）にかけて建設されたギリシャ神殿の発生期の原型をとどめている。この神殿群を再発見した当時の建築家たちは、それまで常識となっていた古典主義的言語の一部としてのドリス式とあまりに大きな違いがあるのに驚いたはずである。体系化された古典主義的言語にとっては支柱としての円柱も梁のような役割をしたエンタブラチュアも、ファサードを飾る破風であるペディメントも、そしてドリス式の特徴であるキャピタルやエンタシスも与えられてしまった視覚言語の系であって、装飾的要素として、空間のなかでの比例を構成するものだった。

ところがパエストゥムの神殿は、ウィトルウィウスの建築書に記述され、アテネやイタリアの中央部に残存していたドリス式の神殿とはその印象からしてまったく異なるものだった。それは殆ど石による量塊そのものである。上方に持ち上げられたペディメントやエンタブラチュアを構成する石塊はみるからに重量感に溢れ、列柱のエンタシスはその支持の力感をそのまま視覚化したものであったことが容易に理解できるほどに、その発生状態を感知できるものだった。仔細に観察すればドリス式の要素のすべてがみえる。ただそれは洗練のあげくの透明感とは程遠く、殆どおどろおどろしいと形容したほうが適切である。一八世紀の中期にあって、ポンペイとりわけ〝ヘラクレニウム〟の発掘はローマ時代の原型をあらためて眼前に提示することで既知の言語体系の改変を迫るひとつの手がかりになっていたが、このパエストゥムの再発見は、歴史を遡行して原始状態の原型へ到達し、そこから再照射することが急務であると感じ始めていた建築家たちにとって恰好の事例を提供したと考えていい。スフロが偶然に得た二度目のイタリア訪問の機会にその地まで南下したことは充分に理由があったわけである。

私たちがいま知らされているこのパエストゥムのイメージは、デュモンの版画によるよりもふたたびピラネージのドローイング・シリーズによることのほうが大きい。サー・ジョン・ソーン美術館には、このピラネージによるパエストゥム・オリジナル・ドローイングが一五点、そしてピラネージの死後、その息子フランチェスコがこのドローイングに基づいて制作した版画（一七七六年版）が二〇点保存されている。さらにジョン・ソーンは重要な歴史的建造物をプラスターやコルクで模型を作り、参考資料にしているが、そのなかでも、このパエストゥムの神殿ハラI号とハラII号は重要な場所を占めており、ポセイドン神殿は、大小二点がコレクションのなかにみえる。

スフロは、イタリア帰国後一七五五年にこのマリニイ侯爵の推薦により、いまではパンテオンと呼ばれるサント・ジュヌヴィエーヴ教会にとりかかる。平面は純粋なギリシャ・クロス、中央にドームがのせられている。その外壁は、当初全面的な採光窓がとられ勿論内部も列柱だけにされ、外光が大量に採り入れられて、いちじるしく透明性をもった空間が意図された。形式は古典主義的、そして空間はゴシック的な透明性をもち、その両者がたくみに統合されたと評されているが、あまりにも強引に開口部をつくったために、完成した直後からクラックがはいりはじめ、開口部が構造用石材で充塡されてしまった。しかしその設計は純粋な空間形式に還元することに徹底しており、あらためて、あの一八世紀中期の《建築》の危機というプロブレマティックにたいするひとつの解答が示されているのをみることができる。

それは《建築》を可能なかぎりの基本形へ〝還元〟し、そのとき裸形のままにあらわれる形式を、その作用のままに任せることである。無駄な部分は徹底して省略されている。

そしてぎりぎりの形式が成立するその限界をおかすことでもある。その点において、サント・ジュヌヴィエーヴ教会は徹底的に原型へと立ちかえっている。ゴシックのような透明性と称される部分も上部の荷重を支持しない壁体を排除して、柱だけに〝還元〟された結果なのだが、この場合、その限界を超えて壁体を消したために、構造的な無理が発生し、後になって補修を加えねばならなくなった。このエピソードは、スフロの〝還元〟への強引な意図をあますことなく示している。彼を裸の形式へと志向させたのは、直接的にはローマへの旅行に由来しているとはいえるだろうが、その意図を論理的に説明しているのが、ロージェ神父の『建築試論』（一七五三年）である。この理性の時代にふさわしいポレミカルな建築書はジョン・ソーンの蔵書中に、さまざまな版で数冊もの数が含まれているので、彼への影響も多大なのだが、《建築》の危機を回転させる役割をはたした。

『建築試論』はルネッサンス時代以後、多数出版された建築書の規範にならってウィトルウィウスの『建築書』の構成にあらかた従っている。ただそれは記述の順序であって、その内容は通念化している古典主義的建築言語にたいする批判で貫かれている。要するに必要のないいっさいの装飾的な付加的要素を否認し、建物の構成にかかわる必要部材しか認めない。

たとえばアルベルティが壁面をもっともエレガントに構成する手段として評価したローマ時代以来のピラスター（付け柱）をロージェ神父は否定する。いわば古典主義的言語の中枢にあったはずの華麗さをもった言葉が、使用禁止を宣告されている。この批判が論議を巻き起こしたのも無理はない。彼が必要性を認めたのは、円柱と、その上部に架け渡されるエンタブラチュア、そして屋根の断面がそのままファサードにあらわれたペディメン

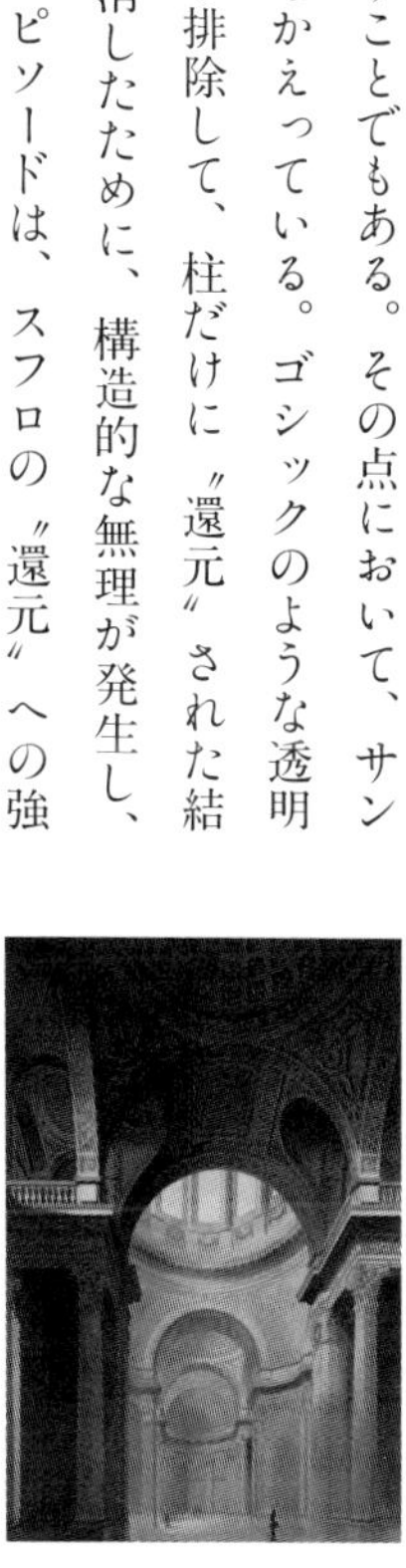

サント・ジュヌヴィエーヴ教会／ソーンの弟子、一八二〇年

ト、それに窓と扉だけである。すなわち、垂直の支持材と横架材、そして覆うための屋根と実用上の開口部以外はすべて排除されたわけである。壁の表面に比例的分割をほどこし、リズミカルな気分を生むのに適切な手段である付け柱は、それが荷重を支えない限りにおいては排除すべきだと主張する。

「――それでもおそらく人々は私が建築をほとんど零《ゼロ》の状態まで引き下げてしまったとして反論することだろう。というのは、円柱、エンタブラチュア、ペディメント、扉と窓を重んじるあまり、他のほとんどすべてを排除してしまったからである。事実、私は建築から無駄なものを取り除き、ごくあたりまえの飾り物をつくるだけの大量の安物を剝ぎ取り、建築をひたすらその自然で単純な状態に保っているわけだ。だが取り違えないでほしい。私は建築からその仕事や手段《てだて》を奪ったりはしない。ただ彼らに、いつでも単純性および自然にもとづいて作業を進め、技巧とか束縛を感じさせるものは、決して目に触れさせてはならないということを強いているのだ。つまるところこの職にある者は、私が仕事を省略することなく、彼らに大掛かりな研究と並外れた厳密性とを課していることを認めるだろう。さらに付け加えるなら、私は建築家にきわめてすぐれた手段《てだて》を授けているのだ。私の伝授する手段《てだて》がこれっぽっちでもあれば、天分に恵まれ幾何学を少しでも心得た者なら、自身の企画を無限に変化させ、多様な形式によって、私が非難した余計な事柄の中に埋もれてしまったものを回復する秘訣を見出すであろう。*」

そして同書の扉絵にロージェ神父は、「原始の小屋」と題されたアレゴリカルな挿図をの

* マルク・アントワーヌ・ロージエ（一七五四年版）三宅理一訳『建築試論』七〇頁　中央公論美術出版　一九八四年

せる。そこでは垂直材としての柱は自然木で、その枝分かれした節に横架材がのせられ、上部の小枝と繁茂した葉の間にペディメントのような屋根材が小枝で組まれている。古典主義的建築言語の主要構成材である円柱とエンタブラチュア、ペディメントが、〝自然〟から自生したかのように描かれている。ロージェ神父は同書のなかで、中国のような他の文化と比較して、ギリシャの文明とそれが生みだした建築、それこそを古典主義的言語の正統として賞揚しているのだが、その発生状態は〝自然〟そのものであったことを示そうとしたわけである。

ここから簡明な原理が抽出できる。すなわち①《建築》は〝自然〟の産出物である。それ故に②〝自然〟の法則としての合理性に従わねばならない。ということは、③人工的に創出されたとみえる《建築》の言語体系でさえ、自然言語の一部と考えるべきである。だから、④これまでの誤った展開過程で付加されたいっさいの虚飾は排除され、真に必要に根ざした構成的言語だけに基づくべきで、⑤そのようなモデルは古代ギリシャに求められる。

この原則を承認したとすれば、すくなくともこれまで学んできた古典主義的言語の構成要素のすべてを疑ってみなければならなくなる。そしてモデルとしての原始住居、そして発生期の古代ギリシャ建築の探索へとおもむかねばならない。ウィトルウィウスからアルベルティ、パラディオにいたるすべての古典主義的言語の規範を洗いなおさなければならなくなる。それが美術史家、建築家、芸術愛好者たちの考古学的発掘のもたらした新しい事実についての時代的関心と重なり合う。ロージェ神父のこの著作は、歴史的には当時未発表ではあったとしても、はるかに一八世紀の初頭にまでさかのぼってヴネツィアにおい

ロジェ「原始の小屋」

て、ほとんど偶像破壊的な言説をたてていたカルロ・ロードリ神父（一九六〇-一七六一年）のそれを整理し復唱したにすぎぬという説がいまでは一般的になっているが、著作の及ぼした影響はロージェ神父を超えることはない。とりわけ考古学的発掘の進行していたポンペイ、そして典型的なローマ後期のヴィッラであるヘラクレニウムの地中よりの発見、そしてダルマチアのディオクレチアヌス帝の宮殿、ハドリアヌス帝のティヴォリの宮殿遺跡、といったローマ以外の古代ローマ遺跡の精密な資料が制作されはじめ、たとえばこれらを実際に訪れて研究したロバート・アダムは一七六〇年代以降にこの後期古代ローマの内部装飾を独自に解釈して、アダム様式と呼ばれるようになる華麗なデザインを展開しはじめる。いっぽうロージェ神父の〝還元へ〟の強制はレベットと〝アテニアン〟スチュアートが遠くトルコ支配下のアテネにおもむき、その遺跡を調査しただけではなく、ギリシャ・リヴァイヴァルと呼ばれることになる古代ギリシャ的なるものの文字どおりの再現を正当化する理論的背景をつくりあげた。

ピラネージやスフロたちのパエストゥム神殿への実測旅行も同様の意図に動かされている。とりわけウィトルウィウス以来のヘレニスムが生んだたおやかで繊細なプロポーションこそが古典主義的規範と思われていたときに、このパエストゥム神殿の荒々しく、拒絶するような量塊の生む迫力は、建築家たちに〝還元〟が単純で明快なものを求めるのではなく、そのあげくに、「おどろおどろしい石の量塊が、攻撃的で強迫的でさえある」（ゲーテ『イタリア紀行』）事実をつきつけ、新しい芸術的感情へと導くことを知らすことになる。この〈崇高〉なるものの感知はロージェ神父と同じ時期に異なった場所において、エドマンド・バークによって著された『崇高と美の観念の起源をめぐる哲学的考察』へと連結することになる。エドマンド・バークは、このなかで通常の〈美〉を、小ささ、滑らかさ、繊細さ、多様さ、色彩などに所属するものとし、それにたいして、〈崇高《サブライム》〉は、恐怖、曖昧さ、困難、力能、広大さ、そして、ここから壮麗さ、無限へと連なるものと定義している。

「――自然の中にある大いなるもの、崇高なものが惹起する情動は、それらの原因が最も強力に作用する時には、直截《ちょくせつ》に〈驚愕〉(Astonishment)であって、驚愕とは、魂のあらゆる運動が一定の恐怖によって宙吊りになっているそのような魂の状態のことを指すのである。この場合、精神はその対象によって完全に満たされてしまうので、他のものを抱懐することは不可能である。……ここよりして崇高美の偉大な力が生まれてくるわけだが、それはわれわれの合理的判断から生み出されるどころか、それをあっさりと出し抜き、抗《あらが》いがたい力でわれわれをつき動かす。*」

通常の美的感情を超えた、恐怖感さえともなう別種の感動が人間をゆすぶることがあり、それをこそ芸術的表現の達成目標にすべきであろうとする意識は、一八世紀になってからは共通の関心が示されていたが、そのなかでジョセフ・アディスン(一六七二―一七一九年)の「想像力の快楽」がこの〈崇高〉の初期的形態を提示し、とりわけ〈巨大さ〉〈際限のない〉〈茫漠〉といった形容詞によって〝ピクチャレスク〟庭園にかかわる説明をしていることに注意したい。バークのいう〈崇高〉はイギリスにおいて生みだされていた〝ピクチャレスク〟庭園が内包していた美意識のひとつがふくれあがってきたものでもあった。そ

＊ マージョリー・ホープ・ニコルソン 高山宏訳『崇高美学』、「美と科学のインターフェイス」1 一三二頁 平凡社 一九八六年

れは通常の人間的感情の閾《いき》を超えている何ものかであり、明らかに古典主義的建築言語が基準としていた繊細でたおやかな美とは異なる性質のもので、これを承認することは、使用する構成言語を未知の〈広大〉で〈暗黒〉が支配し、人間は〈孤独〉にたやすく突き落とされかねない、〈無限〉で〈壮大〉で殆ど超越的な〈力能〉の支配する空間の存在を感知し表現せねばならなくなる。すなわち古典主義的言語を構成していた枠組みが〃拡張〃されねばならない。パエストゥム神殿の例でみたように、考古学的な原型モデルへの〃還元〃がすなわち〈崇高〉なるものへの限りない美的感情の〃拡張〃へ連結していく。一八世紀中期における《建築》の危機が、〃還元〃と〃拡張〃への両極へ拡散するようにみえたとしても、その両者は背後において、ひとつの環を形成していたのである。

一八世紀の後半において、この環の形成に思想的にあずかったのが、ディドロの〃理性〃であり、ルソーの〃自然〃であった。それを哲学的に保証しようとしたのが、エマニユエル・カント(一七二四-一八〇四年)であった。彼は〈崇高〉なるものの判断力をめぐって次のように述べている。

「――しかしながら、崇高なものと美しいものとのもっとも重要な内的区別は、おそらくつぎの点であろう。すなわち、われわれが正当にもここでまず第一に自然の諸対象においてみられる崇高なものだけを考察するなら(というのは、芸術における崇高なものはつねに自然との合致の諸条件に制限されているので)、自然美(自立的な)は、その形式においてある合目的性をおびており、これによってその対象がわれわれの判断力にとっていわば予定されているようにみえ、それゆえに自然美はそれ自体で適意の対象をなすが、これに反して、理性によって推理するというようなことなしに、たんにその把捉において、崇高なものの感情をわれわれのうちにひきおこすものは、その形式から言えば、たしかにわれわれの判断力にとって反目的的であり、われわれの描出能力に不適合であり、構想力にとっていわば暴力をふるうようにみえはするが、それにもかかわらず、それだけますますかえって崇高であると判断されるのである。[*1]」

「――切り立ち、突出した、いわば脅かすような岩石、電光と雷鳴をともないつつ天に重なる雷雲、破壊的威力のかぎりをつくしてみせる火山、荒廃をあとに残して行く台風、怒濤さかまくはてしない大洋、力強く流れる高い瀑布などは、われわれの抵抗能力をこれらのものの力と比較して取るに足りないほど小さなものにしてしまう。とはいえ、これらのものの眺めは、われわれの身が安全でさえあれば、それが恐るべきものであればあるだけ、ますます心をひきつけるものとなるのみであり、しかもわれわれはこれらの対象を好んで崇高と名づけるが、それは、これらの対象が、精神力を常ならず高揚せしめまったく別種の抵抗能力がわれわれのうちにあることを発見せしめて、この抵抗能力が自然の見かけの全能と匹敵するという気力をわれわれにあたえるからである。[*2]」

〝原始の小屋〟〝考古学的遡及〟〝廃墟幻想〟〝ピクチャレスク〟、制御不能な〝自然〟、合理主義としての〝幾何学的形式〟……これらの散在的にみえるプロブレマティックは、いずれも内的に緊密な結合状態にあったと思えた古典主義的建築言語を、〝還元〟と〝拡張〟の下に操作することによって、解体し、再編成を迫るための作業の一部を構成するものだった。そのあげく《建築》の成立基盤をめぐる変動は約半世紀を経て、一応の終結をみ

＊1　イマニュエル・カント　坂部恵訳『判断力批判』三〇七頁　第二章第二三節〈美しいものの判定能力から崇高なもののそれへの移行〉講談社『人類の知的遺産四三』一九七九年

＊2　同上　三一一頁　第二章B第二八節〈自然の力学的に崇高なものについて〉

る。新古典主義と呼ばれる方法が共有されはじめたからである。エミール・カウフマンは、この古典主義から新古典主義の変貌の要点を次のように整理している。

「――すなわち、古典主義は建築形態を明晰でわかりやすさを生む感性によって、調和を生ませる。素材はその性質がただちに理解できるように扱われ、形態は、その使用法がただちに了解されるので、その意味作用は対象的固有の質へと還元されている。いっぽう新古典主義は、その対極にあり、ここでは物質は死んでいる。形態には、そこで意図された思想を表現する以外の機能は与えられていない。印象の伝達、物質の造型性を超えた感情の喚起が主眼で、物質の性質などかえりみられない。新古典主義のシンボルといえば、感応性を消し、精神を内部に宿らせた石、である。*」

このように理解された新古典主義的言語を、おそらくもっとも明快でかつ強力に最初に表現できたのは、フリードリッヒ・ギリー（一七七二―一八〇〇年）が二四歳のときに制作した「フレデリック大王の記念碑」（一七九六年）であろう、と私は考える。チェンバーズが「プリンス・オブ・ウェールズ廟」（一七五一年）を発表して約半世紀が経過している。それはふたたび王のための建造物であった。ただ廟という死者をむかえるだけの目的でなく、記念碑としてもっと広範な影響を意図している。廟という建築型は、一八世紀中期のあの古典主義の革新のためのイメージを湧きあがらせようとしたローマに在住した建築家たちを共通にとらえていた幻想をかきたてる源泉であった〝廃墟幻想〟と直結していた。

時間を固定化して絶対的な無の空間へと飛翔するために〝死〟を媒介させたのである。

* George Teyssot, "Revolutionary Architecture", Oppositions 13, p.47

ブレー、ルドゥーらの幻視の建築家たちは、観念として、その絶対的時間と到達する〝死〟を主題にえらんでいるが、彼らにとっては、もはや捧げるべき貴人が消えている。普遍化された〝死〟の観念を現出する場として、共同墓地がえらばれている。その計画の規模はスケールアップされた。幻想を徹底させて、宇宙の無限性へとも接続させた。個人の死から、共同の死へとひろがることは〝死〟観念の社会化であったが、ここまで拡張されれば、それが次のレベルとして国家へ到達するのに時間はかからない。折からフランス革命を契機にして、全国的に国家意識が台頭する。つまり建築家にとって新しい主題が出現しはじめたわけで、「フレデリック大王の記念碑」はその国家意識の表象化であった。廟の性格を保持しながらも、それを国家的共同性へと拡張する。記念碑が帝王の個人的性格を保存しながらも国家的事業として扱われる契機が生まれたのである。そのとき用いられたのが新古典主義的言語であったことは、二〇世紀末の今日にいたるまで、国家とこの言語の関係が幾度となく主要課題として浮上する問題設定の道筋が敷かれたのである。そこで、国家意識の表象化が西欧諸国で急速に浮上した一九世紀の前半に、この新古典主義的言語による国家的記念建造物がいっせいに開花する。いいかえると、一八世紀の中期に発生した《建築》の危機は、国家意識の表象化の手段として新古典主義的言語が確立されることによって、収束されていくことになったのである。

一九世紀の前半にこの新古典主義的言語を駆使して、国家的記念建造物の制作にたずさわった建築家は、たとえば、ドイツにおいては、フリードリッヒ・ギリーの父親で、ブロンデルにならってドイツ建築アカデミーを創設したダヴィッド・ギリーが養成した世代の建築家で、ベルリンのカール・フリードリッヒ・シンケル(一七八一－一八四一年)、ミュンヘンのレオポルド・フォン・クレンツェ（一七八四－一八六四年）、カールスルーエのフリードリッヒ・ヴァインブレンナー（一七六六－一八二六年）など、新大陸アメリカ合衆国においては、トーマス・ジェファーソン（一七四三－一八二六年）やベンジャミン・ラトローブ（一七六四－一八二〇年）、フランスでは、エトワールの凱旋門を設計したシャルル・ペルシェ（一七六四－一八三八年）とピエール＝フランソワ・フォンテーヌ（一七六二－一八五三年）、殆ど無味乾燥だが様式的特性だけはそなえたマドレーヌ寺院の設計者、A・P・ヴィニオン（一七六三－一八二八年）、そして、イギリスでは、ロンドンでナショナル・ギャラリーを設計したウィリアム・ウィルキンス（一七七八－一八三九年）、大英博物館の設計者サー・ロバート・スマーク（一七八〇－一八六七年）、そしてエディンバラにはトーマス・ハミルトン（一七八五－一八五八年）、W・H・プレイフェア（一七八九－一八五七年）がいた。

これらの一九世紀の初頭から活躍を開始する新古典主義者たちの生年が、ほぼ一七八〇年前後であり、もうひとつのグループで、一八世紀の中期の《建築》の危機を担ったローマのフランス・アカデミーに集まった建築家たちは一七二〇年代に生まれている。ブレー、ルドゥーらの幻視の建築家たちも彼らに近い生年である。一七五三年生まれのジョン・ソーンは、新古典主義的言語の形成のための問題提起をした世代と、その言語を正確に語るだけの社会的条件が成熟した時期に、自由に操作ができ始めた世代のちょうど中間にいたわけで、《建築》の危機のためのプロブレマティックをすべて引き受けながら、その危機が波がひくように解消していき、透明で清冽な方法に再編成されてしまった体系を何の疑いもはさまずに使用するには早く来すぎてしまっていた。サー・ジョン・ソーン美術館の建築がいま私たちにみせている雑多な混淆、マニエリスティックとさえみえる迷宮

ピッツハンガー・マナー、エントランス・ファサード

性、果敢な実験に基づく奇矯な光景、果てしなくすべっていく遁走といったすぐれて現代的な特徴は、社会的、家庭的に屈折した生活を強いられたこの建築家の独特な才能と性格にもよるだろうが、時代の変動のちょうど中間を生きざるをえなかったことに由来する部分も大きく作用していよう。

危機の収束——新古典主義的言語よりの〝逸脱〟

一八世紀末から一九世紀の初めにかけて、《建築》の危機が収束されたようにみえることを、いいかえれば、新古典主義と呼ばれる新しく編成されなおした建築的言語が建築家たちに共有されるようになったことである。その特徴をもう一度エミール・カウフマンに従って要約すると次のようになる。①基本的な幾何学的形態の偏愛、②周辺の空間よりの建築の孤立化、③(ウィトルウィウスの有名な格言に基づく人体との類比による)シンメトリイの原理が、分離された部分が独立している補填されたシンメトリイとでも呼ばれる原則に置換される、④分離された要素の空間的配置がその表層に緊張力が生まれるような統合性の探究、⑤(ルネッサンスやバロックの建築家によって軽視されていた)物質的特質への配慮。*

この諸原則は、エミール・カウフマンがとくに注視した、ブレー、ルドゥーなどの幻視の建築家たちの仕事、そして、彼がその次に主題にする彼らの幾何学的な形態の偏愛が、ル・コルビュジエに連続するというフォルマリスト的な視点を導きだすために抽出されたとみることもできようが、表むき古典主義に属する言葉のみが使用されているので、たや

＊ J. Mordaunt Crook, "The Greek Revival", p.100, John Murray Ltd., 1972

ピッツハンガー・マナー、朝食室

すくは見分けのつかぬ場合もみえるのだが、その深層部に発生した変動は、《建築》を新しい状況にむけて再編成することになっていた。

ジョン・ソーンは一八〇〇年に彼が徒弟時代に働いたジョージ・ダンス二世（一七四一―一八二五年）が一部を改装したピッツハンガー・マナー（一八〇〇―〇二年）を購入し、再改装をして自宅にした。彼はここにあらゆる芸術を総合した住居空間をつくりあげ、まだ幼かった二人の息子が芸術的な雰囲気のなかで成長して、いずれは自分の跡をついで建築家になることを夢見ていた。そして、この時期から芸術品の収集を始めている。これらの収集品は、すみずみまでデザインされた部屋、とりわけ前のパーラー、後のパーラーと呼ばれた二室にきっちりとはめ込まれている。クレリッソー、ホガース、ワトー、カナレット、ターナーなどの他、自作の透視図、そして古代の壷などが、彼独特の浅いヴォールト天井の下の四周の壁に整然と配された。この二室の天井はいずれもイングランド銀行の仕事の初期からソーン自身のスタイルと見なされるようになる球面の一部を切りとったもので、ペンデンティヴが中央のドームを支えるように分節されてつくられた伝統的なドームと異なって、スムーズに連続した軽い浮かんだ吊り天井である。彼はその地上階に、モンクの食堂と呼んだうす暗い部屋をつくったが、ここでは中世建築の細部などが飾られていた。その住居部分背後に、ローマのフォーラムのミニアチュアのような廃墟が庭園の一部として計画された。ドリス、イオニア、コリントのそれぞれのオーダーをもつ柱が、破壊され、半分埋まった状態で置かれた。〝ピクチャレスク〟庭園のなかにあった廃墟の光景を中庭化したといっていい。

ピッツハンガー・マナーはジョン・ソーンが中産階級の芸術家として、家族と理想的な

ピッツハンガー・マナー、ライブラリー

生活をいとなむための空間を数々の良い趣味をもった芸術的収集品とたくみに装飾された内部の諸室をモデルとしてつくりあげようとした夢であった。だが、家族との生活は思うにまかせない。ジョン・ソーンの夢はひとつひとつ裏切られる。二人の息子は徹底して甘やかされて育った。建築家を志すどころか、たえず親に金の無心をする遊び人にしかならなかった。病弱であった夫人は頭痛に悩まされた。郊外の田園的な光景のなかで芸術的生活をする夢は一八〇四年にピッツハンガー・マナーに移住してわずか六年で破れた。それ以前に購入されていた小さい住居と仕事場となっていたリンカーンズ・イン・フィールズ・ナンバー12へと彼らは一八一〇年に戻らざるをえなかった。拡張が必要なため、彼は、隣接するナンバー13を借り入れ、いずれ購入したが、その改装をはじめた。ここでも工事のゴミと騒音が頭痛もちの夫人を悩ました。このとき借り入れられ、後にさらに隣接するナンバー14の背後を加えて、現在のサー・ジョン・ソーン美術館に改変されることになるのだが、この改装されたナンバー13に移れるようになったのはやっと一八一三年になってからである。夫人はその二年後に死亡している。

ジョン・ソーンが彼の五〇歳代の一〇年間をかけて想い描いた家族との理想的生活の夢*は無惨にも破れてしまったのである。その家族のすべてとの精神的なきずなを失って、彼に残されたのがこのリンカーンズ・イン・フィールズ・ナンバー13の自宅と仕事部屋であった。彼がそれまで収集した美術品に加えて、自らの建築家としてその仕事の成果であるドローイングなどを加えた。いったんは彼のもとから独立してリヴァプールに仕事場をかまえ、下の息子ジョンを徒弟見習いにだしたりしていたJ・M・ガンディーを呼び返して、自らの仕事のレンダリングをさらに依頼したりした。同時に建築の参考品としての模

サー・ジョン・ソーン美術館立面図

* Dorothy Stroud, "Sir John Soane, Architect" p.74, London, 1984

型や古代建築の断片や細部のキャストなどを加えた。それだけでなく、重要な建築家たちのドローイングが購入された。クリストファー・レン、ロバート・アダム、ジョージ・ダンス、ウィリアム・チェンバーズなど、英国の古典主義を展開した重要な建築家の仕事を意図的に加えたのである。一八三〇年、彼は部屋部屋にこれらの収集品を飾り、自ら解説を加えて、一冊の本にした。そして、一八三三年、国会によって、これが美術館として保存される承認を得た。

リンカーンズ・イン・フィールズ・ナンバー13の住居の内部は、ピッツハンガー・マナーで試みられた内部装飾がより洗練されたかたちで引き継がれた。ゴシックにたいする関心を示すモンクの部屋も、モンクのパーラー、およびモンクのヤードとして、最後にナンバー14の背後の改造に際して、上部のドラマティックで驚くべき仕掛けをもった絵画室とともに付加されている。朝食パーラーはあの特徴的な前のパーラーの吊りドームの再現である。ついでにいえば、後のパーラーの浅いクロスヴォールトは、ナンバー12に居住していた時期にすでに朝食室としてデザインしたものの〝うつし〟であろう。これは住居としてデザインされたものであるから、彼がこれ以前に設計したイングランド銀行（一七八八―一八三〇年）やナンバー13の主要な改装が終わった後に設計にとりかかったダリッチ・ギャラリー（一八一一―一八一五年）のような公共的施設は充分に大きいスケールを持っているのに比較して、親密で細かいスケールに溢れ部屋も狭い。そして当初はすべての部屋が別個の用途をもって設計されていたので、独立させられているのだが、殆ど発明的といえる仕掛けによって、めくるめくような空間へと変質させている。中央に小さい採光用の中庭をもうけた部屋相互の連続の処理に由来することも大きいが、あらゆる可能性をここで実

サー・ジョン・ソーン美術館、天井伏図（二階平面図）

サー・ジョン・ソーン美術館ファサード

験したようにみえる数々の採光方式の組み合わせで、直射光、間接光、屈折し、バウンスし、フィルターをかけられた光が濃淡の隈をつくって分布する。それに平面鏡や凸面鏡が部屋のいたるところにはめ込まれている。それは仮象の深さとイメージの流動を発生させるだけでなく、像が変形もする。そして、ロバート・アダム以来室内にモニュメンタルな威厳を与えていたピンク、イエロー、ライトブルーなどの色彩が、部屋ごとに、ここではあざやかで軽やかに用いられている。光、鏡、色彩、それぞれが、この狭い住居空間のなかに、散乱させられているのだが、それが心地よいリズムをつくるのは、あたかも良質の数寄屋の内部を歩いていくようでもある。しかもその表面に、ギッシリと収集品が飾られている。その美術品が語り始めるのを注意すると、空間にいくつものうねるようなざわめきが起こってくるのを感じる。

サー・ジョン・ソーン美術館が注目されるのは、その個人的な収集品の質よりも、私にはそこに体験できる微妙な複合的空間のもたらす驚きのほうにあるのではないかと思うのだが、それがひとりの建築家の個人的な趣味による収集が、全生涯をかけてつくりあげられた独自の建築的スタイルにとりこまれて、一体化していることを見いだすと別種の感慨が湧くだろう。

イギリスの貴紳たちが田園のなかにいとなんだ館のなかで、一様に画家に命じて描かしたカンヴァセイション・ピースの一枚を、自分も家族とともに演じたいと考えたにちがいないこの建築家は、夢想した幸福な家族生活が破綻し、狭い部屋にその利便性だけが理由で立ちもどり、結局のところ、自らの職業的な建築家としての仕事の痕跡を、このような私的美術館として残すことになったわけである。家族のいないカンヴァセイション・ピー

南応接室。二階。天井の一部が浅いドーム状にほりこまれている。暖炉の左右にソーンの二人の息子とソーン自身の肖像画がかかっている。右手前の壁柱にはフラックスマンによるソーン夫人の素描が見える。
photo: K. Shinoyama

ス。とすれば自らの知的、芸術的な社会活動の集積としてのコレクションを自らの作品のコレクションも含めて、ひとつの場所に配列しておくことだけだった。皮肉にも、その家族のいないカンヴァセイション・ピースが一九世紀の初頭に、ジョージ四世治下のロンドンの建築界を、ジョン・ナッシュと二分して支配したといわれるこの建築家の仕事を、今日あらためて注目させることになっている。私はそれがジョン・ソーンの〝逸脱〟に由来するといおうとした。ということは、何かの基準からの〝逸脱〟、でなければならないわけだが、それは古典主義的言語からか、さもなくばエミール・カウフマンが要約してみせた新古典主義が示す特性からか、そして、いずれ西欧社会全体がロマン主義と呼ばれる芸術的趣向の支配下に置かれてくるものからか、そのいずれからかでもあるだろう。あるいはジョージ・ティッソが指摘するように、〝自由度〟に溢れたイレギュラーな配置にかかわるような古典主義的言語が内部にかかえているジャンルの掟の侵犯にあったともいえる。[*1]〝逸脱〟の所在とそれのむかった方向の検討を、彼の仕事を含めて検討してみる誘惑にかられる。

長らくこのサー・ジョン・ソーン美術館の館長を続けていたジョン・サマーソン（私たちが撮影に訪れた当時も館長であって、さまざまな便宜をはかっていただいた）は、あたかもラテン語のような使われかたを今日にいたるまで続けている西欧における古典主義的言語の展開過程をたどった『古典主義建築の系譜』[*2]において、ロージエ神父の原始主義が理性の時代に果たした役割を高く評価し、それを建築における近代を確実にひらく契機になったと位置づけているが、その文脈において、ジョン・ソーンは「風変わりで特異な原始主義」であったとしている。その原始主義は、ギリシャ・リヴァイヴァルとしてひろが

朝食室、暖炉上部。三つの胸像はジョン・フラックスマンによるもの。
photo: K. Shinoyama

＊1 Georges Teyssot, "John Soane and the Birth of Style (Notes on the architectural project in the years around 1800)", Oppositions 14, p.61

＊2 John Summerson, "The Classical Language of Architecture" p.96, London. 1963. 鈴木博之訳『古典主義建築の系譜』中央公論美術出版 一九七六年

ったもうひとつのイギリスにおける流れにたいして述べられたもので、ギリシャ・リヴァイヴァルはひとつの流派を形成し、数多くの建築家を所属させている。だが、ジョン・ソーンは「風変わりで特異」であることによって、孤立した位置にあった。

「――彼は常に自分の建物を内側から設計して、外側を決めた。彼は自分のギリシャ式オーダーが極めて良いことを知っていた。だが彼は自分のローマ式オーダーが、さらに、一層良いことも知っていた。彼は自分のイタリア好みを知っていた。彼はロージェに多大の評価を与えていた。そしてこれらのすべてを知っていた彼には、物事も本質にたどりつき、自分の説にもとづいて建築を建てることが可能であった。ロージェの原始主義、すなわち先史時代の始源に遡ろうとする理念は確かに彼に訴えかけたが、彼はロージェよりもさらに先に進み、自分の作品からすべての慣習的オーダーをはぶき、自分自身の「原始的」オーダーを創出しようと心にきめていた。*」

ここでいう「原始的」オーダーはたしかにユニークであり、かつオリジナルであった。それをこのサー・ジョン・ソーン美術館の正面の殆ど省略された線刻だけがほどこされた白大理石柱の単純な構成にみることができる。その典型的な作品は、この住居の設計が終わった頃に依頼をうけたダリッチ・ギャラリー（一八一一―一五年）のデザインであろう。それは発表された当時から、賛否両論の渦中におかれた。風景画家フランシス・ブルジョアの廟を置くことを兼ねてダリッチ・カレッジに絵画展示ギャラリーを設計するというプログラムのなかで、ジョン・ソーンは数々の発明的な仕掛けを持ちこんだ。そのなかでまず

リンカーンズ・イン・フィールズ

＊ 前出書 p.99

人目をひいたのが、徹底的に省略されたソーン独自の柱にとりつけられたオーダーについてである。当時の批評に次のようにこの〝怪物的な壮大さ〟(?)をたたえたパロディー風の讃歌が載ったりした。それは、パラディオもスカモッツィもヴィニョーラもペローも知らなかった〝田舎者《ボイオティア》〟式オーダーが案出され、第六のオーダーにつけ加えられたというものである。

「――ステップのない扉、刻み目だけの壁
ベースもキャピタルもとりはらわれた柱
これは奇妙な骨董品だ。
煙突がこの驚愕をかきあつめ吐きだしてくれるけど
煙道が五〇フィートもあって容易ではない。
つまり、すべてが欠陥品《フリークス》」*

ジョン・ソーンはこの非難にみられる一連の批評を知悉していた。一八三二年、殆ど建築活動から引退する寸前にこれらの論難に応えて、語っている。

「――ところで、ピクチュア・ギャラリイについてであります。ちょっとばかり、親愛なる読者よ、立ちどまって、ちょっとだけでいいから、その外部をご覧いただきたい。何たることか！　何たる創出物か！　と思われることでありましょう。中世ゴシック風、半アラビア風、ムーア調スペイン風、アングロ・ノルマン風、如何なる様にも名づけく

ダリッチ・ギャラリー

* Georges Teyssot 前出書 p.67

ださい。……これらはあらゆる価値をもち、断固としてユニークたろうとする区別をもっております。*」

ジョン・サマーソンが「風変わりで特異」な性向をもった建築家であったというのはこの奇妙なオーダーの創出過程を想い浮かべてのことであろうが、ジョン・ソーン自身が信念をもって〝逸脱〟に走り、生涯の終わりにさえ、もう後もどりしなかったことがこの発言からもわかるだろう。その〝逸脱〟は明らかに彼の創出物である独自性をもったスタイルに由来するものであるが、彼自身の個人的な性格からひきだされた部分がなくもない。

ダリッチ・ギャラリーは、ヴィクトリア朝時代の改変、第二次大戦での爆弾による破壊などの後修復されはしたが、オリジナルにいかに近づけられたのか判断がむずかしい。もし、建築家の仕事として代表作をえらぶとするならば、私はイングランド銀行でもサー・ジョン・ソーン美術館でもなく、このダリッチ・ギャラリーを挙げたい。

イングランド銀行は三五歳でその建築家に任命されてから、四〇年余かかわりつづけ、その間に何段階かの計画をしている。とりわけ初期の、ストック・オフィス（一七九二年）にすでにそのヴォールト天井に彼の独自の解法を見いだすことができるとしても、絶え間ない改修と増築とを繰り返しているために、しばしばその特徴あるデザインが曇らされてしまっている。そして、これらのミニアチュールが、いずれも自邸であった現在の美術館の一部に再現されている。その点において既存の建物のインテリアを改造したこの美術館にも同じ限界がある。

町家として、その敷地は限定されており自由に部屋の配置が可能だったわけではない。

* Georges Teyssot　前出書　p.67

イングランド銀行

むしろ狭いなかで、既存の構造、間取り、などを利用しながら、それを別の内部空間へ変換せねばならず、それだけに数々のインプロビゼーションがなされねばならなかっただろう。そのために、〃発明〃的といっていいほどの数々の仕掛けが持ち込まれる。格闘の跡が数多くみられる。この与条件を受けとめながら、まったく別種の小世界を組み立てたところに、勿論、ジョン・ソーンの並々ならぬ腕力が発揮されている。

ダリッチ・ギャラリーも、既存のゴシック調のダリッチ・カレッジの建物への増築である。親友であった、サー・ピーター・フランシス・ブルジョアの遺棺を納める廟を移転すると同時に彼のかかわったコレクションを中心にもっと広範な絵画作品を展示するもので、彼は無報酬で自由なデザインをする条件を確保はしていた。だがこれはキャンパスのなかに建設されるわけで、カレッジの委員会の承認を得なければならなかった。ソーンは最初に五案をそして次に三案のそれぞれ異なった配置を提出している。それはいかにキャンパスのなかに新しいギャラリーの翼をつくりながら、既存のチャペル棟とともに、中庭を囲い込むかという〃ピクチャレスク〃な配置の探索過程である。変転する過程で、横一列に並んだギャラリーについては、殆ど最初から変わらない。正方形のギャラリーが中央と両端に、二倍の正方形である矩形のギャラリーがそれにはさまれている。そして、断面は、同一寸法に四分の一が加えられ、トップライトのためのランタンがもうけられている。伝統的な形式であった長い直線状のギャラリーが、ここでは、連鎖した立方体へと置換されている。この幾何学的な分節はネオ・パラディアニズムと連続しているとも考えられる。数多くの代案を作成していた初期の段階ではゴシックの要素が外観に散見する。委員会がゴシックを要求したためであろうといわれているが、その要素は結局のところ〃ピ

イングランド銀行、コンソル公債局、一七九八年

クチャレスク〃な配置にだけ残存する。注意すべきは、ソーンが、古典主義的なるものとゴシック的なるものとの両者の間で、常にゆれ動いていたことである。そのあげく、ゴシック的な要素、これはイングランド土着、と理解していいと思えるが、それを視覚的な領域から排除して、分節、配列、混成といった空間的に〃自由〃な形式を生みだす側へと解消させている。ソーンの建築全体が、軽快で柔らかにみえる理由の源がここにある。

予算の枠、時間的スケジュールの切迫などのなかでこの設計は続けられ、着工後も、廟の置かれた側を逆転させられる、といった荒療治を要請されて、ダリッチ・ギャラリーは完成する。今日の眼からみても、このギャラリーの壁面にたいする採光方式は程よい均衡を保って光を壁面に分散させ、すぐれた解決がなされたことが知られるが、分節されながら連続する今日の中型ギャラリーの基本型がここで創出されたことも考える必要がある。だが、建設された当時は、煉瓦がむきだしで、わずかにピラスターであることを感知させ、その頂部にまったくデザインのほどこされていないポートランド・ストーンがのせられ、あたかもキャピタルが消滅してしまったかにみせたこの外観をリズミカルな比例の分割だけにしたオーダー（？）に、人々は反発してもっぱら議論がここに集中していたわけである。この省略されたキャピタルをもつ〃田舎者《ボイオティア》〃式オーダーは、アール・デコ期にはあらゆる先行するオーダーに勝って、大々的に使用されるほどに一般化してしまったので、私たちの眼には単に普通のたやすい発明であったと見えるのだが、実はこれが、並々ならぬ戦略的な意図をもって創出されたものであったことを、ここでもういちど注意しておかねばなるまい。

ジョン・ソーンは一八〇六年に、ジョージ・ダンスからロイヤル・アカデミーでの建築

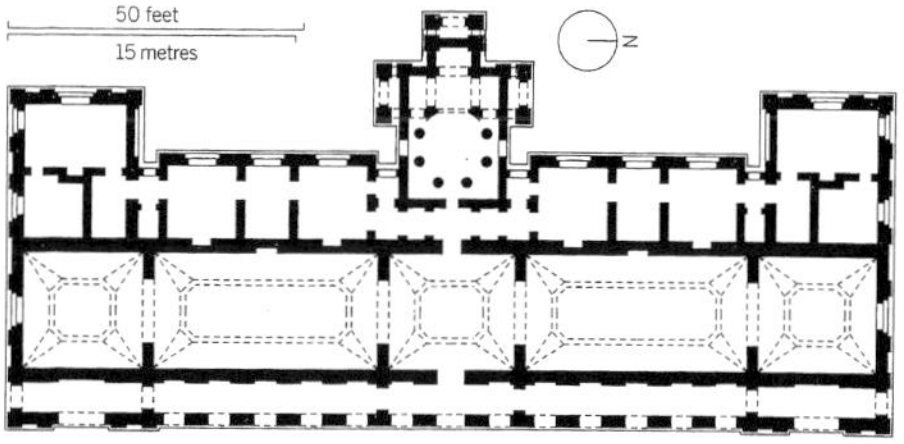

ダリッチ・ギャラリー、平面図

学教授のポストを引き継いだ。その講義録の制作にかなりの時間を費やしながら、ソーンは三年後の一八〇九年に開講している。ところがその翌年、彼の講義がひとつの事件を引き起こした。ロバート・スマーク（一七八一－一八六七年）が完成したばかりのコヴェント・ガーデン劇場（一八〇九年）を名ざしで批判したからである。彼はこの劇場の正面につけられた重いドリス式の玄関ポーチが、側面とまったく無関係だとして、その代案を大きい二点の図面にして講義の際に示した。それにたいしてロバート・スマークの父親がアカデミーの理事会に不服を申し立てた。現存する英国の芸術家の意見や仕事にたいするコメントや批評は、ロイヤル・アカデミーの講義でなしてはならない、という規約があることを楯にとられたのである。その不服申し立てで、彼の講義は二年間中断された。結果は一応、二年後の一八一二年、女王誕生祝賀晩餐会の席上での握手によって和解となったが、コヴェント・ガーデン劇場事件はジョン・ソーンの〝逸脱〟を性格、方法の両面において示すものであった。

　ロバート・スマークはいずれ、大英博物館（一八二三－四七年）を完成することによって、イギリスにおける純正新古典主義の代表者となるわけだが、このコヴェント・ガーデン劇場を完成したとき、二八歳の若さの新進建築家であった。彼は最初ジョン・ソーンの事務所に勤めた。ここではまったく気が合わなかったらしく、その父親に、いかにボスからいじめられているか訴えたりしている。その後に、かつてジョン・ソーン自身が徒弟として勤めたジョージ・ダンスの事務所に移る。彼はジョージ・ダンスが後年になって、ギリシヤ的な幾何学へと移した関心から多くを学ぶことになった。コヴェント・ガーデン劇場はパエストゥム神殿を想起させる。量塊が圧倒するよう単純化されたペディメントを上部に

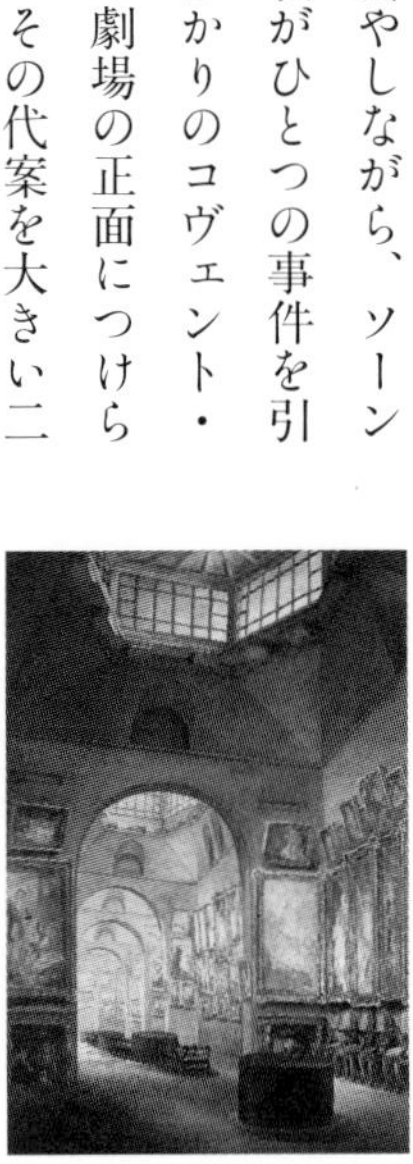
ダリッチ・ギャラリー、インテリア

のせて、街路にむかって突きでている。背後の建物は、同じく重い石の壁をめぐらしながら、幾何学的明快性がより重視されている。ロージェの原始の小屋、パエストゥム神殿の粗野なドリス式、そして《崇高》でさえ時代の気分として体得していたはずのジョン・ソーンにとって、このあまりの強引で、だが単純にすぎる量塊の表現は体質として耐え難かったのだろう。常にジョン・ソーンの肩をもつ傾向にあるサマーソンは、スマークのこのデザインは、単に時間切れの拙速の結果だというが、カウフマンは、ここに新しい様式にむかう兆候がみえるという。いずれにせよ、スマークはソーンやナッシュより一世代若い建築家で、その世代の趣向が代表されているとみた方がいい。

前章において、《建築》の危機のひとつの収束が、フリードリッヒ・ギリーの「フレデリック大王の記念碑」にみられると私は書いた。危機とは《建築》を自発的に体現してきた古典主義的言語が、その自動的な内部的な進化を停止してしまい、さらなる展開をはかるには、プロブレマティックとして、別個な概念を投企することによって、断片化しはじめた古典主義的言語の再編成を提示する他に途はなく、通俗化した建築家（今風にいえば商業主義的建築家）がクリシュの再生産に終始するなかで、意識的な建築家（ふたたび今風にいえば前衛的建築家）は、そのプロブレマティックの数々を提案するという作業によって、はじめて社会的に建築家として認知される、という近代社会特有の仕組みが、この時期に成立しはじめたわけである。ロージェの原始小屋、パエストゥム神殿の再発見にみられる合理主義的志向、〝自然〟の再確認にかかわる〝ピクチャレスク〟庭園にみられる樹木と建物の並置、そして建物の不規則な配置、そして〈崇高〉なるものへの飛躍など、多く語られている一八世紀後半の新古典主義と呼ばれるものにみられる特徴は、すでにこのプロブレマティックの諸特徴を示すものであった。

ウィリアム・チェンバーズ、ロバート・アダム、それにジャック＝ジェルマン・スフロら一七二〇年前後生まれの第一世代の建築家たちは、それぞれの社会でエスタブリッシュするなかで、個性的な解釈を加えてはいるが、彼らは古典主義的形式を都市的スケールにおいて完成させたというべきで、最初の世代の特性として過渡的にそれ以前と区別しにくい要素をひきずっている。彼らの仕事を新古典主義と呼ぶか否か説の分かれるところである。第二世代では、この実務家たちに比較して、プロブレマティックにたいする解を《私性》のレベルにひきつけて、単独性と呼ばざるをえないような個性的な仕事をすることになる。ブレー（一七二八―一七九九年）、ルドゥー（一七三六―一八〇六年）は、たとえば生年は第一世代に近いが、ピラネージの確保したプロブレマティックの位置をひきついで、反社会的とさえみえる超越的幻想を多量に生産した。彼らは実務というよりも新しいプロブレマティックのユートピア的側面をもっぱら担っている。

ジョン・ソーンは、生年は後れるが、このフランスにおける幻視の建築家たちと近い位置にある。その若年には幻想的な計画を数多く描いておりながら、イングランド銀行の担当建築家に三五歳で任命されたことにより、やはりイギリス的な実務、とりわけすべての方法を経験主義的に処理する思考を展開し始めたといっていいだろう。彼は、一八世紀の中期にたてられたプロブレマティックの全部を引き受けた、と私は同じく前章で記したが、それが実務をすすめるなかでの限界、妥協からくるフラストレーション、さらには思うように制御できない家族の問題などが絡み合い、新しく台頭した第三世代の特徴を明瞭に示したロバート・スマークのコヴェント・ガーデン劇場を非難するという挙動を思わずおこしてしまったとはいえないか。

スマークはギリーの「フレデリック大王の記念碑」に示された曖昧なプロブレマティックの複合と併存のジレンマを断ちきった純正新古典主義と呼べる気分と方法をその建築家としての出発時から体得していたのである。エミール・カウフマンが〝呪われた〟建築家ルドゥーから幾何学的形態への偏愛を導きだしながら近代建築のネオ・プラトニズム的側面を評価するからには、ギリー、その弟子であるシンケル（一七八一－一八四一年）につづき、レオポルド・フォン・クレンツェ（一七八四－一八六四年）にいたる第三世代の特徴である明快で透明なまでに整序された新古典主義へと連なる系譜を評価するのは当然であるが、スマークはソーンにたいしてそのような世代的な趣向の転換を提示していたのである。

原始的なドリス式であるパエストゥム神殿については、ソーンは熟知していたはずである。ピラネージが関係して製作されたコルク製の建築模型が彼の美術館に保存されているだけではなく、カナイン邸計画（一七七九年）、バッキンガムシャーのティリンガムホールの計画に際してデザインした教会堂（一七九〇年）、オクスフォードのブラセントズ・カレッジ計画（一八〇七年）はいずれも実施されなかったが、ジョン・ソーンはパエストゥム神殿に学んだ重いドリス式の円柱を主要モチーフに用いている。だが、それは他の構成要素と程よい均衡におかれていることによって、明らかに独自性をもった彼の痕跡を感じさせる。

ところがコヴェント・ガーデン劇場は、石塊の平滑な壁から、玄関ポーチだけが突き出ており、ここにとってつけたように重いドリス式の円柱とペディメントが使われている。

全体の構成から切り離されて、その部分だけが自立しているかのようである。すなわち、量塊の対立だけがあって、統御の意志がみられない。この冷酷な合理主義は第三世代の特徴で、シンケルやクレンツェがそれと同じ基盤にたって、形式的透明感に溢れた作品を生みだすことになるが、スマークは成功し多数の新古典主義的作品を残しながらも、その代表作である大英博物館では緊張感を欠いた列柱の羅列しか印象に残らない駄作を生んでしまったという評価になっている。シンケル、クレンツェの両者がともに所有した新古典主義的なマスクの下でのパトスの躍動、すなわちロマン主義と呼ばれていく性格をスマークは持ち合わせていなかったことによるだろう。

それ故に原始的な力に溢れるドリス式円柱の生む空間はジョン・ソーンのダリッチ・ギャラリーに併設されているサー・フランシス・ブルジョアの廟の前室にみることができる。それは一八〇七〜〇八年にかけて、ロンドン・ポートランド・プレイスにソーンが設計してあったものを移転されたものである。それは重いドリス式の円柱が囲む円型の前室で暗い神秘的な気分を醸し出す、そのむこう側に、上部から光が射し込む寝棺の置かれた霊安室がある。この位置関係はそっくりダリッチ・ギャラリーに移されているが、その廟の部分は、水平に連続するギャラリーの主棟の中央に、庭園にむかって押しだされ、象徴的な立面となる。前回は単に内部だけであったが、新たに移転されたあげくにもっとも中心になる要の位置に配置されたためである。その部分のデザインが賛否両論を生んだ。例の第六のオーダー（?）の顕著にみえる箇所だけである。

フランスの幻視の建築家たちは、建築の構成要素を原型的なものに〝還元〟し、評価基準を〝拡張〟しながら、観念の世界を優先させることによって、「語る建築」という概念に到達した。それは建築を形態の配列と同時に社会的な制度を指示する型としてみることによって、建築の形式そのものをして具体的な意味を語らせることにあった。ミシェル・フーコーが『言葉と物』で記述した表象によって張られた自立した空間の中に内在的な秩序を見ていた古典主義時代が解体をはじめ、むしろ表象の背後にある不可視の実体が優位にたつようになる近代への建築における転換を象徴する出来事であるとみていい。

　形態そのものが、量塊や原始的なオーダーとして〝語る〟わけだが、ここで〝語る〟ということは、すでに社会化された制度との関係が認知されていることを指しているが、それが、あくまで私性に基づく言葉で編成されていたことに注目されたい。イギリスでは、理性的な投企の重視されたフランスに比較すると、経験主義的な事実の集積に価値の基準が定められることが多く、ジョン・ソーンもその枠組みのなかでのみ構想せざるをえなかったが、部分において、あの幻視の建築家たちの〝語る〟方法を共有していたといえるだろう。

　その彼が原始的なドリス式円柱を内側にもったフランシス・ブルジョア廟の外部に〝田《ボイ》舎者《オティア》〟式オーダーと揶揄されたグラフィカルに変換の加えられた煉瓦の付け柱《ピラスター》をデザインしたのは、幻視の建築家たちが、形態の抽象化とスケーリングを介して、建築を〝語る〟社会的言語へと結び合わせようとしたものと同じく、既存のオーダーが含意するものを抽象化し、しなやかな位相変換をみせることによって、新しい建築的言語を開発したことを提示しようとしたにちがいあるまい。それは、イングランド銀行の初期の提案にみられるような独自の発明的なドーム天井にみられる古典主義からの〝逸脱〟に加えて、次の世代が提示し始めた、透明性に徹した形式性として再編成された新古典主義からも〝逸脱〟せ

サー・ジョン・ソーン美術館、絵画室
photo: K. Shinoyama

ねばならぬと覚悟したうえでのことであろう。

《建築》というメタ概念が自ら掟をつくりあげ、たえず活性化のために、新しいプロブレマティックの注入を要請しはじめるその契機となったのが、一八世紀中期の危機であったとするならば、一九世紀はそのために絶えず別種の問題がさがされ、流行がつくりだされ、消費されつづけたといいかえていいだろう。新古典主義というようにその問題設定が古典主義的言語が組み立てる様式に限定されていたところに、限界をもった一九世紀的なプロブレマティックの出発点でもあり、そのために、ゴシック・リヴァイヴァル、エジプト・リヴァイヴァル等の折衷主義へいたる様式的混淆へむかうはしりでもあった。おそらく産業革命による第一次機械時代が《建築》にその成立基盤のレベルからじわじわと注入しつづけていったテクノロジイによる変動が、表層を組み立てるデザインの変質に及ぶのには二〇世紀を待たねばならないが、それが注入するプロブレマティックもやはり位相を変えて、いまその変動のサイクルをスピードアップしている。だから新古典主義は、予想以上に早く消費された。再復活、再再現が幾度も繰り返されているが、そこで使用されている古典主義的言語は、ついには無限に複製された記号の波となってしまった。

ジョン・ソーンがこの第三世代の形式的透明性に耐えられなかったのは、不分明で曖昧なまま並列されたプロブレマティックを、ひとつひとつ自らの言語として語り変えねばならないという時代的限定の下で仕事をせざるをえなかったためだ、といえるのだが、それだけに、ひたすら〝逸脱〟してしまった仕事の成果は、かえって時代的限定を超えて、いまもういちど注目されるわけである。

簡略化された第六（?）のオーダーは、さらに洗練されて、ラッチェンスの主要なモチ

さまざまな形の天窓とベルヴェデーレのアポロ像。この像はもともとチズウィックのバーリントン卿のヴィッラにあったものだという。
photo: K. Shinoyama

ーフに姿を変えてあらわれている。二〇世紀においての古典主義的言語の詩的用法が、その〝逸脱〟の結果として生みだされていたのである。

サー・ジョン・ソーン美術館は、そのコレクションは、一八世紀末の博物学の流行のあげくの美術館、博物館ブームとかかわっているし、公衆の前に美術が展示されるという制度の設立が、《芸術》ひいてはその類縁としての《建築》という概念の社会的成立をうながすことにもなっており、広義の〝ミュゼアム〟の初期的な発生形態が示されている。さ

サー・ジョン・ソーン美術館ドーム

ドームと朝食室の断面図

らに、それがひとりの美術愛好者、そして実務的な建築家の鑑識を通じて、まずしい予算の下で一堂の下に集合させられた、物品の集合体である点で、さらにユニークである。そのうえ、これを案出した建築家が、時代の趣向を形成した数々の建築的プロブレマティックを私性というフィルターをかけて、この物品をとりまく建築的環境に閉じ込めていることは注目に値する。たとえば、J・M・ガンディーが描いたドームと呼ばれる古代の彫像や建築的断片が飾られている部屋の断面図を見るので充分である。

《崇高》が単に変形や転倒や還元や遡及やスケールの変貌だけで達成されるのではなく、コントロールされた天空よりの光線と、〈もの〉が喚起する無限の時間の流れのなかに、パセティックで悲劇性を帯びた空間の詩学に属するものであったこと、それが私的な〝ミュゼアム〟という場のなかで感知できることを知らされよう。そして時代の主流となる動向から〝逸脱〟していくことが、かえって時代を超えて訴えつづける力をもつことがここで示されている。

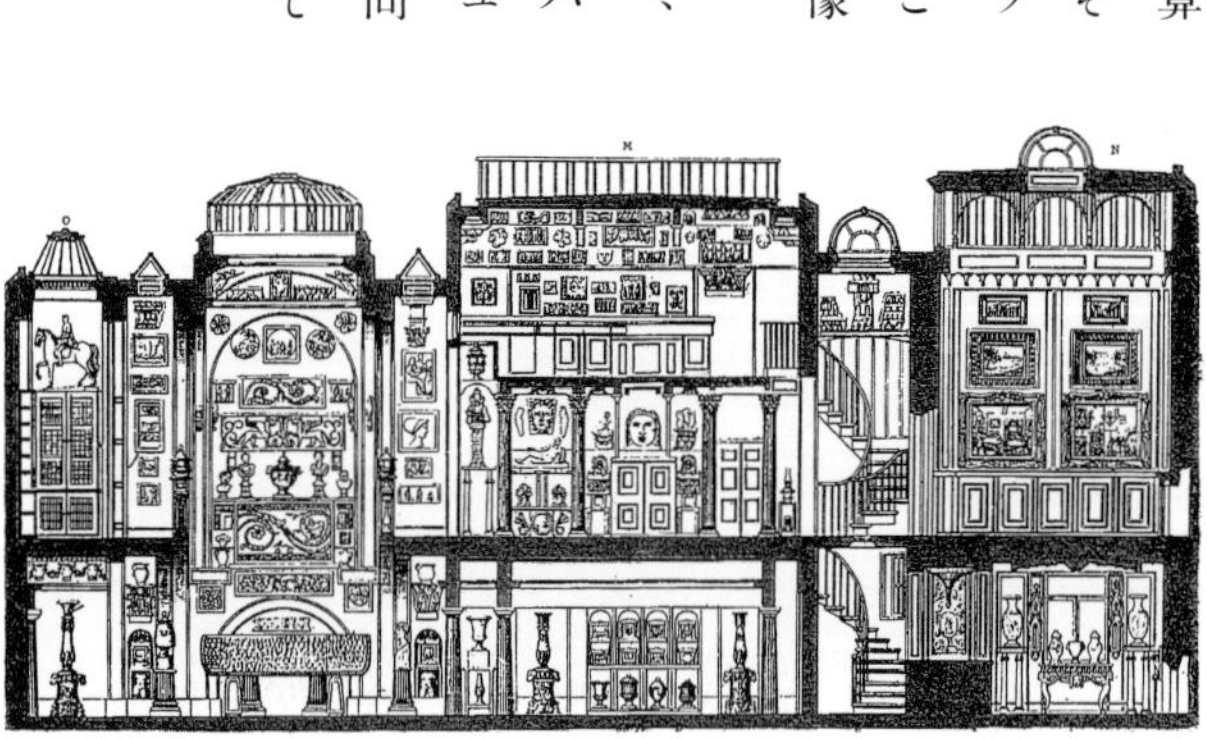

サー・ジョン・ソーン美術館、断面図

■初出一覧

私にとってのアクロポリス（アクロポリス）　「建築行脚」第二巻『透明な秩序』六耀社
両性具有の夢（ヴィッラ・アドリアーナ）　「建築行脚」第三巻『逸楽と憂愁のローマ』六耀社
数と人体（サン・ロレンツォ聖堂）　「建築行脚」第七巻『メディチ家の華』六耀社
崩壊のフーガ（パラッツォ・デル・テ）　「建築行脚」第八巻『マニエリスムの館』六耀社
中心の構図（ショーの製塩工場）　「建築行脚」第一〇巻『幻想の理想都市』六耀社
建築と逸脱（サー・ジョン・ソーン美術館）　「建築行脚」第一一巻『貴紳の邸宅』六耀社

磯崎　新　いそざき・あらた
一九三一年大分生まれ。一九六一年東京大学数物系大学院建築学博士課程修了。一九六三年磯崎新アトリエ創設。日本建築学会賞・作品賞（一九六六、一九七四）、日本建築年鑑賞（一九六七）、毎日芸術賞（一九八三）、英国ＲＩＢＡゴールド・メダル（一九八六）、朝日賞（一九八八）ヴェネチア・ビエンナーレ建築展・金獅子賞（一九九六）など受賞。
代表作――大分県立図書館（一九六六）、群馬県立近代美術館（一九七五）、北九州市立中央図書館（一九七五）、つくばセンタービル（一九八三）、ロスアンゼルス現代美術館（一九八六）、水戸芸術館（一九九〇）、バルセロナ市オリンピック・スポーツホール（一九九〇）、ティーム・ディズニー・ビルディング（一九九一）、奈義町現代美術館（一九九四）、ラ・コルーニア人間科学館（一九九五）、豊の国情報ライブラリー（一九九五）、京都コンサートホール（一九九五）、静岡県コンベンションアーツセンター（一九九八）、なら一〇〇年記念館（一九九八）、秋吉台国際芸術村（一九九八）、ＣＯＳＩ（二〇〇〇）
著書――『空間へ』『建築の解体』『手法が』『見立ての手法』『イメージゲーム』『始源のもどき』『造物主義論』（鹿島出版会）、『栖（すみか）十二』（住まいの図書館出版局）、『磯崎新の仕事術』『磯崎新の発想法』『ル・コルビュジエとはだれか』（王国社）、ほか

人体の影
発　行　二〇〇〇年一〇月二五日©
著者――磯崎　新
発行者――井田隆章
印刷――壮光舎印刷　製本――牧製本
発行所――鹿島出版会　107-8345東京都港区赤坂6丁目5番13号
電話　〇三(五五六一)二五五〇　振替　〇〇一六〇-二-一八〇八八三

ISBN 4-306-09363-8　C3052
Printed in Japan